부와 가난

부와 가난

정교회 교부들 **지음**
박노양 그레고리오스 **옮김**

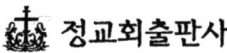 정교회출판사

일러두기

1. 성경 구절은 『공동번역』에서 인용했으나, 불가피한 경우엔 문맥에 따라 역자가 직역하거나 가톨릭 성서에서 인용했습니다.
2. 지명, 인명은 그리스어 발음에 충실하게 표기하였습니다.
3. J.P. 미뉴, 『그리스 교부선집(Patrologia Graeca)』(162권, 1857~66년 파리에서 발행)과 1962년 그라쎄(GRASSET) 출판사에서 발행된 『RICHES ET PAUVRES dans l'Eglise ancienne』을 번역 원본으로 사용했습니다.

차 례

■ 서문 007

알렉산드리아의 클레멘트 023
   어떤 부자가 구원 받을 수 있습니까? 027

케사리아의 성 대 바실리오스 083
   내 창고를 헐고 더 큰 것을 지으리라 087
   부자는 하늘나라에 들어가기 어렵다 105
   돈놀이를 하지 않으며 130

신학자, 나지안조스의 성 그레고리오스 149
   가난한 자들에 대한 사랑에 대하여 151

니싸의 성 그레고리오스   201

   가난한 자들에 대한 사랑과 자선에 대하여 ①   203

   가난한 자들에 대한 사랑과 자선에 대하여 ②   220

   고리대금업에 대하여   239

성 요한 크리소스토모스   259

   가난한 라자로와 부자의 비유   263

   "부자를 두려워 말라"는 다윗의 말과 자선에 대하여   280

   부자 젊은이에 대하여   294

   부와 가난의 두가지 기원   313

히포의 성 아우구스티누스   327

   부자와 빈자   329

   두 종류의 부   343

   가난 속에서도 신실하라   361

   그리스도의 겸손   376

◼ 서문

부자와 가난한 자, 인류 역사에서 영원한 원수로 존재해 온 이 두 집단의 관계는 불평등, 혁명, 전쟁, 사회 계층 갈등 등 커다란 사회적 문제를 유발해 왔습니다. 이런 사회적 문제들은 정치 사회 제도로는 결코 완벽하게 해결되지 않습니다. 문제의 근본 원인을 제거하기 위해 투쟁할 때만 해결될 수 있습니다.

이 모든 문제의 원인을 한 단어로 요약하면, 그것은 "우상숭배나 다름없는 탐욕"(골로사이 3:5)입니다! 사실 부자는 많은 것을 소유한 자라기보다는 조금도 잃지 않으려는 자이고, 가난한 자는 적게 소유한 자가 아니라, 더 많은 것을 원하는 자입니다. 성 대 바실리오스는 이렇게 말합니다.

> "그대는 스스로 가난하다 여깁니다. … 왜냐하면 그대는 수천 가지 채워지지 않은 것이 있고, 결코 충족될 수 없는 그대의 욕망은 그대에게 수없이 많은 것들이 필요하다고 속삭이기 때문입니다."[01]

---

01 성 대 바실리오스, Ομιλια προς τους πλουτουντας ("부를 축적하는 사람에 대하여"), PG 31, 292. 이 책에 실린 바실리오스 성인의 두 번째 설교.

문제는 어떻게 하면, 빠르고 쉽게 불법적으로라도 부를 얻으려는 욕심을, 기본적인 것에 만족하는 자족과 절약의 마음으로 대체할 수 있느냐라는 것입니다.

부자와 가난한 자, 부유한 지역과 가난한 지역, 개발된 나라와 개발되지 않은 나라의 차이는, 하느님께서 지상에 베풀어주신 물질에 대한 불공평한 분배를 멈추지 않는 한, 결코 사라지지 않을 것입니다. "우리의 지체 안에서 갈등을 일으키는 욕망"(야고보 4:1)에 맞서 투쟁하지 않는다면 불의하고 불공평한 사회 문제는 끝나지 않을 것입니다.

다른 어떤 시대보다 오늘날, 사람들은 '호모 에코노미쿠스'(Homo Economicus, 경제적 인간)를 이상형으로 여깁니다. 어린이들에게 장래 희망을 물으면 대다수가 돈을 많이 벌 수 있는 직업을 꼽습니다. 돈만 있으면 원하는 것을 다 가질 수 있다고 생각하기 때문입니다. 아이들의 이런 대답을 우리는 성급하게 비판해선 안 됩니다. 그들은 돈만 추구하는 사회와 부모 밑에서 그렇게 배웠기 때문입니다.

세상은 부가 행복을 가져다준다고 가르치고, 안타깝게도 이 헛된 가르침은 많은 그리스도인에게도 영향을 끼쳐서, 그들 또한 말로만 하느님을 믿는다 할뿐 세상 사람들과 다르지 않게 부를 추구합니다. 예수 그리스도의 시대에 바리사이파 사람들처럼, 부자야말로 하느님으로부터 복을 받은 사람이요, 부는 하느님의 사람임을 알려주는 징표라고 믿고 가르친다는 말입니다. 그래서 세속적인 부와 권력과 명예를 덕의 결과라고 생각합니다! 하지만 이것은 심각한 오류입니다.

가난하고 힘들게 살아가는 사람들은 그들의 죄로 인해 벌을 받은 것이겠습니까? "머리 둘 곳조차 없다."(루가 9:58)고 말씀하신 예수님에 대해서는 뭐라고 말할 것입니까? "양과 염소의 가죽을 몸에 두르고 돌아다니며 가난과 고난과 학대를 겪은"(히브리 11:37) 구약시대의 의인들과 예언자들에 대해서는 어떻게 말해야 하겠습니까? "지금 이 시간에도 굶주리고 목마르고 헐벗고 매 맞으며 집 없이 떠돌아다니고, 또 손발이 부르트도록 노동을 하고 있다."(I 고린토 4:11~12)고 말한 사도 바울로와 온갖 고생 다하며 복음을 전한 사도들에 대해서는 뭐라고 말하겠습니까?

부가 사람에게 진정한 행복을 가져다 주는가? 라는 질문에 대해, 그리스도께서는 이렇게 완벽한 대답을 주셨습니다.

> "어떤 탐욕에도 빠져 들지 않도록 조심하여라. 사람이 제아무리 부요하다 하더라도 그의 재산이 생명을 보장해주지는 못한다." (루가 12:15)

또 하나의 잘못된 생각이 있습니다. 그리스도께서 부는 비판하고 가난은 칭송했다고 믿는 것이 바로 그것입니다. 한 예로 "어리석은 부자의 비유"에서 그리스도께서는 부 그 자체가 아니라 부자의 욕심과 어리석음을 비판하셨습니다. 그리스도께서는 물질적 부에 대해 말씀하신 것이 아니라, 물질에만 집착하고 살아가는 사람의 어리석음에 대해 말씀하십니다. 그리스도께서는 세상 모든 물질로부터 완전히 자유로운 분이시기에, 물질을 비판하지 않으시고 오히려 초월하십니다. 하느님 그리스도께서는 사람을 자유로운 존재로 창조하셨고, 사람이 물질에 종속되는 것이 아니라 오히려 물질을 지배하고 통제하길 원하십니다. 물질은 그 자체로는 선도 악도 아닙니다. 다만 사람이 어떻게 사용하느냐에 따라 선이 될 수도 악이 될 수도 있습니다. 성경에 따르면 하느님께서는 사람과 물질세계를 "보시기에 참 좋게"(창세기 1:31) 창조하셨습니다. 하지만 사람은 악의로 자신뿐만 아니라 물질세계도 해치고 있습니다. 알렉산드리아의 클레멘트 성인은 이렇게 말합니다.

> "부를 폄하하지 마십시오. 그것 자체로는 선하지도 악하지도 않은 완벽하게 결백한 것입니다. 다만 그 사용이 선한 것인지 악한 것인지는 단지 우리에게, 우리가 그것을 어떻게 사용하는가에 달려 있습니다."[02]

그리고 요한 크리소스토모스 성인도 다음과 같이 말합니다.

> "탐욕으로 행하지 않는다면, 또 필요한 사람에게 자기 것을 준다면, 부자는 악하지 않습니다. 하지만 자기만을 위해 가지고 가난한 사람에게 주지 않는다면, 그는 악하고 위험합니다."[03]

한 예로 사람은 똑같은 철로 땅을 가는 쟁기를 만들 수도 있고, 사람을 해치는 칼을 만들 수도 있습니다. 물질적 부 또한 사람이 어떻게 사용하느냐에 따라 생명의 수단이 될 수도 있고, 죽음의 원인이 될 수도 있습니다. 부자의 영적인 삶 혹은 영적인 죽음은 부에 어떤 의미를 부여하고 사용하는지에 좌우됩니다. 만약 부자가 정당한 방법으로 부를 쌓아 그것으로 자선을 베푼다면, 또 자기에게 필요한 것 이상의 부는 가난한 사람들의 것이라고 항상 생각한다면,

---

02 알렉산드리아의 성 클레멘트, Τις ο σωζομενος πλουσιος, (어떤 부자가 구원받을 수 있습니까?), PG 9, 617. 이 책의 첫 번째 글, 14.
03 성 요한 크리소스토모스, Εις τὴν Αʹ πρὸς Τιμοθεον Επιστολήν (『디모테오에게 보낸 첫 번째 편지에 대하여』, 설교 17), PG 62, 563.

성 삼위 하느님을 예시했던 세 천사에게 자선을 베풀고 환대한 의로운 아브라함처럼 여겨질 것입니다.(히브리 13:1) 반면에 가난한 사람들에게 무례하고 무관심하다면, 주님께서 "부자와 라자로의 비유"에서 언급하셨던 부자처럼, 자신의 부 때문이 아니라 가난한 자에 대한 무관심과 냉대로 인해 지옥불의 운명을 맞이하게 될 것입니다. (루가 16:19~31)

그러나 이것은 부자뿐만 아니라 가난한 사람에게도 적용됩니다. 왜냐하면 부자와 가난한 자를 나누는 절대적 기준이란 존재하지 않기 때문입니다. 부자는 부를 소유하고 잃지 않으려고 노력합니다. 가난한 자는 소유하지 못한 부를 얻으려고 노력합니다.

어떤 이들은 부를 비판합니다. 하지만 그들은 솔직하지 못합니다. 왜냐하면 그들은 부를 비판하는 것이 아니라, 실상은 부자를 적대시하고 시기하는 것이기 때문입니다. 평등과 정의를 위한 혁명을 주창하는 이들도 실상은 부를 좋아하지 않는 것이 아니라, 부를 독점한 부자들을 견디지 못할 따름입니다. 그래서 사회적 비판과 혁명을 통해 사회를 바꾼다한들, 결국 부와 권력이 부자에게서 가난한 자에게로 이전될 뿐이고, 가난한 자는 다시 부자가 되는 악순환이 반복됩니다. 이것은 사회 혁명의 전형적인 과정으로, 혁명의 이상이 아무리 숭고해도 결과적으로는 사회적 불평등과 빈부의 대립이 해소되지 않습니다.

부자와 가난을 구별하는 유일하고도 의미 있는 기준이 있다면 그것은, 자기가 가진 것에 만족하는 마음, 즉 자족하는 마음입니다. 사람은 항상 더 많고 더 좋은 것을 원하기 때문에, "충분하다"고 말하지 못합니다. 그런 사람은 또한 자기가 가진 모든 것이 전적으로 자신만을 위한 것이라고 믿습니다. "어리석은 부자의 비유"에 나오는 부자가 "내 것", "내 곡식"이라고 말하듯 말입니다. 더 불행한 것은 부가 영혼의 상태를 나타내는 것이라고 여기는 것입니다. 소유한 부를 척도로 사람을 평가한다는 말입니다! 성 대 바실리오스는 "어리석은 부자의 비유"에 대해 설교하면서 이렇게 질문합니다.

> "만약 그대가 돼지의 영혼을 가지고 있다면 그 영혼에 무슨 복된 소식을 전해 주겠습니까? 그대는 너무 게걸스럽고 영혼의 복에 대해 너무도 무지해서 육적인 음식으로, 변소나 채울 것으로 그 영혼을 채웁니다. 그대가 그대의 영혼에 제공하는 것이 바로 이런 것입니다."[04]

부와 가난 중, 무엇이 더 좋은 것입니까? 대부분의 사람은 부가 가난보다 더 좋은 것이라고 성급하게 답변합니다. 하지만 하느님의 말씀은 두 가지 다 안 좋은 것이라고 우리에게 가르쳐 줍니다.

> "가난하게도, 부유하게도 마십시오. 먹고 살 만큼만 주십시오."(잠언 30:8)

부, 풍요, 사치, 낭비 등이 한 극단이요, 가난, 궁핍, 결핍 등은 다른 한 극단이며, 그 중간에 자족하는 마음이 있습니다. 그래서 사도 바울로는 다음과 같이 충고합니다.

> "먹을 것과 입을 것이 있으면 그것으로 만족하시오."
> (I 디모테오 6:8)

---

04 성 대 바실리오스, Εἰς τὸ ῥητὸν "Καθελῶ μου τὰς ἀποθηκας ('내 창고를 헐고' (루가 12:18)라는 말에 대하여), PG 31, 273. 이 책에 실린 성 대 바실리오스의 첫 번째 설교.

사람은 필요한 것을 노동을 통해 스스로 얻습니다. 배고프지 않으려고 음식을 마련하고, 추위에 떨지 않으려고 옷을 입으며, 노숙자가 되지 않으려고 집을 가집니다. 이러한 것들을 어떻게 얻을 수 있을까요? 문제는 바로 이것입니다. 바로 이 문제로 인해 세상이 온통 뒤죽박죽이 된 것입니다. 문제는 지상에 물질적 부가 부족한 것에 있지 않습니다. 정작 부족한 것은 사랑입니다. 문제의 근본은 사람의 내면에 있습니다. 문제는 경제적인 것이 아니라 윤리적인 것입니다. 부자를 가난한 자로 만들고, 가난한 자를 부자로 만드는 게 중요한 것이 아니라, 어떻게 하면 모두가 부자가 될 수 있느냐는 것입니다. 물론 여기서 말하는 부자는 탐욕스럽게 물질을 긁어모아 쌓는 사람이 아니라, 자신의 욕구를 자제할 줄 알고 필요한 것만으로 충분하다 여기는 자족하는 사람입니다.

> "모든 덕에 있어서 가난하다면, 물질적으로 풍요한 것이 당신에게 무슨 소용입니까? 우리 자신을 지배하지 못하고 우리 자신의 욕구를 통제할 수 없다면, 부의 주인이 되는 것이 무슨 소용입니까?"[05]

탐욕이라는 정념, 즉 필요한 것 이상으로 더 많은 것을 탐하는 것은 본성을 거스르는 것입니다. 예를 들어, 만약 당신이 탐식에 사로잡혀 몸에 필요한 양 이상으로 게걸스럽게 음식을 섭취한다면, 그것은 자연 법칙을 거스르는 것으로서 복통과 소화불량 등 안 좋은 결과를 가져옵니다. 이같이 탐욕을 스스로 통제하고 억제하지 않고, 욕심나는 대로 마구 물질을 소유하고 지나치게 사용한다면, 자

---

05 성 요한 크리소스토모스, Περὶ εἱμαρμένης τε καὶ προνοίας, ("운명과 섭리에 대하여", 첫 번째 설교), PG 50, 752.

연은 이를 거부하고 고통을 안겨줄 것입니다. 그러므로 하느님을 두려워 하며 하느님께서 창조하신 만물의 본성을 존중하는 마음이 필요합니다. 그래서 사도 바울로는 이렇게 권면합니다.

> "자기가 갖고 있는 것으로 만족할 줄 아는 사람에게는 종교가 크게 유익합니다." (I 디모테오 6:6)

또 니싸의 그레고리오스 성인은 이렇게 말합니다.

> "우리는 성서를 통해서 두 가지 종류의 부자에 대해 배웠습니다. 하나는 존경받는 부자이고, 다른 하나는 경멸받는 부자입니다. 덕의 부자는 존경받지만, 물질의 부만 소유한 사람은 경멸당합니다. 왜냐하면 덕의 부요함은 영혼을 얻지만, 물질적 부는 감각의 유혹에 불과하기 때문입니다."[06]

* * *

이 책은, 우열을 가릴 수 없이 모두 위대한 고대 교회의 대표적인 여섯 교부들, 알렉산드리아의 클레멘트, 대 바실리오스, 신학자 그레고리오스, 니싸의 그레고리오스, 요한 크리소스토모스, 아우구스티누스가 복음의 빛으로 '부와 가난'이라는 사회적 문제를 어떻게 이해하고 대처하고 가르쳤는지를 명확하게 보여줍니다.

위에 언급한 교부들은, 교회의 진실한 목자로 봉직하는 동안, 교회의 참된 지도자로서, 하느님께서 그들에게 주신 영원한 복음의 은총을 통하여, 당대의 커다란 사회 문제들을 해결해 나갔습니다. "어제나 오늘이나 또 영원히 변하지 않으시는 분"(히브리서 13:8)이신

---

[06] 니싸의 성 그레고리오스, Εἰς τοὺς Μακαρισμούς, ('행복한 사람들'(구복단)에 대하여), PG 44, 1200A.

그리스도의 말씀에 바탕을 둔 교부들의 가르침은 당대의 커다란 사회 문제들을 복음적으로 해결해 나간 모범을 보여줍니다. 하지만 교부들의 이런 업적은 학문적인 연구의 결과도, 단지 행정적인 능력의 결과도 아닙니다. 오히려 그것은 사목적인 배려와 관심으로 양떼들의 삶과 관련된 구체적인 사회 문제를 해결하고자 했던 매우 실천적이고 영적인 노력의 결과물입니다.

교회의 설교는 항상, 한편으로는 성서를 통해 전해져 오는 그리스도의 불멸의 가르침에 바탕을 두고, 또 한편으로는 그 시대를 살았던 사람들의 구체적인 고통에 귀 기울였습니다. 우리는 교부들의 이러한 영적이고 실천적인 태도를 본받아야 할 것입니다.

만약 위에 언급한 교부들이 오늘날 살아계셨다면, 그들은 분명 복음 설교자로서 우리 시대 수많은 사람들을 고통으로 몰아넣는 문제들, 테러, 난민, 불평등, 빈부격차, 물질 만능주의 등에 대해 피를 토하는 설교를 하셨을 것입니다.

맘몬을 숭배하고 사랑의 주님을 저버린 세상, 하느님으로부터 오는 참된 사랑의 결핍으로 인해 고통 받는 이 세상에서, 모름지기 교회의 설교는 사람들로 하여금 참된 정의와 공평, 진정한 휴머니즘을 추구하고 발견할 수 있도록 도와주어야 합니다. 항상 인간의 가치를 먼저 생각하도록 도와주어야 합니다. 부당한 경쟁으로 이득을 얻는 경제 논리는 "사욕을 품지 않는"(I 고린토 13:5) 사랑의 법으로 대체되어야 합니다. 우상숭배인 탐욕(골로사이 3:5)과 인색함, "모든 악의 뿌리"(I 디모테오 6:10)인 돈만 쫓는 것, 그것은 하느님을 믿지 않는 것입니다. 세상을 향한 하느님의 섭리를 따르지 않는 것입니다. 그렇기 때문에 정교회는 이런 우상숭배를 타파하고 대신 금욕적이고 영적인 삶의 실천으로 나아가야 한다고 온 세상을 향해 역설합니다.

정교회의 가르침과 전통이 보여주는 금욕적 수행의 삶, 다시 말해 검소하고 소박하며 단순한 삶은 물질에 대한 마니교적인 경멸에서 온 것이 아닙니다. 반대로 하느님의 창조세계에 대한 존중과 사랑에서 비롯된 것입니다. 우리는 필요한 것만으로 살아가려는 노력을 그치지 말아야 합니다. 절대 사치하고 낭비하는 삶을 살아서는 안 됩니다. 그 이유는 다음의 두 가지입니다.

첫 번째는 다른 사람의 필요에 대해 관심과 사랑을 가져야 하기 때문입니다. 예를 들어 당신에게 필요한 집은 방이 세 개짜리인데, 현재 살고 있는 집에 방이 열 개 있다면, 남는 일곱 개의 방은 집이 없는 사람들에게서 빼앗은 것입니다.

> "그대가 쥐고 있는 빵은 굶주린 이들의 것입니다. 그대의 옷장에 켜켜이 쌓여있는 두루마기는 헐벗은 이들의 것입니다. 그대의 집에서 삭고 있는 신발들은 맨발로 다니는 이들의 것입니다. 그대가 땅에 묻어둔 돈은 비참에 처한 이들의 것입니다. 이렇게 그대는 충분히 도와줄 수 있는 수많은 사람들을 억압하고 있는 것입니다."[07]

두 번째는 금욕적 수행의 삶은 환경보호와 자원절약에 기여하기 때문입니다. 만약 우리가 자원을 다 소비한다면 다음 세대들에게는 무엇을 남겨줄 수 있겠습니까?

결과적으로 볼 때 금욕적 수행의 삶은 우리를 개인 중심의 삶에

---

07 성 대 바실리오스, Εἰς τὸ ῥητὸν 'Καθελῶ μου τὰς ἀποθήκας, ('내 창고를 헐고'(루가 12:18)라는 말에 대하여), PG 31, 277. 이 책에 실린 성 대 바실리오스의 첫 번째 설교.

서 벗어나게 하고, 실상은 불필요한 것에 탐욕으로 집착하는 이기주의 대신에 우리 이웃의 근본적인 필요에 더 관심을 둠로써 인류를 구원할 수 있게 해줍니다. 금욕적 수행의 삶은 자연 환경이 우리의 욕심으로 인하여 훼손되는 것을 또한 방지해 줄 것입니다.

정교회에서 권하고 있는 금욕직 수행의 삶은 이론이 아니라 실천입니다. 그것은 물질에 대한 탐욕과 애착에서 벗어날 수 있게 해주는 탁월한 방법입니다. 그 한 예로 오래된 금식 전통을 들 수 있습니다. 정교회의 가르침에 따르면 금식의 목적은 세 가지입니다.

첫 번째는 절제를 습관화할 수 있게 해줍니다.

두 번째는 절약의 마음으로 살도록 가르칩니다.

세 번째는 이웃을 돕고 이웃을 위해 기꺼이 희생하는 삶으로 인도합니다.

특히 마지막 목적, 즉 사회적인 활동은 큰 의미를 가집니다. 2세기의 문헌에는 다음과 같은 말이 있습니다.

> "만약 그리스도인들 가운데 가난한 사람이 있는데 경제적으로 도움을 줄 수 없을 때, 그리스도인들은 가난한 사람들에게 필요한 양식을 공급하기 위해 이틀이나 삼 일씩 금식합니다."[08]

> "수요일과 금요일에는 금식하십시오. 그리고 금식하여 모은 것은 가난한 사람에게 자선으로 베푸십시오."[09]

탐욕, 사치, 부의 독점, 인색 등은 어떤 방식으로도 그리스도의 가르침과 조화를 이룰 수 없습니다. 왜냐하면 자신의 주위에 가난

---

08 아리스티데스, *Απολογια* (『변론』), 15:9.
09 Αποστολικαὶ Διαταγαι, (*The apostolic constitutions*, 『사도 규범』), 5:20.

한 사람이 많다면, 과연 부유한 그리스도인은 자기가 가진 부를 정당하다고 말할 수 있겠습니까? 전 세계 인구의 절반 가까이 기아에 허덕이고 있는데, 단지 살을 빼기 위해 다이어트 하는 것이 정당한 일이겠습니까? 수백만의 굶주린 사람에게 무감정, 무관심으로 대하는 오늘날의 거칠고 무자비한 부자에게, 주님의 형제인 야고보 사도는 똑같이 말씀하실 것입니다.

> "당신들의 재물은 썩었고 그 많은 옷가지는 좀먹어 버렸습니다. 당신들의 금과 은은 녹이 슬었고 그 녹은 장차 당신들을 고발할 증거가 되며 불과 같이 당신들의 살을 삼켜 버릴 것입니다. 당신들은 이와 같은 말세에도 재물을 쌓았습니다." (야고보서 5:2~3)

정교회의 장례식 성가는 우리에게 다음을 상기시키고 있습니다.

> "인간의 모든 것은 그리도 헛되어라. 죽은 뒤 남는 것은 아무것도 없어라. 부유함은 사라지고 영광은 그치나니, 죽음이 덮치면 모두가 끝이 나네. …"[10]

부자와 가난한 자를 구분하지 않고 누구에게나 다가오는 죽음이 닥치면, 가난한 사람에게 나눠줄 생각은 눈곱만큼도 없이 탐욕으로 지상의 모든 보물을 모아놓았다 한들, 무엇 하나 가지고 갈 수 있겠습니까? 분명 아무것도 가져갈 수 없습니다. 그들의 육신조차도, 각자의 가장 고유한 것조차도 가져갈 수 없습니다. 모두 지상에 남겨두게 되고, 흙으로 돌아가게 될 것입니다.

> "부는 우리와 함께 옮겨가지 않고, 영원한 여행에도 함께

---

10 『각종 예식서』, 죽은 이들을 위한 영결식.

하지 못합니다."¹¹

그리스도께서는 우리 주변의 누구에게라도 도움이 필요한 사람에게 도움을 주는 것은 그리스도 자신에게 베푸는 것이라고 우리에게 가르치십니다.

> "분명히 말한다. 너희가 여기 있는 형제 중에 가장 보잘 것 없는 사람 하나에게 해 준 것이 바로 나에게 해 준 것이다." (마태오 25:40)

그래서 신학자 그레고리오스 성인은 우리에게 자선의 덕에 대해서 이렇게 말합니다.

> "너무 늦지 않게 그리스도에게 도움을 베풀고, 그리스도를 구호해주고, 그리스도를 먹이고, 그리스도를 입히고, 그리스도를 영접하고, 그리스도를 존귀하게 여기십시오. … 온 우주의 주님은 희생제사 대신 우리의 자비를 원하십니다. 수천 마리 양보다는 우리의 연민과 동정심을 원하십니다. 그러므로 여러분의 발 아래 엎드려 있는 이 불행한 이들의 손을 통해서 그분께 이 자비를 드립시다. 그러면 우리가 이 세상을 떠날 때, 그들은 우리를 영원한 장막 안에, 우리 주님이신 그리스도 그분 자신 안에 받아줄 것입니다."¹²

그리스도와 그리스도의 교회의 가르침을 따른다면, 가난한 사람들은 없을 것입니다. 하지만 주님께서 세상 모든 것을 우리 모두에

---

11 성 요한 크리소스토모스, Εἰς τὴν Αʹ πρὸς Τιμοθεον Ἐπιστολήν, Ὁμιλία 17, (『디모테오에게 보낸 첫 번째 편지에 대하여』, 설교 17), PG 62, 592.
12 신학자 성 그레고리오스, Περὶ φιλοπτωχείας, Λογος 14, PG 35, 909AB. 이 책에 실린 성인의 설교

게 주셨다는 사실을 깨닫지 못하는 한, 아무리 세상이 풍요로워져도 사랑이 결핍되어 있는 한, 하느님 아버지 앞에서 우리 모두가 평등한 형제라는 진리가 이 사회의 평등을 떠받치는 토대가 되지 않는 한, 가난한 사람은 계속 존재할 것입니다. 즉 하느님께서 우리 각자에게 주신 모든 것은 나만을 위한 것이 아니라 가지지 못한 사람들의 것이기도 하다는 사실을 깨달아야 합니다. 그래야만 평등한 사회가 될 것입니다. 이것이 그리스도께서 가르쳐주신 길, 사회 문제를 해결하는 확실한 길입니다.

   이 책은 본질에 있어서 영적이고 윤리적인 수많은 사회 문제에 대한 교부들의 풍부한 가르침 중 아주 작은 한 예입니다. 이 책이 교부들의 저서에 숨겨져 있는 영적 보물을 한국어로 더 많이 소개하고 연구하고 출판하는 데 조금이라도 기여할 수 있기를 기원합니다.

정교회 한국 대교구
조성암 암브로시오스 대주교

✝ 조성암 대주교

알렉산드리아의
클레멘트

클레멘트

알렉산드리아의 클레멘트

알렉산드리아는 고대의 위대한 지적 중심지 중 하나였습니다. 문화와 부를 자랑하는, 인구가 거의 백만 명에 이르는 거대 도시였습니다. 이 도시에 거주했던 프톨레메우스 황제는 이 도시를 헬레니즘 문화의 수도로 변모시켰고, 이 도시의 도서관은 세계적인 명성을 얻었습니다.

그리스인과 유대인이 인구의 다수를 차지했습니다만, 알렉산드리아에 언제 어떻게 그리스도인이 생기기 시작했는지는 아직 불분명합니다. 180년 경 이 도시에는 디미트리오스라는 이름의 대주교가 있었습니다. 그는 이집트의 교회를 조직했고, 알렉산드리아에 학교를 세워 이를 판테노스에게 맡겼습니다. 케사리아의 에브세비오스는 "이 시기 이 도시에서 신자들의 교육을 지도했던 사람은 문화적 소양이 탁월한 사람이었다."고 기록하고 있습니다. 그는 클레멘트의 스승이었고, 클레멘트는 그에게 찬사를 바쳤습니다.

혹자는 알렉산드리아 출신이라 하기도 하고 혹자는 아테네 출신이라고도 하는 클레멘트는 이교도 집안에서 태어났습니다. 그는 그리스도교로 개종했고 이어서 여행을 많이 했습니다만, 결국 그는 판테노스 곁에서 영혼의 쉼을 발견할 수 있었습니다. 폭넓은 시각을 갖추게 된 그리스도교 사상은 그의 영혼과 정신의 가장 깊은 열망에 답을 주었습니다. 판테노스는 이 제자를 탁월한 인재로 키워냈고, 의심의 여지없이 그를 자신의 후계자로 지목했습니다.

클레멘트의 저술 활동은 굉장했는데, 그중 가장 중요한 세 저작은 『프로트렙티고스』, 『페다고고스』, 『스트로마티스』입니다. 그는 여기서 훨씬 더 폭넓은 학문적 성과를 두루 활용하면서 유스티노스의 저작을 계승했습니다. 그의 포부는 신자들을 믿음에서 앎 혹은 영지(gnosis)로 이끄는 것이었습니다.

"믿음은 씨앗이요 영지는 그 열매이다."

믿음과 학문의 융합인 영지는 동시에 도덕적 완성에 이르게 됩니다.

진리는 성경 안에 감춰져 있습니다. 그것을 발굴하기 위해 클레멘트는 필론에게서 그 원리를 차용한 알레고리 방법에 호소합니다. 그것은 문자 너머에 있는 성경의 정신에 이르려는 것입니다. 여기 소개되는 강론은 우리에게 그 한 예를 제공해줍니다.

클레멘트는 도덕과 사회적 삶에 관련된 문제에서 유연함을 보여줍니다. 그래서 우리는 그의 강론에서 "부자도 구원 받을 수 있다."라는 말을 발견하게 됩니다. 아마도 글로 출간되면서 다시 다듬어졌을 이 매력적인 강론은 그 주제와 간결함과 직설적 어조로 인해 클레멘트의 가장 널리 알려진 저작 중 하나이며, 또한 가장 시사적인 작품 중 하나라 할 것입니다.

3세기 설교의 아름다운 예인 이 설교에서, 클레멘트는 마르코 10장 17~31절 본문을, 특별히 "부자가 하느님 나라에 들어가는 것보다는 낙타가 바늘귀로 빠져 나가는 것이 더 쉬울 것이다."(10장 25절)라는 유명한 구절을 주석합니다.

알렉산드리아의 공동체는 매우 혼합적이었습니다. 이 안에는 부자도 많이 있었습니다. 『페다고고스』에서 클레멘트는 항구에서 일하는 가난한 평민의 눈에 비친 사치를 묘사합니다. 이것은 당시 사회적 조건의 대조적이고 불공정한 모습을 느끼게 해줍니다. 거의 백 킬로미터 떨어진 니트리아 사막에서는 수많은 수도사가 복음적이고도 철저한 가난 속에서 살고 있었습니다.

클레멘트는 그리스도의 말씀에 대한 해석 방법을 구별하는 것으로 시작합니다. 그것은 '육적인 방식'이 아니라 '영적인 방식'으로 받아들이는 것입니다. 오직 하느님만이 선하십니다. 부는 하느님의 너그러우심을 통해 우리에게 주어집니다. 그 자체로는 선한 것도 악한 것도 아닙니다. 그것은 다만 우리 영혼을 반영할 뿐입니다. 그러므로 타파해야 할 것은 부 그 자체가 아니라 누군가에겐 인색함과 탐욕으로, 또 누군가에겐 부러움과 질투로 나타나게 되는 우리 마음의 악덕입니다.

부자는 용익권자입니다. 그는 하느님의 뜻에 부합되게 살기 위해 그것을 소유합니다. 부는 그로 하여금 가난한 이를 구호하고, 또 이웃 사랑을 실천함으로써 물질에 대한 집착을 버리는 훈련을 하게 해줍니다. 결론으로 클레멘트는 강도가 되었다가 요한에 의해 결국

교회로 인도된 젊은이에 관한 감동적인 이야기를 전해줍니다.

　클레멘트는 사회 문제를 그리스도교적 시각 안에 들여놓고, 신앙을 통해 그것을 조명합니다. 그는 가족과 결혼의 문제에 있어서도 똑같은 유연함을 보여줍니다. 이를 통해 그는 교회의 사회적 가르침의 선구자로 드러납니다.

　클레멘트는 그리스도의 말씀에 의기소침해져 자신의 구원이 불가능하다고 믿게 된 이 젊은이에게서, 그리고 부자에게서 야만성이 아니라 절망을 봅니다. 부자의 마음에 다시 희망을 불어넣어줌으로써 클레멘트는 부자에게 나눔의 정신을 회복시키려 합니다. 아버지이신 하느님, 아들이시고 구원자이신 주님의 눈에는 설사 뒤늦은 회개라 할지라도 죄인을 구속(救贖)하기에 충분합니다. 회개한 부자를 기다리는 하느님 나라에는 심판과 두려움 대신 영원성과 열락이 보장됩니다.

　강론은 온통 따뜻한 권면으로 가득 차 있고, 희망을 일깨웁니다. 이 감정이 부자로 하여금 정의와 자비를 회복하도록 도와주지 못하겠습니까? 공포보다 더욱 강렬한 도약을 제공해 주지 않겠습니까?

클레멘트

어떤 부자가 구원 받을 수 있습니까?[13]

1. 부자를 칭송하는 사람은 무가치한 부를 몰지각하게 찬양하는 비겁하고 비열한 아첨꾼일 뿐만 아니라 불경스러운 자, 사기꾼임에 틀림없습니다. 그들이 불경스러운 자인 것은, "모든 것은 그분에게서 나오고 그분으로 말미암고 그분을 위하여 있습니다."(로마 11:36)라고 고백되는 선하시고 거룩하신 한 분 하느님께 찬양과 영광을 돌리지 않고, 하느님께서 그 정의로 경고하시는, 비열하고 방탕한 삶 속에서 뒹굴고 있는 사람들에게 굽실거리기 때문입니다. 그들이 사기꾼인 것은, 부가 이미 부자의 영혼을 교만하게 하고 부패시키며 구원의 길에서 벗어나게 할 강력한 힘을 가졌음에도 불구하고, 그들은 부자를 취하게 하고 그래서 그들이 그토록 영예롭게 여기는 부를 제외하고는 그 밖의 모든 것을 경멸하게 만드는 과도한 찬사

---

13 τίς ὁ σωζόμενος πλουσιος, PG, 9, p. 603~651.

로 부자를 유혹하기 때문입니다. 그들은 흔히 말하듯 불에 기름을 끼얹고, 덴 곳에 뜨거운 물을 붓습니다. 그들은 부를 엄청난 무게로 강조합니다. 그 무게는 이미 너무 무거운데도, 그들은 그것에 더 많은 무게를 얹습니다. 그래서 오히려 그만큼 정반대로 그 무게를 걷어내야 하고 마치 끔찍하고 치명적인 질병이라도 되는 것처럼 여겨 완화시켜야만 합니다.

거룩한 말씀이 가르쳐주듯이[14], 머리를 젖히고 뽐내는 사람, 목이 꼿꼿한 사람은 언젠가 낮아지고 굴욕을 당하게 될 것입니다. 나는 우정이란 결코 비굴하게 부자에게 아첨이나 하고 그들의 비열함을 칭찬하는 것에 있지 않고, 오히려 그들에게 충고하고 모든 방법을 다 동원해 그들을 구원하고자 하는 것이라고 믿습니다. 자녀에게 호의를 베푸시는 하느님 아버지께 지속적으로 기도하고, 그들의 영혼을 치료해주시도록 구속주의 은총을 간청하며, 그들을 밝게 비춰주고 그들에게 진리의 길을 가르쳐 주면서 말입니다. 이 우정이 그 행위로 인해 빛날 때, 오직 그것만이 우리에게 영원한 생명을 가져다 줄 수 있기 때문입니다. 하지만 우리의 기도가 마지막 날까지 그 간절함과 뜨거움을 유지할 수 있으려면, 강하고 순결한 영혼이 요구됩니다. 그리고 우리의 행위는 올바르고 불편부당하며 모든 계명들에 충실한 정신을 요청합니다.

▌너무 빨리 절망하지는 맙시다.

2. 부자가 그 영혼의 구원을 위해 가난한 자보다 더욱 많은 고통

---

14 마태오 23:12, "누구든지 자기를 높이는 사람은 낮아지고 자기를 낮추는 사람은 높아진다."

을 겪어야 하는 이유가 무엇인지 한 마디로 잘라 말할 수는 없을 것입니다. 그 이유는 매우 복잡합니다. 어떤 사람은 "나는 분명히 말한다. 부자는 하늘 나라에 들어가기가 어렵다. 거듭 말하지만 부자가 하느님 나라에 들어가는 것보다는 낙타가 바늘귀로 빠져 나가는 것이 더 쉬울 것이다."(마태오 19:23~24)라는 주님의 이 말씀을 경솔하게도 문자 그대로 받아들입니다. 그들은 자신의 구원에 절망하여 자신에게는 오로지 이 세상에서의 삶만 존재한다고 생각한 나머지 자신을 온전히 세상에 내맡겨 버리고, 스승이신 우리 주님이 어떤 종류의 사람들을 부자라는 이름으로 불렀는지, 또 사람에게는 불가능한 일이 어떻게 하느님께는 가능한 것이 되는지 더 이상 알려고도 하지 않습니다. 또 어떤 사람은 이 말씀의 의미를 잘 이해하고는 있지만, 그들의 행위를 통해서 구원을 얻으려고 노력할 생각도 하지 않고 그들의 희망을 채워 줄 모든 시도를 방치합니다. 이 두 경우 모두에 있어서 나는 구세주의 능력과 구원의 빛에 대해 잘 배워 알고 있는 부자에게 내 생각을 적용해 봅니다. 그것에 대해 전혀 알지 못하는 사람들은 내 관심 밖입니다.

3. 진리를 사랑하고 또 그대들의 형제를 사랑한다면, 회개한 부자에게 빈정대지도 말고 모욕감을 주지도 마십시오. 뭔가 이익을 얻어 보겠다고 그들의 발아래 굽신거리지도 마십시오. 다만 지체없이 그들의 마음에서 절망을 제거해주십시오. 그들에게 주님의 선언을 잘 설명해주고, 계명을 지키기만 한다면 하늘나라의 유산이 그들에게도 전혀 거부되지 않는다는 것을 그들로 하여금 볼 수 있게 해주십시오. 그런 다음 그들을 떨게 하는 두려움은 그 근본부터 제

거된다는 것과 그들에게는 이제 주님의 기쁨 안에 받아들여질 일만 남았다는 것을 보여주십시오. 마지막으로 이 희망을 향해서 그들이 추구해 나가야 할 삶의 행위와 방식에 대해 분명하게 가르쳐주십시오. 우리 모두는 구원받을 수 있습니다. 하지만 그 누구도 이런 말을 가볍게 여기고 사람들의 귀를 즐겁게 해주려 해서는 안됩니다.

부자들이여, 그대는 경주에 나선 사람의 정신을 가지고 그대의 운명에 대해 생각하십시오. 나는 이렇게 해서 헛되고 사멸할 영광을 본질적이고 썩지 않는 선에 비교해 봅니다. 승리하겠다는 마음, 월계관을 쓰고야 말겠다는 결의를 느끼지 못하는 후보자는 경주에 나서겠다고 등록할 필요조차 없습니다. 반대로 기회가 왔다고 판단은 하지만 진지하게 훈련하지 않고 적절한 절제를 적용하지 않는 사람도, 실망은 말할 필요도 없고 결코 승리를 얻지 못할 것입니다. 그러니 그대가 비록 질식할 듯 부를 가졌다 해도, 만약 그대가 신앙을 간직하고 있고 하느님의 무한한 선을 이해하고 있다면, 생명을 얻기 위한 이 투쟁에서 제외되었다고 지레 짐작해서는 안 됩니다. 하지만 굳이 먼지를 뒤집어쓰고 땀범벅이 되지 않아도 불멸의 월계관을 얻게 될 것이라 자만하면서, 꼭 필요한 훈련과 연습을 게을리 하지도 마십시오. 그대에게 이 싸움의 예술을 가르쳐주실 말씀(그리스도)께 복종하고, 이 싸움을 주관하시는 그리스도께 그대 자신을 맡기십시오. 양식과 음료로는 그대의 주님께서 주신 신약성경을 취하십시오. 훈련으로는 그 계명을 실천하고, 복장과 장비로는 위대한 덕인 사랑, 믿음, 희망, 진리에 대한 사랑, 선량함, 온유함, 자비, 순결을 얻으십시오. 그리하여 우렁찬 나팔소리로 그대에게 경주장이 열리고, 또 그 나팔소리와 함께 경주장인 이생을 떠나게 될 때,

그대는 순결한 양심으로 심판관의 발 앞에 승리자로 나서게 될 것이고, 하늘나라에 들어가기에 합당하다고 판단될 것이니, 그때 그대는 월계관을 쓰고 천사의 나팔소리를 들으며 그곳에 들어가게 될 것입니다.

4. 말을 시작하기에 앞서, 내 형제들의 유익을 위해 참되고 효과적이고 구원을 가져다주는 말을 발견할 수 있는 은총을 주님께서 허락해 주시길 빕니다. 먼저 나는 희망에 대해서 말하고, 이어서 그것으로 이끌어주는 길에 대해 다루겠습니다.

가난한 이들에게 후히 주시고 가난한 사람 되길 원하는 이들을 가르쳐주시는 하느님은 또한 우리의 무지를 흩어버리시고, 부에 관한 이 말씀을 통해서 우리 마음에서 절망을 뽑아버리십니다. 이 말씀은 많은 사람에 의해 주석되고 있습니다. 하지만 묵상하지도 이해하지도 못한 채 어린아이처럼 그 말씀을 듣기 때문에 오늘날까지도 여러분은 이 말씀에 혼란스러워 합니다. 그 말씀을 다시 한 번 읽어봅시다.

> 예수께서 길을 떠나시는데 어떤 사람이 달려와서 그 앞에 무릎을 꿇고 "선하신 선생님, 제가 무엇을 해야 영원한 생명을 얻겠습니까?" 하고 물었다. 예수께서는 이렇게 대답하셨다. "왜 나를 선하다고 하느냐? 선하신 분은 오직 하느님뿐이시다. '살인하지 마라', '간음하지 마라', '도둑질하지 마라', '거짓 증언하지 마라', '남을 속이지 마라', '부모를 공경하여라' 한 계명들을 너는 알고 있을 것이다." 그 사람이 "선생님, 그 모든 것은 제가 어려서부터 다 지켜 왔습니다." 하고 대답하였다. 예수께서는 그를 유심히 바라

보시고 대견해 하시며 이렇게 말씀하셨다. "너에게 한 가지 부족한 것이 있다. 가서 가진 것을 다 팔아 가난한 사람들에게 나누어주어라. 그러면 하늘에서 보화를 얻게 될 것이다. 그러니 내가 시키는 대로 하고 나서 나를 따라오너라." 그러나 그 사람은 재산이 많았기 때문에 이 말씀을 듣고 울상이 되어 근심하며 떠나갔다. (마르코 10:17~22)

5. 이 이야기는 마르코 복음서에 나와 있습니다. 하지만 우리는 다른 세 복음경(마태오, 루가, 요한)에서도 이 이야기를 발견합니다. 물론 그 이야기들이 완전히 글자 하나하나 다 일치하는 것은 아니지만 그 본질은 다르지 않습니다.

구세주께서 순전히 인간적인 언어로 말씀하시지 않고, 언제나 신성하고 신비로운 지혜를 통하여 제자들을 가르치신다는 것을 잘 알고 있는 우리는, 결코 이 말씀을 육체의 귀로 들어서는 안 됩니다. 오히려 명석하고도 인내심 많은 숙고를 통해 그 비밀스런 의미를 추구하고 발견하려 해야 합니다. 주님께서 제자들에게 아주 단순한 방식으로 전해주려 하셨던 것들은, 그것들이 지혜로부터 흘러나오는 것인 한, 모호한 암시를 포함한 그분의 가르침 못지않게 주의 깊은 숙고를 요구합니다. 분명 예수께서 그 제자들에게, "하느님 나라의 자녀들"에게 설명해주셨던 말씀은, 청중이 아무런 설명도 요구하지 않았던 아주 명쾌하고 분명한 규범보다 더욱 오랜 연구를 요구합니다. 물론 이 규범도 직접 구원과 관련되고 그래서 최고의 집중력을 가지고 신성한 가르침으로 검토되어야 하지만 말입니다. 그러므로 산만한 귀로 그 말씀을 듣지 마십시오. 그와는 반대로 그 말씀 속에서 구세주의 성령을 발견하고, 그 말씀의 신비를 헤아리기 위해 우리의 온 지성을 적용합시다.

6. 사람들이 그분께 여쭈었던 질문은 우리 스승이신 주님을 기쁘게 하였고 매우 적절한 것이었습니다. 사람들은 생명의 생명(그리스도)이신 분께, 구원을 주시는 구세주께, 교리의 가장 본질적 요소이신 진리의 교사께, 참되고 불멸하는 진리께, 그리고 하느님 말씀이시고 완전에 이른 완벽한 쉼이시며 부패로부터 보호하시는 '불멸'이신 말씀(Λογος, 로고스)께 말했습니다. 사람들은 그분이 오신 목적에 대해 질문했습니다. 영원한 생명의 복음을 우리에게 드러내시기 위해서, 그분이 가르쳐 주시고 설명해 주시고 또 직접 가져오신 것에 대해 질문했습니다. 하느님으로서 그분은 사람들이 무엇을 질문할지, 또 사람들이 어떻게 대답할지 다 예견하셨습니다. 과연 그 누가 예언자 중 예언자시고 모든 예언의 영들의 주님이신 분보다 더 그것을 잘 알 수 있겠습니까?

젊은이가 그분을 '선하시다' 했을 때, 그분은 이 말을 첫 번째 기회로 삼아서, 그를 가르치시고 또 그로 하여금 선하신 하느님, 영원한 생명의 유일한 주인이신 분께 돌아서게 하려 하셨습니다. 하느님께서는 이 영원한 생명을 그 아들에게 맡기셨고, 그를 통해서 우리가 그것을 소유하는 자가 되게 하셨던 것입니다.

7. 우리 마음속에 즉각 새겨 넣어야 할, 구원 교리의 핵심 원리는 바로 영원한 생명을 주시는 하느님, 기원이시고 최고 통치자시며 유일하신 이 영원하신 하느님을 믿는 것이고, 이 선하신 하느님을 우리의 지식과 지성을 통해서 소유하려 노력하는 것입니다. 존재하시고 만물을 창조하시고 보존하시는, 그래서 모든 피조물이 그

존재를 부여받아 각자 존재의 시간을 소유하게 하시는 이 하느님을 아는 것, 이것이야말로 움직일 수 없고 변할 수도 없는 원리이고, 구원의 기초입니다. 하느님을 모르는 것, 그것은 죽음입니다. 그분을 알고, 그분 안에서 살고, 그분을 사랑하고, 그분을 닮으려고 노력하는 것, 그것이 바로 유일한 생명입니다.

그 의로운 사람에게는 무엇이 부족했습니까?

8. 만약 그대들이 영원한 생명을 얻기 원한다면, 먼저 "아무도 알지 못하는 분, 아들과 또 그가 그분을 계시하려고 택한 사람들밖에는 알지 못하는"(마태오 11:27) 그 하느님을 알려고 하십시오. 하느님 다음으로는 구속주 그리스도의 위대하심과 전에 없었던 그분의 은총을 아십시오. 사도께서 말씀하십니다.

> "모세에게서는 율법을 받았지만 예수 그리스도에게서는 은총과 진리를 받았다."(요한 1:17)

확실히 충실한 종 모세도 '참된 아들' 그리스도처럼 아름다운 선물을 가져다 줄 수는 없습니다. 모세의 율법이 우리에게 영원한 생명 줄 수 있었다면, 무엇하러 우리 구세주께서 세상에 오셨겠으며, 태어나시고 죽으실 때까지 모든 인간적 여정을 거치시며 우리를 위해 고통 받으셨겠습니까? 어려서부터 율법의 모든 계명을 그토록 충실하게 지킨 젊은이가 무엇하러 불멸의 생명을 간청하며 다른 이의 발아래 엎드렸겠습니까? 그는 율법을 다 지켰고 아주 어려서부터 율법을 지키는 데 전념했습니다. 노인이 올바른 길을 가면 그 공로가 얼마나 놀랍고 대단합니까? 하물며, 젊음의 열기와 충동에도 불구하고 율법의 삶을 사는 것, 그토록 신중함을 소유하는 것은 비범한 능력과 성숙함을 드러내줍니다.

하지만 이 젊은이는 덕에 있어서 아무 부족함이 없었음에도 불구하고 정말 자기 안에 참 생명이 없음을 느낍니다. 그래서 그는 생명을 주실 수 있는 유일하신 분께 다가와 그 생명을 달라고 간청합니다. 그는 율법에 관한 한 더 이상 손색이 없다고 자부했지만, 그럼에도 불구하고 하느님의 아들께 간청합니다. 그는 하나의 신앙에서 또 다른 신앙으로 옮겨갑니다. 율법의 밧줄도 그를 불안감에서 지켜주지 못했습니다. 근심에 젖은 그는 이 위험한 정박지를 떠나 구세주의 항구에 닻을 내리러 온 것입니다.

9. 율법의 몇몇 조항을 어겼다 해도 예수께서는 그를 질책하지 않으십니다. 오히려 그분은 이 선량한 제자의 실천에 감동받아 그를 사랑했습니다. 그럼에도 불구하고 그분은 그가 아직 완전하지 않다고 선언합니다. 그의 덕은 결코 완성되지 않았습니다. 그는 분명 율법을 지킨 선한 일꾼이었지만 영원한 생명에는 게을렀습니다. 물론 그것만으로도 이미 훌륭한 것입니다. 거룩한 율법(로마서 7:12)은 두려움을 통해 훈육하고 예수의 숭고한 계명과 그분의 은총으로 이끌어가는 길잡이 교사와 같습니다. 반면 "그리스도께서 나타나심으로 율법은 끝이 났고 그를 믿는 사람은 누구든지 하느님과 올바른 관계를 가지게 되었습니다."(로마서 10:4) 그분은 노예를 만들어 내는 노예가 아닙니다. 그분은 아버지의 뜻을 실행하는 모든 이에게 아들과 형제와 공동상속자의 자격을 주십니다.

10.

"네가 완전한 사람이 되려거든." (마태오 19:21)

그러므로 그는 결코 완전하지 않았습니다. 왜냐하면 완전 위에는 아무것도 있을 수 없기 때문입니다. "네가 … 되려거든"이라는 말은 놀랍게도 이 젊은이의 자유를 보여줍니다. 선택하는 것은 오직 그의 몫입니다. 그는 자신의 결정의 주체입니다. 하지만 주시는 분은 하느님이십니다. 그분은 주님이시기 때문입니다. 그분은 열망하고, 온 열정을 쏟고, 기도하는 모든 이에게 주십니다. 그것은 바로 구원이 그들 자신의 작품이길 원하시기 때문입니다. 폭력과 강제의 반대편에 계신 하느님은 아무도 강제하지 않으십니다. 오히려 그분은 찾는 사람에게 그분의 은총을 내미시고, 간청하는 자에게 그것을 주시며, 두드리는 자에게 열어주십니다. 만약 그대들이 그것을 원한다면, 그대들이 진심으로 자신을 속이지 않고 그것을 원한다면, 그대들은 아직 갖고 있지 못한 것을 틀림없이 얻습니다. 그대들에게 부족한 단 한 가지가 바로 이것입니다. 이것만 남고, 이것만이 선하고, 이것만이 율법을 초월하고, 이것만이 율법이 줄 수도 거두어 갈 수도 없는 것이며, 이것만이 살아있는 자들의 전유물입니다. 어려서부터 모든 율법을 준수해왔고 그래서 그토록 커다란 칭송을 받았던 이 젊은이는, 그 모든 공덕에도 불구하고, 오직 주님만이 주실 수 있는 이 유일한 은총을 얻을 수 없었고, 그래서 그토록 갈망하던 영원한 생명을 획득할 수 없었습니다. 그는 그분께 간청하러 왔던 이 구원의 대가에 슬퍼하고 낙담하여 되돌아갑니다. 그는 스스로 장담했던 것만큼 강렬하게 이 생명을 원하지 않았던 것입니다. 그는 자신의 선한 의지를 남들에게 보여주고 싶었을 따름입니다. 그는 모든 점에서 수고하고 노력했지만, 오직 생명의 일에 있어서는 나약했고 둔했으며 무기력했습니다. 나는 구세주께서 마르타가 부엌에서 분주하게 일하는 모습을 보시고 그녀에게 하신 말씀이 생각납니다. 수많은 집안일에 파묻혀 쩔쩔매던 그녀는 일을 다 제쳐놓고 예수님의 발 앞에 다소곳이 앉아 조용히 예수님의 말씀을 듣고 있던 자매에게 화를 냈습니다. 그런 그녀에게 주님께서 말씀하십니다.

"마르타, 마르타, 너는 많은 일에 다 마음을 쓰며 걱정하지만 실상 필요한 것은 한 가지뿐이다. 마리아는 참 좋은 몫을 택했다. 그것을 빼앗아서는 안 된다." (루가 10:41~42)

예수께서는 이 젊은이에게도 오직 그분 자신에게만 몰두하고 영원한 생명을 주시는 분의 은총 안에 머물기 위해 부질없는 이 열정을 다 제쳐놓으라고 명령하십니다.

▍우리가 가진 선한 것이 아니라 우리의 악덕을 쫓아냅시다

11. 그런데 무엇이 그로 하여금 뒷걸음치게 했습니까? 왜 그는 거기서 자신의 기도도, 자신의 희망도, 자신의 생명도, 자신의 오랜 노력도 다 포기해버리고, 주님을 떠나게 되었습니까?

"가서 가진 것을 다 팔아라." (마르코 10:21)

이 말은 무슨 의미입니까? 어떤 사람은 그것을 문자 그대로 이해

합니다. 그들은 주님께서 우리가 가진 모든 선한 것을 버리라고, 그것들을 단호하게 포기하라고 명령하셨다고 믿습니다. 하지만 그분은 다만 부에 대한 우리의 편견, 우리의 욕망, 우리의 집착, 우리의 근심 등, 우리의 실존을 갈기갈기 찢어버리고 생명의 씨앗을 질식시키는 이 모든 가시를 뽑아버리길 원하셨던 것입니다. 영원한 생명과는 하등 관계가 없는 맹목적인 가난은 결코 위대한 모범일 수 없습니다. 하느님에 대해서, 그분의 정의에 대해서는 아무 것도 알지 못한 채, 오직 자신의 비참과 가난과 절대적 빈곤 때문에 길가에 주저앉아 구걸하는 이 가련한 사람들이 가장 복된 그리스도인이고 그래서 영원한 생명에 합당한 사람이겠습니까? 부를 포기하고 그것을 필요한 사람과 가난한 사람에게 나눠주는 것은 결코 대단한 혁신이 아닙니다. 구세주께서 오시기 전에도, 죽은 문자와 학문에 전념할 시간을 얻기 위해서, 혹은 하찮은 영광과 헛된 명성을 얻기 위해, 그렇게 행동한 사람들은 많았습니다. 아낙사고라스, 데모크리토스, 크라토스 류의 사람이 그런 사람들입니다.

12. 그러므로 하느님에게서 왔고, 또 사람들에게 생명을 주는, 옛 사람들에게는 불가능했던 기적인 이 새 계명은 과연 무엇입니까? 하느님의 아들, 새 피조물(새 아담)께서 이토록 놀라운 방식으로 우리에게 선언하시고 가르쳐주시는 것은 무엇입니까? 그분은 고대 철학자처럼 눈에 보이는 행동을 명령하신 것이 아닙니다. 오히려 그것보다 더욱 위대하고 더욱 신성하고 더욱 완전한 어떤 것을 명령하십니다. 그분은 우리가 우리 영혼과 마음을 욕망으로부터 정화하길, 우리가 이 낯선 것을 뿌리 뽑고 멀리 내던지길 바라십니다. 신자에게 어울리는 목표는 바로 이런 것이고, 구세주와 잘 어울

리는 가르침 또한 바로 이런 것입니다. 예수님 이전에 외적인 부를 멸시하라고 가르친 사람들은 그들 자신의 부도 포기했고, 그것들을 다 팔았습니다. 하지만 그들 영혼의 욕망은 그렇게 하지 못했습니다. 그들의 욕망은 더욱 격렬해졌을 것이라고 나는 믿습니다. 그들은 무슨 굉장히 놀라운 일이라도 한 것처럼 무례와 허풍과 자만에 빠져, 다른 사람을 무시했을 것입니다. 과연 주님께서 영원한 생명을 얻고자 하는 후보자에게, 약속된 생명을 잃어버리게 할 위험이 있는 그런 행동을 요구하셨겠습니까? 설사 그분이 그렇게 요구하셨다 해도, 또 그 지시에 따라 부를 다 없애버렸다 해도, 그대들의 마음속에는 여전히 강렬한 욕구와 탐욕이 버티고 사라지지 않을 것입니다. 그대들은 그 모든 재산을 누리며 살길 포기할 수 있습니다. 하지만 가난은 다시 향수를 불러올 것이고, 그러면 그대들의 불행은 배가될 것입니다. 편안함을 잃어버리면 그대들의 희생에 대한 후회에 불이 붙을 것입니다. 꼭 필요한 것을 갖지 못한 사람이, 모든 수단을 동원해서 살아남기 위해 몰두하게 될 때, 그 영혼이 용기를 잃지 않고 보다 중요한 것에 등을 돌리지 않게 되는 것은 불가능합니다.

13. 그러므로 필요한 것들로 인해 고통 받지 않을 만큼, 또 비참에 처한 자들을 도와줄 수 있을 만큼 소유하는 것이 훨씬 더 유익합니다!

어느 누구도 소유하지 않는 그런 사회가 지상에 존속할 수 있겠습니까? 이 계명이 주님의 또 다른 숭고한 계명을 반박하고 부정하는 것이겠습니까?

"그러니 잘 들어라. 세속의 재물로라도 친구를 사귀어라. 그러면 재물이 없어질 때에 너희는 영접을 받으며 영원한 집으로 들어갈 것이다." (루가 16:9)

"그러므로 재물을 하늘에 쌓아두어라. 거기서는 좀먹거나 녹슬어 못쓰게 되는 일도 없고 도둑이 뚫고 들어와 훔쳐가지도 못한다." (마태오 6:20)

만약 우리가 가난한 사람들보다 더 가난하게 되려고 한다면, 누가 가난한 사람을 먹일 것이며, 누가 목마른 사람에게 물을 줄 것이며, 누가 헐벗은 사람을 입혀주고 집 없이 떠도는 사람에게 묵을 곳을 제공할 수 있겠습니까? 우리는 이렇게 남 돕기를 거절하는 사람에게 닥칠 형벌이 어떤 것인지 압니다. 그것은 불과 바깥의 어둠입니다. 비록 자캐오와 마태오 둘 다 부유한 세리였지만 예수께서는 자신을 그들의 집에 받아들이라고 명했습니다. 그분은 그들에게 가진 것을 다 없애버리라고 명령하지 않으셨습니다. 오히려 그분은 아주 공평하고 치우치지 않는 판결을 내리십니다.

"오늘 이 집은 구원을 얻었다. 이 사람도 아브라함의 자손이다." (루가 19:9)

그분은 우리가 다른 사람을 잊지 않고 목마른 사람에게 물을 주며, 배고픈 사람에게 빵을 주고 집 없는 사람에게 묵을 곳을 주며, 헐벗은 사람을 입혀주기만 한다면, 부의 사용을 승인하십니다. 만약 부가 없다면 이 의무를 실행하는 것이 불가능한데도, 주님이 무작정 우리에게 우리의 부를 다 포기하라고 명령하셨다면, 어떻게 되겠습니까? 그분이 우리에게 주기도 하고 동시에 거절하기도 하라고 하셨단 말입니까? 먹이기도 하고 동시에 굶어 죽게 내버려두기도 하라고 하셨단 말입니까? 문을 열어 환대하기도 하고 동시에 문을 닫아걸라고도 하셨단 말입니까? 나눠주기도 하고 동시에 모든 것을 독차지하라고도 하셨단 말입니까? 이보다 더 황당한 말이 또 있겠습니까!

▍부는 도구입니다

14. 그러므로 우리 이웃을 도울 수 있는 재산을 내던져 버리지 말아야 합니다. 소유물의 본질은 소유되는 데 있습니다. 또 재물 소유의 본질은 선을 확산하는 것입니다. 하느님은 이 재물을 모든 사람들의 행복을 위해 주셨습니다. 재물은 우리가 그것을 잘 다룰 줄만 안다면, 선하게 사용할 수 있는 도구요 수단으로서 우리 손에 쥐어진 것입니다. 만약 그대가 재물을 교활하게 사용한다면, 그 재물 자체도 교활한 것이 되고 맙니다. 만약 그대가 현명하지 못하다면, 재물도 그대의 무지에 놀아나는 장난감이 될 것입니다. 부(富)라는 도구도 마찬가지입니다. 그대는 그것을 올바르게 사용할 줄 아십니까? 그렇다면 그것은 정의에 봉사합니다. 그대는 그것을 정직하지 못하게 사용합니까? 그러면 그것은 다시 악에 충직한 것이 되고 맙니다. 부의 본질은 주인이 아니라 종입니다. 그러므로 그것을 폄하하지 마십시오. 그것 자체로는 선하지도 악하지도 않은 완벽하게 결백한 것입니다. 다만 그 사용이 선한 것인지 악한 것인지는 단지 우리에게, 우리가 그것을 어떻게 사용하는가에 달려있습니다. 우리의 정신과 양심은 맡겨진 이 재물을 자기 맘대로 사용할 자유를 가지고 있습니다. 그러므로 우리의 재물을 없애버릴 것이 아니라, 그

것을 방탕하게 사용하는 욕망을 멸합시다. 우리가 정직한 사람이 될 때, 우리는 우리의 재산을 정직하게 사용할 수 있게 될 것입니다.

사람들은 이 재물이 우리를 파멸시킨다고 말하지만, 실상 우리를 파멸시키는 것은 영혼의 욕망이라는 것을 잘 이해합시다.

15. 한 마디 더 하겠습니다. 어떤 것은 영혼에 타고난 것이고, 어떤 것은 외적인 것입니다. 만약 영혼이 이 외적인 것을 잘만 사용한다면, 그것들 또한 좋게 보일 것입니다. 하지만 영혼이 그것을 오용한다면, 그것들 또한 악하게 보일 것입니다. 예수 그리스도께서 우리에게 부를 버리라고 명령하셨을 때, 그것들 배후에 그 이상으로 강력하게 살아있는 욕망은 내버려두고 그 재물들만 내던져 버리라고 우리에게 요구하신 것일까요? 오히려 우리의 부가 유용한 것이 될 수 있도록, 우리 자신의 욕망에서 벗어나길 원하신 것은 아닐까요? 우리는 우리 자신의 일시적인 부를 다 벗어버리고도 충족되지 않은 욕망에 질식할 수 있습니다. 탐욕은 스스로 살을 찌우고 이성에 화를 돋우고 격노케 하여, 잠재해 있던 욕심에 불을 지핍니다. 만약 그대들이 여전히 탐욕에 사로잡혀 있다면, 아무리 돈 없이 가난하게 되어도 얻을 것이 하나도 없습니다. 내던져 버려야 할 것은 버리지 않고 아무 상관도 없는 물질을 버리는 것입니다. 그대들에게 도움과 유익이 되는 것은 파괴해버렸고, 비참을 낳는 악덕에 불을 붙이는 것입니다.

그러므로 해로운 소유물은 벗어던져 버릴지언정, 잘만 사용하면 다른 이들을 돌볼 수 있는 것은 버리지 맙시다. 우리가 지혜와 절제와 경건으로 다룬다면, 그 부는 너무나 고귀한 것 아니겠습니까! 그러므로 해로운 욕망을 쫓아냅시다. 외적인 부 그 자체는 악을 만들지 않습니다. 보십시오. 주님께서 외적인 부의 사용을 어떻게 이해했는지 말입니다. 우리는 우리가 살 수 있도록 해주는 돈을 혐오해서는 안 됩니다. 오히려 그것을 악하게 이용하게 만드는 힘을 혐오해야 합니다. 그것은 바로 영혼의 질병, 즉 욕망입니다.

두 가지 보화

16. 욕망의 부유함은 그것이 스며드는 모든 곳에 죽음의 씨를 뿌립니다. 그것을 소멸시키십시오. 그러면 그대들은 구원받습니다. 우리의 영혼을 정화해야 합니다. 다시 말해 우리 영혼을 가난하고 헐벗은 상태로 만들어야 합니다. 이 상태에서 "와서 나를 따르라."는 구세주의 부르심을 들어야 합니다. 그분은 깨끗한 마음을 가진 이들이 걸어가는 길이십니다. 하느님의 은총은 더럽혀진 영혼에는 스며들지 않습니다. 욕망으로 들끓는 영혼은 더럽혀지고, 수천의 세속적인 욕구로 인해 찢겨집니다. 깨끗한 마음을 가진 사람은 자신의 부나 금은보화나 호화로운 집을 하느님의 은총이라고 여깁니다. 그리고 자신의 재산으로 가난한 이들을 도와줌으로써 그분께 감사를 표합니다. 그는 이 모든 재산을 그 자신만이 아니라 오히려 형제를 위해서 소유하고 있다는 것을 압니다. 그는 그 모든 재산보다 더욱 강합니다. 그래서 그것의 노예가 되지도 않고, 그것들을 자신의 영혼 안에 품지도 않고, 또 그것들로 자신의 영혼을 옥죄지도 않으며, 그것으로 질식당하지도 않습니다. 오히려 그는 끊임없이 더욱 놀랍고 신성한 일을 찾아 나섭니다. 그래서 어느 날 그의 재산

> 클레멘트

이 다 사라지고 만다 해도, 좋았던 시절 못지않게 기쁜 마음으로 자신의 몰락을 받아들입니다. 나는 말합니다. 바로 이런 사람을 하느님께서는 "복되다."고 선언하셨고, "마음이 가난한 사람"이라고 부르신 것입니다. 그런 사람은, 자신의 풍요로운 재산 없이는 하루도 살아갈 수 없는 사람들에게는 닫혀버리게 될 하늘 왕국의 확실한 상속자입니다.

17. 반면 영혼이 깨끗하지 못한 사람은 자신의 부를 자기 마음속에 꼭꼭 숨겨두고, 자기 안에 성령 하느님 대신 그의 금 혹은 넓은 밭을 간직합니다. 그리고는 끝없이 자신의 재산을 늘리고, 더 많이 쌓아 놓는 데만 정신을 팝니다. 그는 항상 땅만 쳐다보고 다니다가 세상의 덫에 걸려들고 맙니다. 그는 오직 땅에 속한 사람일 뿐이기에 결국 땅으로 돌아갈 것입니다! 마음속에 밭이나 광산을 넣고 다니는 이런 사람, 결국 그 욕망 한가운데서 숙명처럼 죽음이란 놈에게 사로잡힐 이런 사람이 하느님 나라에 대한 열망과 근심을 과연 경험할 수 있겠습니까?

> "너희의 재물(보화)이 있는 곳에 너희의 마음도 있다."
> (마태오 6:21)

주님은 두 종류의 보화를 아셨습니다. 하나는 선합니다.

> "선한 사람은 선한 것을 마음에 쌓아두었다가 선한 것을 내놓는다." (마태오 12:35)

또 하나는 악합니다.

> "악한 사람은 악한 것을 마음에 쌓아두었다가 악한 것을 내

놓는 것이 아니겠느냐."(마태오 12:35)

왜냐하면 "결국 마음에 가득 찬 것이 입으로 나오는 법"(마태오 12:34)이기 때문입니다. 그분에게나 우리에게나 하나의 유일한 보화만 있는 것은 아닙니다. 우리가 첫 번째 보화를 통해서 발견하는 것은 아무도 예상할 수 없을 만큼 강대한 부입니다. 하지만 두 번째 보화는 유익하고 바람직하기는커녕 오히려 피해야 합니다. 그것은 매우 위험한 것이기 때문입니다. 부 그 자체도 선한 것 혹은 악한 것이 있습니다. 그것의 본성 또한 이 두 가지 종류의 보화처럼 모호합니다. 하나는 우리가 소유해야 마땅한 것이지만, 또 다른 하나는 피하고 거부해야 합니다. 마찬가지로 영적인 가난 또한 복됩니다! 마태오 사도는 말합니다. "가난한 사람은 복됩니다." 누구라고 했습니까? 루가는 여기에 덧붙입니다. "마음(영)이 가난한 사람"이라고 말입니다. 그리고 또 이렇게 말합니다. "의로운 일에 주리고 목마른 사람은 복됩니다." 하지만 하느님은 벗어던진 채, 더 많은 땅과 재물을 추구하면서, 그분의 정의를 먹고 살지 않는, 그런 가난한 사람은 불행합니다.

구원은 오직 영혼에 달려 있습니다

18. 하느님 나라에 들어가기가 그토록 힘든 부자는 어떤 부자일까요? 어리석고 비루하며 육적인 귀를 갖다 대지 말고, 주의 깊게 내 말을 들어보십시오. 다시 한 번, 구원은 외적인 재물에 있지 않습니다. 그것이 아무리 많은 것이건 희귀한 것이건, 작은 것이건 큰 것이건, 빛나는 것이건 어두운 것이건, 칭찬받는 것이건 멸시받는 것이건 말입니다. 그것은 우리 영혼의 가치에, 즉 우리의 믿음,

> 클레멘트

우리의 희망, 우리의 자비, 형제에 대한 우리의 사랑, 지혜, 온유함, 절제, 진리에 달려있습니다. 구원은 이 덕을 보상합니다. 그대들을 살게 해주는 것은 그대들의 아름다움이 아니며, 그대들을 심판하는 것 또한 그대들의 추함이 아닙니다. 그대들에게 주어진 육체를 하느님 뜻에 맞게 거룩하게 사용하십시오. 그러면 살게 될 것입니다. "만일 누구든지 하느님의 성전을 파괴하면 하느님께서도 그 사람을 멸망시키실 것입니다."(I 고린토 3:17) 불구의 몸도 관능적일 수 있고, 아름다운 사람도 정결할 수 있습니다. 원기와 건강도 살게 할 수 없습니다. 반면 몸의 그 어떤 지체도 사람을 죽게 할 수 없습니다. 오직 몸을 지휘하는 영혼만이 그 운명을 만들어 갑니다. 예수 그리스도는 누군가 너의 얼굴을 때리면, 그것을 참고 견디라고 말씀하십니다.(마태오 5:39) 건강하고 힘 있는 사람은 이 명령에 순종할 수 있습니다. 만약 그가 연약하다면, 그는 그것을 지키지 못할 위험이 있습니다. 자신의 분노를 조절할 수 없기 때문입니다. 마찬가지로 최악의 조건 속에서 살아가는 가난한 사람도 무분별한 욕망을 보일 수 있고, 반면에 부자도 소박하고 쾌락을 절제하며 소신 있고 신중하고 순결하고 예의 바를 수 있습니다.

그러므로 살아 있어야 하는 것은 바로 영혼이고, 그 영혼의 덕이야말로 영혼을 구원합니다. 반면 죄가 영혼의 죽음을 가져오는 것이라면, 재물이 불러일으키는 욕망을 알지 못하는 영혼은 구원받게 될 것입니다. 반대로 부에 대한 욕망으로 득실거린다면, 영혼은 멸망하고 말 것입니다. 그러므로 이 모든 결과의 원인을 오직 우리의 마음 깊은 곳에서, 순종과 순결이라는 의무 혹은 율법을 무시하는 못된 버릇과 악으로 기운 우리의 성향 안에서 찾으십시오.

19. 덕으로 가득한 사람이 소유하게 되는 것은 참되고 경이로운 재산이고, 그것은 그 모든 상황에서도 언제나 거룩하고 신실한 것으로 머물 것입니다! 하지만 육에 따라 그것을 소유한 사람은 거짓 부자일 뿐이며, 지나가고 없어지고 이손 저손 옮겨 다니고 결국은 무로 돌아가고야 말, 내 것이 아닌 재산에 자신의 삶을 맡기는 사람입니다. 역으로 참되게 가난한 사람도 있고, 그저 그 가난이 거짓 이름에 지나지 않는 사람도 있습니다. 첫 번째 사람은 마음이 가난한 사람으로서, 그것이야말로 가난의 참된 속성이며, 다른 것들은 그저 세속적인 재물의 결핍을 의미할 뿐입니다. 욕망으로 가득한 세속적 가난은 이렇게 마음으로 가난하고 하느님으로 부유한 사람에 의해 이렇게 요청받습니다. "당신 마음에 심어놓은 이 낯선 재물을 뽑아버리십시오. 그 자리가 깨끗하게 청소되면 그대는 하느님을 보게 될 것입니다. 다시 말해 하늘나라에 들어가게 될 것입니다." 하지만 그것을 어떻게 물리칠 수 있겠습니까? 그것을 다 팔아버리십시오. 하지만 어떻게 말입니까? 눈에 보이는 재물을 수단으로 하여 그 마음을 돈에서 끌어내고 운명을 바꾸는 데 쓰라는 말입니까? 결코 그것이 아닙니다. 만약 영혼을 구원하기 원한다면, 그대는 그대 영혼을 차지하고 있는 이 재물을 다 내쫓아 버릴 것이고, 그 대신 그곳에 다른 재물을, 그대를 신으로 만들고 그대에게 영원한 생명을 줄 그런 재물을 들여올 것입니다. 그 재물은 바로 하느님의 계명에 대한 순종입니다. 그대가 받을 보상은 무엇일까요? 끝없는 행복, 구원, 영원한 불멸입니다.

그대를 구원할 수 있는 이 부를 얻기 위해서는 그대에게 하늘 문을 닫아 버리는 이 모든 재물들, 그토록 많지만 하등 쓸모가 없는 이 재물을 팔아버리는 것이 지혜롭습니다. 육에 따라서 가난한 사람은 첫 번째 것은 차치하고 두 번째 것을 지키도록 그냥 내버려둡시다. 다만 그대는, 그대의 재물을 영적인 부와 바꾸십시오. 그러면 하늘에서 보화를 소유하게 될 것입니다.

20. 율법에 그토록 순종해온 이 부자는, 이 비유를 어떻게 해석해야 할지 몰랐고, 우리가 가난하면서도 동시에 부유할 수 있음을, 백만장자이면서도 극빈자일 수 있음을, 또 우리가 세상 안에서 그리고 동시에 세상 밖에서 살 수 있다는 사실을 이해하지 못했기에, 당황하여 슬퍼하며 물러갔던 것입니다. 그는 단지 어려울 뿐인 이런 삶을 불가능한 것이라고 판단했기에, 그것에 이르고자 할 의지와 열정이 없어서 그토록 바라왔던 이런 방식의 삶을 포기하고 만 것입니다. 그렇습니다. 눈에 보이는 부의 모든 매혹과 특권에 마음이 끌리지 않고 현혹되지 않는 것은 어려웠습니다. 하지만 자신의 재물을 유지하면서도 구원을 찾는 길이 그에게 불가능했던 것은 아니었습니다. 감각적인 부에 대한 그의 사랑이 하느님이 그에게 드러내주신 영적인 부로 향하도록 방향을 바꾸기만 하면 되는 것이었고, 영원한 생명을 얻기 위해 가치중립적인 이 물질로부터 아주 귀한 유익을 끌어내는 법을 배우기만 하면 되는 것이었습니다.

제자들은 먼저 어리둥절했고 다음에는 두려움에 사로잡혔습니다. 그들이 두려워했던 것은 무엇이었을까요? 그들 또한 거대한 재물을 소유하고 있었기 때문이었을까요? 아닙니다. 그들은 전 재산이었던 그물도 낚시도 그 밖의 모든 고기잡이 어구도 다 버렸습니다. 그런데도 왜 그들은 두려움을 느끼며, "그러면 구원받을 사람이 어디 있겠는가?"(마르코 10:26)라고 수군거렸을까요? 그들은 훌륭한 제자였기에 예수 그리스도의 이 신비로운 비유를 완벽하게 이해했고, 그 심오한 뜻을 알아차렸기 때문입니다. 비록 그들은 자신의 모든 재산을 다 버렸고 구원받았다고 믿게 되었지만 아직도 그들의 마음속에 있는 욕망이 완전히 꺼져버린 것은 아님을 느꼈기 때문입니다. 사실 그들이 그리스도의 제자가 된 것은 불과 며칠 밖에 안 되었고, 구세주는 겨우 얼마 전에야 그들을 제자로 삼았습니다. 그래서 분노하며 자신의 재산에 집착했고 그것 때문에 영원성을 희생시켜버린 이 부자처럼 두려워 떨며 절망하기 시작했던 것입니다. 만약 재산이 넘치는 사람뿐 아니라 욕망으로 가득한 사람도 부자라고 부른다면, 결국 구원은 모든 욕망으로부터 정화된 영혼에게만 보장된 것이기에, 그들 또한 이 두 번째 의미의 부자로서 함께 하늘나라에서 배제되지 않을까 두려워했던 것입니다.

애써 힘쓰는 사람들만이 하늘나라를 차지합니다(마태오 11:12)

21. 그러자 주님께서 대답하십니다.

> "그것은 사람의 힘으로는 할 수 없으나 하느님은 하실 수 있는 일이다. 하느님께서는 무슨 일이나 다 하실 수 있다."
> (마르코 10:27)

다시 한 번 이 얼마나 지혜로운 말씀입니까! 만약 사람 혼자서 자신의 욕망을 꺾어야 한다면, 결코 성공할 수 없을 것입니다. 하지만 만약 사람이 강렬하고도 끈기있는 의지를 보여준다면, 하느님은 그에게 그 권능으로 도움을 보내주실 것이고 그래서 그 욕망을 이기게 될 것입니다. 하느님은 그분께 바라는 이를 도우시기 때문입니다. 사람의 노력이 약해지면 어떻게 되냐고요? 그러면 그분이 보내신 성령은 떠나가십니다. 사람의 뜻과는 관계없이 사람을 구원하는 것은 하나의 폭력일 것입니다. 사람의 동의가 있을 때만, 은총이 있습니다. 하늘나라는 잠들어 있는 사람, 아무것도 하지 않는 사람을 위한 것이 결코 아닙니다. 오히려 "애써 힘쓰는 사람들이 하늘나라를 차지합니다."(마태오 11:12) 그대들이 하느님께 보여드리는 이 고귀한 애씀, 이 고귀한 치열함, 이 고귀한 삶의 싸움, 하느님은 그것을 원하시고 끈기 있게, 아니 치열하게 싸우는 이를 인정하십니다. 그분은 양보하시고 물러서시고 기꺼이 승복하십니다.

선택받은 사람, 가장 큰 호의를 입은 사람, 하느님의 아들이 그 자신을 위해서 또 그를 위해서 세금을 지불하길 원하셨던(마태오 17:26) 바로 그 복된 베드로가 자신 있게 말했습니다. 뭐라고 했습니까? "보시다시피 저희는 모든 것을 버리고 주님을 따랐습니다."(마르코 10:28) 여기서 "모든 것"이란 바로 그의 재산이었고, 그는 이것이 자랑스러웠습니다. 아마도 그의 재산은 별 것 아니었을 것이고, 아마도 그의 무의식 속에는 이 헐값으로도 하늘나라를 바라는 마음이 있었을 것입니다. 하지만 만약 그들이 내가 말한 것처럼 영혼의 질병이라는 이 낡은 재산을 다 버렸다면, 바로 이 희생이 그들로 하여금 하늘나라에 합당한 사람으로 만들어 줄 것입니다.

진실로, 만약 그대들이 순결하고 완전한 그분의 삶을 본받는다면, 그것을 거울로 삼고 그대들의 영혼을 치장하고 아름답게 만들고 어떤 점에서나 그분과 같아진다면, 바로 그때 그대들은 구세주를 따르는 사람들입니다.

22. 예수께서 그들에게 대답하십니다.

> "나는 분명히 말한다. 누구든지 나를 위하여 또 복음을 위하여 집이나 형제나 자매나 어머니나 아버지나 자녀나 토지를 버린 사람은 현세에서 박해도 받겠지만 집과 형제와 자매와 어머니와 자녀와 토지의 복도 백 배나 받을 것이며 내세에서는 영원한 생명을 얻을 것이다." (마르코 10:29~30)

이 모든 말씀에, 또 다른 곳에서 더욱 강하게 이렇게 말씀하신 것에 그대들이 동요하지 않길 바랍니다.

> "누구든지 나에게 올 때 자기 부모나 처자나 형제 자매나 심지어 자기 자신마저 미워하지 않으면 내 제자가 될 수 없다." (루가 14:26)

그분이 여기서 우리에게 명하시는 것은 우리 가족을 미워하고 버리라는 것이 아닙니다. 평화의 하느님이신 그분은 우리에게 원수마저도 사랑하라고 하신 분이십니다. 만약 우리가 원수마저도 사랑해야 한다면, 하물며 우리의 부모를 극진히 사랑하는 것은 얼마나 더 지당한 것이겠습니까! 그리고 만약 우리가 우리 가족을 미워해야 한다면, 당연히 우리 원수에게는 얼마나 더 지독한 증오를 품어야 하겠습니까! 그렇다면 그분의 이 귀한 말씀을 폐기처분해야 마땅할까요? 물론 그렇지 않습니다. 이 말씀은 결코 폐기되지 않고, 폐기되어서도 안 됩니다. 이 두 가지 계명은 하나의 공통된 정신을 따르고, 하나의 동일한 결과를 놓고 다툽니다. 우리는 자신의 아버지를 미워하면서 원수를 사랑할 수 있습니다. 원수에게 복수하지 않으면서 동시에 자신의 아버지보다 그리스도를 더 좋아할 수 있습니다.

첫 번째 계명은 분명하게 미움과 복수 의지를 꺾어버리고, 두 번째 것은 구원에 해가 될 뿐인, 가족에 대한 지나친 집착을 막습니다. 만약 그대의 아버지가 혹은 그대의 자식, 그대의 형제가 불경한 사람이고, 그대의 믿음의 진보를 방해하고, 영원으로 가는 그대의 길에 장애물을 놓는다면, 더 이상 그들과 함께 살지 마십시오. 그대들의 화목을 깨뜨리십시오. 육신의 가족과 단절하고, 영적으로 그들을 미워하십시오.

23. 이 논쟁을 일종의 소송이라고 생각해보십시오. 그대의 아버지가 그대들 앞에서 이렇게 말한다고 가정해 봅시다. "내가 너를 낳았고 너를 키웠다. 그러니 나를 따라라. 나와 함께 악을 행하자. 예수 그리스도의 법에는 순종하지 말자." 그리고 겨우 죽으려고 태어났을 뿐인 이 사람이 그대에게 던지는 또 다른 악한 제안을 생각해보십시오. 이제 그와는 반대된 음성, 구세주의 말씀을 들어보십시오. "세상이 불행과 죽음 속에 낳은 너를 내가 다시 태어나게 했다. 내가 너를 해방시켰다. 내가 너를 고쳐주었다. 내가 너를 값을 주고 다시 사왔다. 내가 너로 하여금 선하신 아버지, 우리 하느님의 얼굴을 보게 해줄 것이다. 이곳에서 그 누구도 너의 아버지라고 부르지 말거라. 죽은 자들은 죽은 자들이 묻게 내버려 두어라. 그리고 너는 다만 나를 따르라. 내가 너를 아무에게도 알려지지 않은, 눈으로도 보지 못하고, 귀로도 들어보지 못했으며, 사람 중에는 그 누구도 알지 못하고, 천사조차 알고 싶어 하는, 하느님이 성인과 또한 하느님을 사랑하는 자녀를 위해 창조해 놓으신 비밀스러운 평화의 땅으로 인도할 것이니라. 내가 너를 먹인다. 내가 너에게 내 몸을

빵으로 주니, 나를 맛보는 자는 누구나 더 이상 죽음에 속하지 않는다. 내가 매일 너에게 불멸의 음료를 내민다. 내가 바로 하늘에 속한 가르침을 전하는 스승이다. 너를 위해 내가 죽음과 싸워 이겼고, 너의 과거 잘못과 하느님에 대한 너의 불충(不忠)이 벌어들인 죽음의 값을 바로 내가 지불했느니라."

자 이 두 변론을 듣고, 그대 자신 스스로 심판관이 되십시오. 그대의 구원을 결정할 선고문을 내리십시오. 그대의 형제, 그대의 자식, 그대의 아내 아니 그 누구라도 이렇게 말한다면, 그 모두를 그리스도를 위해 희생시키십시오. 그리고 오직 그대를 위해 싸우는 분에게 승리를 안겨주십시오.

24. 그대는 그대의 재산을 정당화하며 이렇게 말할 수 있습니다. "아닙니다. 그리스도는 내가 재물을 가지는 것을 금하지 않으십니다. 주님은 내 재산을 부러워하지 않으십니다." 하지만 그대는 그 재산이 그대에게 가져다주는 욕망과 망상만을 봅니다. 그러므로 그것을 다 단념하십시오. 그것을 버리고 미워하고 몰아내고 피하십시오. 두 눈을 다 가지고 불 속에 떨어지는 심판을 받느니 차라리 한 눈으로 하늘나라에 들어가는 것이 더 낫습니다. 그러니 또한 그대의 손, 그대의 발, 그대의 영혼마저도 필요하다면 미워하십시오. 그리스도를 위해서 여기서 그것들을 잃어버린다면, 분명 저곳에서는 그것들 모두를 구원하게 될 것입니다.

박해

25. 뒤에 이어지는 말씀도 똑같은 의미를 가집니다.

> "현세에서 박해도 받겠지만 집과 형제와 자매와 어머니와 자녀와 토지의 복도 백배나 받을 것이며 내세에서는 영원한 생명을 얻을 것이다." (마르코 10:30)

그분은 돈도 집도 형제도 없는 사람들만 영원한 생명으로 부르신 것이 아닙니다. 그분은 또한 부자들도 영원한 생명으로 부르십니다. 하지만 다시 한 번 더, 그분은 베드로와 안드레아, 제베대오의 아들인 야고보와 요한처럼 그들 사이에서만 평화를 누리는 것이 아니라 그분 자신과도 평화를 누리며, 그분 자신을 닮고자 하는 형제를 원하십니다. 그분은 그들의 덕이 박해로 인해 흔들릴 것이라고 말씀하시지 않습니다. 때때로 박해는 사람들이 미움과 질투와 이기심 혹은 악마의 유혹으로 인해 신자들을 괴롭힐 때, 밖에서 우리에게 다가옵니다. 하지만 때때로, 그것은 무분별한 쾌락의 희생물이 되어 불경스런 욕망에 포위되고, 가증스런 생각과 관능적인 꿈과 꺼지지 않는 식욕으로 썩어버리고, 짐승 같은 충동에 의해 거칠어지고, 벼룩이나 박차의 침에 찔리듯 욕망에 의해 뒤틀려버리고, 고삐 풀린 열정과 깊은 절망과 하느님에 대한 조롱으로 피범벅 되어버린, 그런 영혼 안에서 태어납니다. 그리고 그것은 우리 내부에서 자라나는 것이기에 더더욱 고통스럽습니다. 끊임없이 좀먹어 들어오고 한번 사로잡으면 그 먹이를 결코 내놓지 않는, 우리 안에서 태어나는 이 무시무시하고도 끔찍한 박해! 그것은 어디든 그를 따라다닐 것입니다. 밖에서 오는 고통은 그 희생물을 시험할 뿐입니다. 하지만 내부로부터 증대되는 이 박해는 죽음을 이끌어옵니다. 외부에서 오는 전쟁을 물리치는 것은 쉽습니다. 하지만 영혼 안에서 창궐하는 것은 그 영혼을 죽이기 전에는 결코 멈추지 않습니다. 만약 그토록 잔인한 박해가 그대의 감각적인 재물에 들러붙어 있다면, 그 모든 재물뿐 아니라 그대의 형제들 그 밖의 모든 소유를 던져 버리십시오. 그것들을 가지고 있는 것은 치명적입니다. 그대 자신에게 평화를 주십시오. 그토록 오래된 고통에서 그대 자신을 해방시키십시오. 그대 자신을 복음으로 향하게 하십시오. 그리고 그대를 지켜주고 위로해주고 그대에게 영원한 생명을 주실 구속주께 그대 자신을 맡기십시오. "보이는 것은 잠시뿐이지만 보이지 않는 것은 영원하기 때문입니다."(II 고린토 4:18) 현세에서는 모든 것이 깨지기 쉽고 금방 사라지게 돼 있지만, 다가올 세상은 그대에게 영원한 생명을 줄 것입니다.

사랑은 모든 부자들을 구원합니다

26.

"그런데 첫째가 꼴찌가 되고 꼴찌가 첫째가 되는 사람이 많을 것이다." (마르코 10:31)

수많은 비밀을 감추고 있는 심오한 말씀입니다! 하지만 우리는 오늘 이 말씀을 공부하지는 않을 것입니다. 이것은 단지 부자에게만 상관있는 것이 아니라 그리스도교 신앙을 품은 모든 사람과 관계있는 것이기 때문입니다. 그러므로 여기서는, 이 계명은 주님이 우리에게 해주신 약속과 결코 모순되는 것이 아님을 지적하는 것으로 만족하고자 합니다. 주님은 부자라고 해서 그들의 재산이나 호사 때문에 하늘 왕국에서 배제되는 것은 아니며, 또 그들이 삶을 하느님의 뜻 위에 세울 수 있고 또 세우길 원하기만 한다면, 또 시간

클레멘트

안에 있는 모든 것을 그 뜻에 종속시킬 수 있고 또 그렇게 하길 원하기만 한다면, 구원이 결코 넘을 수 없는 어떤 것이 아니라고 말씀하셨습니다. 훌륭한 항해사의 수신호에 주목하듯, 그분이 원하시고 명하시고 보여주시는 것이 무엇인지 알기 위해, 어떤 명령을 내리시는지, 어떤 항구에 정박하길 원하시는지, 어떤 뱃길을 따라 가길 원하시는지를 알기 위해 시선을 주님께 꼭 붙잡아 두면서 말입니다. 참회하기 전에 그대들이 약간의 편안함 속에서 살기 위해 돈을 벌려고 했다 한들, 무엇이 잘못이겠습니까? 더 나아가 하느님께서 그대들을 부유하고 권세 있고 이름난 집안에 태어나게 하셨다면, 그것이 어찌 잘못된 것이겠습니까? 만약 하느님께서 그대들이 부유한 집안에 태어나는 불행을 겪었다는 이유로 그대들을 단죄하신다면, 창조주는 그대들을 조롱하는 것입니다. 그대들에게 찰나적인 기회만 주고 영원한 생명을 빼앗아버린 것이기 때문입니다. 만약 부가 죽음을 낳고 키우는 것이기만 하다면, 무엇하러 그러한 부를 만드셨겠습니까? 하지만 만약 그대들이 적은 것에 만족하고, 검소하게 살며, 오직 하느님만 추구하고 열망하고 그분의 종이 되길 원하여, 그 부를 절제한다면, 그대들은 참으로 가난하고 계명에 충실한 사람이며, 그대들의 재산도 그대들을 참으로 자유로운 자, 승리자, 강한 자, 사심 없는 자로 남겨둘 것입니다. 그렇지 않다면, "부자가 하느님 나라에 들어가는 것보다는 낙타가 바늘귀로 빠져나가는 것이 더 쉬울 것입니다."(마르코 10:25) 부자 대신 좁고도 비좁은 문을 통과해 들어가는 낙타의 비유는 더욱 심오한 의미를 드러내 줍니다. 그대들은 신학 원리에 관한 나의 글을 통해서 그것을 이해할 수 있을 것입니다.

27. 이 비유의 첫 번째 의미부터 차례로 설명해 봅시다. 부자들은 마치 모든 희망이 이미 사라지고 만 것처럼 구원을 소홀히 해서는 안 되고, 자신들의 부를 다 바다에 내던져 버리고 마치 그것이 생명의 가장 치명적인 적이나 되는 것처럼 저주해서는 안 된다는 것을 알아야 합니다. 그러므로 부를 어떻게 이용해야 하는지, 어떤 길이 우리를 영원으로 이끌어 가는지를 배웁시다. 자기의 구원을 위해 두려워 떠는 부자의 두려움은 그들이 멸망하지 않게 해주는 반면, 구원에 대한 굳은 확신을 가지고 아무 두려움도 없이 기다리는 사람이라고 해서 반드시 구원받았다고 할 수는 없을 것입니다. 그러므로 구세주가 어떤 종류의 희망을 권면하시는지, 그들을 절망케 하는 대상이 어떻게 구원과 희망의 담보가 되며, 그 구원과 희망 자체가 될 수 있는지를 보려고 애씁시다.

▎구원의 계명들

계명 중에서 가장 위대한 것이 무엇입니까? 하고 주님께 물었을 때, 그분은 이렇게 대답하셨습니다.

> "네 마음을 다하고 목숨을 다하고 뜻을 다하여 주님이신 너희 하느님을 사랑하여라. 이것이 가장 크고 첫째 가는 계명이니라." (마태오 22:37~38)

우리 아버지 하느님은 본성적으로 존재이시고 첫째 되는 존재이시기에, 나는 그분을 믿습니다. 그분으로 말미암아 모든 것이 존재하고, 모든 것이 보존됩니다. 그리고 구원받는 모든 이들이 결국 다시 그분께로 되돌아 갈 것입니다. 우리를 먼저 사랑하시고, 태어나게 하신 분이 바로 그분이십니다. 그러므로 그분보다 더 오래되고 더 지혜로운 존재가 있다고 생각하는 것은 신성모독이 될 것입니다. 우리의 감사는 그분의 무한한 호의에 비하면 너무나 보잘 것 없지만, 그렇게라도 감사하고 고백하는 것 말고 더 이상 드릴 것이 없습니다. 그분은 완전하신 분이시고 아무 것도 필요한 것이 없는 분이시기 때문입니다. 우리의 모든 힘과 모든 열정으로 우리 아버지를 사랑합시다. 그러면 우리는 불멸을 얻을 것입니다. 하느님을 사랑할수록 우리의 본성은 더 그분의 본성과 결합되고 섞이게 됩니다.

28. 예수님이 말씀하신 두 번째 계명은 이것입니다.

> "'네 이웃을 네 몸같이 사랑하여라.' 이 둘째 계명도 이에 못 지않게 중요하다." (마태오 22:39)

그러므로 자기 자신보다 하느님을 더 사랑해야 합니다. 율법학자가 예수님께 "누가 나의 이웃입니까?"(루가 10:29) 라고 물었을 때, 그분은 부모, 동포, 개종자, 할례자, 율법 아래 사는 사람 등을 지칭하는, 이웃에 대한 유대교적 정의를 통해 대답하지 않았습니다. 오히려 그분은 예루살렘에서 여리고로 내려가는 한 여행자의 이야기를 들려줍니다. 이 사람은 길을 가던 중 강도를 만났고, 강도들은 그를 반쯤 죽여 놓고 길거리에 내버려둔 채 사라집니다. 한 사제가 그곳을 지나갔지만 관심도 주지 않았습니다. 레위 사람도 신경 쓰지 않고 지나쳤습니다. 하지만 유대인들이 멸시하고 멀리하는 민족인, 사마리아 사람 하나가 그를 보고 연민을 느꼈습니다. 그는 다른 사람들처럼 우연히 그곳을 지나간 것 같지 않습니다. 오히려 그는 부상당한 사람을 돌보는 데 필요한 모든 것, 기름, 감쌀 것, 말 등을 가지고 있었습니다. 더 나아가 그는 여관 주인에게 돈을 주었고, 나중에 다시 와서 사례를 하겠다고 약속했습니다.

> "'자, 그러면 이 세 사람 중에서 강도를 만난 사람의 이웃이 되어준 사람은 누구였다고 생각하느냐?' 율법교사가 '그 사람에게 사랑을 베푼 사람입니다.' 하고 대답하자 예수께서는 '너도 가서 그렇게 하여라.'하고 말씀하셨다."
> (루가 10:36~37)

이렇듯 사랑은 모든 선행의 어머니입니다.

29. 이 두 계명은 사랑을 가르칩니다. 하지만 예수님은 이 두 계명을 구별합니다. 사랑의 맏물은 하느님께 바치고, 두 번째 부분은 이웃에게 할애합니다. 과연 구세주보다 더 나의 이웃인 분이 있겠습니까? 어둠의 권세가 우리를 죽음의 고통에 몰아넣었을 때, 폭행과 두려움과 욕망과 분노와 근심과 오류와 쾌락으로 심각하게 부상당했을 때, 그분보다 더 우리를 불쌍히 여긴 이가 또 있겠습니까? 오직 예수님만이 우리의 상처를 치료해 줄 수 있고 우리 마음에 뿌리박힌 악을 뽑아버릴 수 있습니다. 악한 나무의 열매처럼 그 결과가 슬프기만 한 율법으로써가 아니라, 그분 자신이 악의 뿌리를 끊어버릴 도끼를 지니고 계시기 때문입니다. 바로 그분이 부상당한 우리 영혼에 포도주를, 다윗의 포도밭에서 난 피를 부어주십니다. 바로 그분이 자신의 마음으로부터 영적인 기름을 흐르게 하시어 우리 마음을 적셔주십니다. 바로 그분이 우리에게 건강과 구원, 사랑, 믿음, 희망의 이 분리할 수 없는 관계를 드러내주십니다. 바로 그분

클레멘트

이 천사들과 권천사들과 능천사들을 보내시어 우리를 섬기게 하셨고, 그들에게 위대한 보상을 약속하셨습니다. 그들은 하느님의 아들들의 영광을 드러내줌으로써, 그들을 세상의 헛됨에서 벗어나게 해주실 것이기 때문입니다. 그러므로 우리도 하느님 못지않게 예수님을 사랑해야 합니다. 그리고 예수 그리스도를 사랑하는 것은 바로 그분의 뜻을 이루는 것, 그분의 계명들을 지키는 것과 다르지 않습니다.

> "나더러 '주님, 주님!' 하고 부른다고 다 하늘 나라에 들어가는 것이 아니다. 하늘에 계신 내 아버지의 뜻을 실천하는 사람이라야 들어간다." (마태오 7:21)

> "너희는 나에게 '주님, 주님!' 하면서 어찌하여 내 말을 실행하지 않느냐?" (루가 6:46)

30. 첫 번째는 그리스도를 사랑하는 사람입니다. 두 번째는 그 신자들을 존중하고 공경하는 사람입니다. 주님은 사람들이 그분의 제자들에게 보여준 배려를 중요하게 생각하시고, 그 배려를 그분의 이름으로 행한 것이라고 받아주십니다.

> "그 때에 그 임금은 자기 오른편에 있는 사람들에게 이렇게 말할 것이다. '너희는 내 아버지의 복을 받은 사람들이니 와서 세상 창조 때부터 너희를 위하여 준비한 이 나라를 차지하여라. 너희는 내가 굶주렸을 때에 먹을 것을 주었고 목말랐을 때에 마실 것을 주었으며 나그네 되었을 때에 따뜻하게 맞이하였다. 또 헐벗었을 때에 입을 것을 주었으며 병들었을 때에 돌보아 주었고 감옥에 갇혔을 때에 찾아주

었다.' 이 말을 듣고 의인들은 이렇게 말할 것이다. '주님, 저희가 언제 주님께서 주리신 것을 보고 잡수실 것을 드렸으며 목마르신 것을 보고 마실 것을 드렸습니까? 또 언제 주님께서 나그네 되신 것을 보고 따뜻이 맞아들였으며 헐벗으신 것을 보고 입을 것을 드렸으며, 언제 주님께서 병드셨거나 감옥에 갇히신 것을 보고 저희가 찾아가 뵈었습니까?' 그러면 임금은 '분명히 말한다. 너희가 여기 있는 형제 중에 가장 보잘것없는 사람 하나에게 해준 것이 바로 나에게 해준 것이다.' 하고 말할 것이다." (마태오 25:34~40)

그리고 이 의무를 소홀히 한 사람들을 보며 말씀하십니다.

"그러면 임금은 '똑똑히 들어라. 여기 있는 형제들 중에 가장 보잘것없는 사람 하나에게 해주지 않은 것이 곧 나에게 해주지 않은 것이다.'하고 말할 것이다." (마태오 25:45)

또 이렇게 말씀하십니다.

"너희의 말을 듣는 사람은 나의 말을 듣는 사람이고 너희를 배척하는 사람은 나를 배척하는 사람이며 나를 배척하는 사람은 곧 나를 보내신 분을 배척하는 사람이다." (루가 10:16)

위대한 미래

31. 그분은 그들을, 자녀, 아들, 작은 자, 친구라고 부릅니다. 그야말로 저 높은 곳에서 그들을 기다리고 있는 위대성에 비하면 그들은 지극히 작은 자들입니다.

클레멘트

"너희는 이 보잘것없는 사람들 가운데 누구 하나라도 업신 여기는 일이 없도록 조심하여라. 하늘에 있는 그들의 천사들이 하늘에 계신 내 아버지를 항상 모시고 있다는 것을 알아두어라."(마태오 18:10)

또 이렇게 말씀하십니다.

"내 어린 양떼들아, 조금도 무서워하지 마라. 너희 아버지께서는 하늘 나라를 너희에게 기꺼이 주시기로 하셨다."(루가 12:32)

이런 까닭에 그분은 하늘 나라에서 가장 작은 자 즉 그의 제자가 여인의 배에서 난 자식 중 가장 위대한 자, 즉 요한보다 더 위대하다고 확언하셨습니다. 또 이렇게 말씀하십니다.

"예언자를 예언자로 맞아들이는 사람은 예언자가 받을 상을 받을 것이며, 옳은 사람을 옳은 사람으로 맞아들이는 사람은 옳은 사람이 받을 상을 받을 것이다. 나는 분명히 말한다. 이 보잘것없는 사람 중 하나에게 그가 내 제자라고 하여 냉수 한 그릇이라도 주는 사람은 반드시 그 상을 받을 것이다."(마태오 10:41~42)

그 상은 결코 가치가 줄어들지 않는 유일한 것입니다. 또 이렇게 말씀하십니다.

"그러니 잘 들어라. 세속의 재물로라도 친구를 사귀어라. 그러면 재물이 없어질 때에 너희는 영접을 받으며 영원한 집으로 들어갈 것이다."(루가 16:9)

우리의 부가 우리에게만 봉사해서는 안 된다는 것, 불의한 재물을 가지고도 의롭고 구원을 가져다주는 행위를 할 수 있고, 아버지께서 그 영원한 집을 마련해두고 계신 이들 중 하나라도 평안하게 해줄 수 있다는 것에 대해서는 이미 충분하게 말했습니다. 그분은 그대들이 그들의 간청을 들어주고 그들의 성가신 요구로 고통 받아야 한다고 강요하고 있지 않음을 먼저 주목해야 합니다. 그대들이 돌보아 줄 수 있는 사람들, †세수의 참된 제자들을 찾는 것은 바로 그대들의 몫이어야 한다는 것입니다. 사도의 이 말씀은 얼마나 감탄스럽습니까!

> "각각 마음에서 우러나는 대로 내야지 아까워하면서 내거나 마지못해 내는 일은 없어야 합니다. 하느님께서는 기쁜 마음으로 내는 사람을 사랑하십니다." (II 고린토 9:7)

선한 마음으로 자선을 행하고, 많이 거두려는 생각 없이 뿌리고, 불평이나 주저함이나 거리낌 없이 나누는 사람을 주님은 사랑하십니다. 그것이 바로 선행의 특징입니다. 주님이 다른 곳에서 하신 이 말씀은 더욱 위대합니다.

> "달라는 사람에게는 주고 빼앗는 사람에게는 되받으려고 하지 마라." (루가 6:30)

하느님의 후한 은사가 바로 이러하기 때문입니다. 이 계명은 모든 완전 위에 있습니다. 되갚아 주리라 기대하지 말고, 오히려 구호 받아야 할 이들을 스스로 찾아 나서라는 것입니다.

32. 그런 다음 그대들의 나눔의 은사에 약속된 놀라운 보상을 생각해 보십시오. 그것은 바로 영원한 집입니다! 오, 이 얼마나 훌륭한 거래입니까! 이 얼마나 신성한 교환입니까! 우리는 돈으로 불

멸을 삽니다. 이 세상의 보잘 것 없는 재물로 하늘의 영원한 거처를 얻습니다! 부자들이여, 만약 그대가 지혜로운 사람이라면, 이 거래로 당신 자신을 구하십시오. 필요하다면 온 세상 두루 달려가십시오. 이곳에서 하늘 왕국을 사기 위해, 위험과 고통을 피하지 마십시오. 무엇 때문에 다이아몬드와 에메랄드에, 불에 삼키고 세월에 무너지고 지진으로 전복되며 폭군이 몰수해버리고 말 저택에 홀려 있는 것입니까? 하늘에서 살며 하느님과 함께 다스리는 것만 열망하십시오. 한 사람, 하느님을 닮은 한 사람이 그대들에게 이 왕국을 줄 것입니다. 그는 이곳의 보잘 것 없는 값으로 그대가 하늘에서 영원토록 살게 해줄 것입니다. 그분께 그대들의 봉헌을 받아달라고 간청하십시오. 서두르십시오. 그것만 관심을 쓰십시오. 그분의 외면만을 두려워하십시오. 그분은 그대의 봉헌을 받아 주셔야 할 의무가 없습니다. 하지만 그대는 봉헌할 의무가 있습니다. 더 나아가 주님은 그대에게 "네 형제들에게 주어라, 자비롭고 관대하여라, 그대의 형제들을 도와주어라"고 말씀하시지 않았습니다. 오히려 "세속의 재물로라도 친구를 사귀어라"(루가 16:9) 라고 말씀하십니다. 우정은 단 한 번의 선물이 아니라 오랜 친교를 통해서 태어납니다. "그러나 끝까지 참는 사람은 구원을 받을 것이다."(마태오 10:22) 라는 말씀처럼 믿음도 사랑도 인내도 하루 아침에 완성되지 않습니다.

▍모든 가난한 사람을 구제해야 합니다.

33. 어떻게 한 사람이 우리에게 이 모든 선물을 줄 수 있을까요? 나는 친구뿐만 아니라 친구의 친구에게도 줄 것입니다. 누가 하

느님의 친구입니까? 누가 합당하고 누가 합당하지 못한지 그대들 스스로가 판단하려 하지 마십시오. 그대들의 편견은 그대들을 오류에 빠뜨릴 위험이 있습니다. 모호할 때는, 악한 사람들로부터 자신을 보호하려다가 의로운 사람까지 잊어버리는 것보다는, 차라리 합당한 사람들을 보아서라도 합당치 못한 사람들을 선대하는 것이 좋습니다.

그대들의 선입견, 도와주어야 할 사람과 피해야 할 사람에 대한 그대들의 섣부른 구별은 오히려 그대들로 하여금 하느님의 친구를 소홀히 대하게 할 것이고, 영원한 불을 겪게 할 게으름으로 이끌 것입니다. 필요를 느끼는 모든 사람을 도와준다면, 그대들을 하느님 곁으로 구원해줄 사람들 중 하나를 그대들은 필연적으로 만날 수밖에 없을 것입니다.

"남을 판단하지 마라. 그러면 너희도 판단받지 않을 것이다. 남을 판단하는 대로 너희도 하느님의 심판을 받을 것이고 남을 저울질하는 대로 너희도 저울질을 당할 것이다." (마태오 7:1~2)

"남에게 주어라. 그러면 너희도 받을 것이다. 말에다 누르고 흔들어 넘치도록 후하게 담아서 너희에게 안겨주실 것이다. 너희가 남에게 되어 주는 분량만큼 너희도 받을 것이다." (루가 6:38)

하느님께서 제자로 삼으신 모든 이들에게 그대들의 마음을 여십시오. 차가운 시선으로 그들을 쳐다보지 마십시오. 그들이 나이 들었다 해서 내치지 마십시오. 만약 그가 가난하고 누더기를 걸치고 병들었다 해도 그들을 가혹하게 대하지 말고, 그들에게 등을 돌리지도 마십시오. 겉모습은 그저 우리가 이 세상에 살도록 해주고 이 공통의 학교를 다닐 수 있게 해주는 외적인 의복일 뿐입니다. 하지만 그 안에는 하느님 아버지, 그리고 우리를 위해 돌아가시고 우리와 함께 부활하신 그분의 아들 그리스도가 계십니다.

34. 우리 눈에 들어오는 이 외모는 죽음과 악마를 속입니다. 내적인 부, 아름다움은 그들에게 보이지 않습니다. 그들은 가난한 육체를 마구 공격하고, 육체의 연약함을 경멸하지만, 그것이 감싸고 있는 경이로움 앞에서는 소경일 뿐입니다. 그들은 하느님 아버지의 권능이 보호하는 질그릇 안에 우리가 어떤 보화를 담고 있는지 의심을 품지 않습니다. 그 보화는 바로 하느님의 아들의 피요, 성령의 이슬입니다. 하지만 진리를 맛보았고 위대한 구속에 합당케 된 그대는 절대 속지 마십시오. 다른 사람들과는 반대로 그대는, 전쟁에는 적당치 않고 피를 흘리게 할 수도 없으며, 분노하지도 더러워지지도 않는 군대, 무기가 없는 군대, 즉 거룩한 노인들의 군대, 하느님의 친구인 고아들의 군대, 온유함으로 치장한 과부들의 군대, 자비로 아름답게 꾸민 사람들의 군대를 일으키십시오. 그대의 부와 그대의 삶을 살펴주고, 그대의 영혼을 지킬 수 있도록 하기 위해, 하느님을 대장으로 둔 이 군사들이 그대를 둘러싸게 하십시오. 이 키잡이들, 즉 기도 안에 있는 이 거룩한 사람들만이 절망에 빠진 배를 구합니다. 위기의 최고 순간에, 질병은 하늘을 향해 높이 쳐든 손에 의해 정복되어 물러갑니다. 뜨거운 기도에 의해서, 도둑의 공격은 진압되고, 그들의 팔은 무장해제 됩니다. 계명과 그것에 대한

그들의 순종으로 인해 악마의 권세는 혼절합니다.

  이 모든 군사들, 이 모든 보초들이야말로 분명히 믿을 수 있습니다. 아무도 게으르지 않고, 아무도 한가하지 않습니다. 어떤 사람은 하느님께 그대의 구원을 간청할 수 있고, 어떤 사람은 시련 중에 있는 그대를 위로할 수 있으며, 어떤 사람은 그대들의 비참에 동정하며 세상의 주님 곁에서 눈물 흘리고 탄식할 수 있고, 어떤 사람은 구원에 유익한 몇몇 실천을 그대들에게 가르쳐줄 수 있고, 어떤 사람은 솔직하게 그대들을 꾸짖을 수 있고, 마지막으로 어떤 사람은 온유하게 그대에게 충고할 수 있습니다. 모두가 아무 속셈도 두려움도 배신도 아첨도 가식도 품지 않고 그대를 마음 깊이 사랑할 것입니다. 오, 우정의 부드러운 치유여! 관대함의 놀라운 약동이여! 하느님만을 경외하는 이들의 지극히 순결한 믿음이여! 거짓을 말할 줄 모르는 입술에서 나오는 진리의 말이여! 하느님을 섬기기 위해, 하느님께 경배하기 위해, 하느님을 매혹하기 위해, 그대들의 육신이 아니라 그대들의 영혼을 사랑하기 위해, 그대들의 마음 안에 살아계신 영원하신 임금께만 말씀드림으로써 그대들에게 말하기 위해 선택된 존재들에게서만 발견되는 행적들의 찬란함이여!

▎사랑을 아십시오

36. 모든 신자는 하느님의 아름다움과 위대함을 가집니다. 그리고 그들이 지니고 있는 이름, 그들 위에 마치 왕관처럼 빛나고 있는 그 이름에 합당합니다. 하지만 그들 중에는, 선택받은 자 중 특별히 더 선택받은 사람들, 더욱 위대해서 세상의 격랑에서 배를 빼내어 안전한 곳으로 이끌어낸 다음 그 배를 물가로 끌어내는 사람

들이 있습니다. 그들은 결코 성인으로 받들어지길 원치 않고, 사람들이 그들에게 이런 칭호를 부여하면 오히려 부끄러워하며 그들 마음의 비밀스런 곳에 형언할 수 없는 신비를 숨기고, 사람들의 시선에 그들의 영광을 드러내는 것을 극도로 싫어합니다. 성경은 이런 사람들을 들어 "세상의 빛이요 세상의 소금"(마태오 5:13, 14) 이라고 부릅니다. 그들은 하느님께서 위대하고 신비스러운 계획에 따라 마치 유배를 보내듯 세상에 보내주신 하느님의 씨앗, 하느님의 형상, 하느님을 닮은 사람, 하느님의 자녀, 하느님의 합당한 상속자입니다. 하느님 아버지께서는 서로가 서로를 섬기게 하려고, 혹은 서로가 서로를 시험하고 또 가르치게 하려고, 보이는 모든 것과 보이지 않는 모든 것을 창조하셨기 때문입니다. 이 씨앗이 그 안에 있는 한, 세상은 그 지속성을 지켜갈 것입니다. 하지만 그 수확이 이루어질 때, 온 우주, 온 세상은 급속히 녹아 사라질 것입니다.

37. 하느님께서는 그분의 사랑의 신비를 더 이상 요하지 않게 될 것입니다. 그대들은 오직 또한 하느님이신 하느님의 독생 성자만이 우리로 하여금 마주 대하게 해주실 수 있는 하느님의 품을 보게 될 것입니다. 하느님 자신이 사랑이십니다. 그리고 바로 이 사랑을 통해 우리는 그 사랑을 소유할 수 있게 됩니다. 신비로운 신성에 있어서, 하느님은 아버지이십니다. 하지만 하느님이 우리에게 보여주시는 자애로우심은 그분으로 하여금 어머니가 되게 하십니다. 아버지는 사랑하심을 통해 스스로 여성화되십니다. 우리는 그분이 그 자신의 품에서 낳으신 아들 안에서 그것의 가장 놀라운 증거를 봅니다. 사랑의 열매는 사랑 이외의 다른 것일 수 없습니다. 그래

서 그분은 인격으로 오셨고, 사람이 되셨습니다. 그래서 그분은 자발적으로 인간의 조건을 수용하셨습니다. 그분은 우리를 너무도 사랑하셨기에 우리의 연약함을 짊어지셨고, 그 대신 우리에게는 그분의 능력을 입혀주셨습니다. 우리를 되살리시기 위해 희생되시는 순간에, 그분은 우리에게 새 언약을 남겨주십니다. "내가 너희에게 나의 사랑을 주노라." 이 얼마나 놀라운 사랑이며, 드넓은 사랑입니까! 우리 각자에게 그분은 온 우주보다 더욱 고귀한 그분의 영혼을 주십니다. 그분은 그 대가로 우리가 서로를 위해 희생하길 원하십니다. 만약 우리가 우리 형제들에게 모든 것을 주고, 우리 구속주와 이 계약을 체결해야 한다면, 과연 우리가 보잘 것 없고 낯설고 사라지고 말 이 세상의 부를 더 오래 간직하고 보존하려 하겠습니까? 잠시 후면 불이 다 삼켜버리고 말 이 재물을 우리 형제들로부터 지키려 애쓰겠습니까? 성 사도 요한이 우리를 구원하려는 뜨거운 열망으로 우리에게 전해주는 거룩한 말씀을 들어보십시오.

"자기 형제를 미워하는 자는 누구나 다 살인자입니다."
(I 요한 3:15)

카인의 씨, 사탄의 종자라는 말입니다. 그는 하느님의 자비를 모릅니다. 그는 더욱 위대한 삶에 대한 희망이 없습니다. 그는 불모이고 메말랐습니다. 그는 영원하지 않고, 하늘에 있는 포도나무의 가지가 아닙니다. 그러므로 그는 뽑혀서 맹렬한 불 속에 던져질 것입니다.

38. 성 바울로가 그대들에게 보여준 하늘 길, 그대들을 구원으

로 이끌어줄 이 하늘 길을 알게 되길 빕니다. "사랑은 사욕을 품지 않습니다."(I 고린토 13:5) 오히려 형제에게 퍼줍니다. 사랑은 그들로 인해 기뻐 뛰고, 그들로 인해 지혜로 열광합니다.

> "사랑은 오래 참습니다. 사랑은 친절합니다. 사랑은 시기하지 않습니다. 사랑은 자랑하지 않습니다. 사랑은 교만하지 않습니다. 사랑은 무례하지 않습니다. 사랑은 사욕을 품지 않습니다. 사랑은 성을 내지 않습니다. 사랑은 앙심을 품지 않습니다. 사랑은 불의를 보고 기뻐하지 아니하고 진리를 보고 기뻐합니다. 사랑은 모든 것을 덮어주고 모든 것을 믿고 모든 것을 바라고 모든 것을 견디어냅니다. 사랑은 가실 줄을 모릅니다. 말씀을 받아 전하는 특권도 사라지고 이상한 언어를 말하는 능력도 끊어지고 지식도 사라질 것입니다. … 그러므로 믿음과 희망과 사랑, 이 세 가지는 언제까지나 남아 있을 것입니다. 이 중에서 가장 위대한 것은 사랑입니다." (I 고린토 13:4~13)

그것은 분명합니다. 우리가 하느님의 얼굴 앞에서 우리 눈에 분명한 증거로 그 현존을 확신하게 될 때, 믿음은 사라지게 될 것이고, 희망 또한 현실이 되는 바로 그 순간에 없어질 것이지만, 사랑은 그 충만과 완전을 향해 끝없이 뻗어갈 것이기 때문입니다. 그대들은 이 덕을 껴안았습니까? 그대들의 죄와 범죄가 어떤 것이든지, 진실한 회개의 도움을 받는 사랑은 이 모든 흠을 없앨 것입니다. 또한 절망도 공포도 없애 버릴 것입니다. 그러므로 과연 누가 하늘에서 보내진 '부자'라 일컬어지는지, 또 그의 재물을 어떻게 사용하는지 배우십시오.

회개의 능력

39. 한 사람이 호사스러움과 궁색함을 동시에 피하는 것에 성공했습니다. 그는 아마도 하늘의 복을 상속받을 것입니다. 하지만 그가 하느님의 인장을 받았을 때조차, 죄에서 해방되었을 때조차, 그의 무지 혹은 어떤 사건이 그를 다시 죄와 범죄에 굴러떨어지게 하고 그는 그 짐에 억눌려 있게 됩니다. 그러면 하느님은 이 사람을 가차 없이 심판하십니다. 반대로 진실한 마음으로 하느님을 향해 돌아서는 사람은 문들이 열리는 것을 보게 되고, 아버지는 참된 회개로 마음 적시고 돌아온 이 아들에게 잔치를 베푸십니다. 그렇다면 참된 회개는 무엇입니까? 그것은 그대가 자신의 악한 습관과 결별하는 것이고 그대를 죽음의 위험에 빠뜨리는 죄악을 그대 마음에서 뿌리째 뽑아 버리는 것입니다. 악이 뿌리 뽑혀질 때, 하느님께서는 그대 안에 돌아오시어 거주하실 것입니다. 그것은 아마도 죄인이 회개하고 돌아올 때 하느님 아버지와 그의 천사들이 느끼는 경이로운 기쁨과 환희일 것입니다. 이것이 바로 그분께서 우리에게 이렇게 외치시는 이유입니다.

> "내가 반기는 것은 제물이 아니라 사랑이다." (호세아 6:6)

> "그가 못된 행실을 한 자라고 해서 사람이 죽는 것을 내가 기뻐하겠느냐? 주 야훼가 하는 말이다. 그런 사람이라도 그 가던 길에서 발길을 돌려 살게 되는 것이 어찌 내 기쁨이 되지 않겠느냐?" (에제키엘 18:23)

> "너희 죄가 진홍같이 붉어도 눈과 같이 희어지며 너희 죄가 다홍같이 붉어도 양털같이 되리라." (이사야 1:18)

오직 하느님만이 우리 죄를 용서하실 수 있고 우리의 불의함을 우리에게 전가하지 않으실 수 있습니다. 이런 까닭에 주님은 형제가 회개한다면 그의 잘못을 용서해주어야 한다고 우리에게 매일 요청하시는 것입니다. 만약 가련한 인간인 우리도 은혜를 베풀 줄 안다면, 그 자비와 긍휼하심을 헤아릴 수 없고 모든 위로의 원천이신 자비로우신 하느님 아버지의 인내와 사랑이 미치지 못할 것이 무엇이겠습니까? 그분이 인내하시며 죄인들의 참회를 기다리지 않으시겠습니까? 회개하는 것, 그것은 이제부터는 결단코 죄를 삼가는 것이며, 결코 되돌아보지 않는 것입니다.

40. 하느님께서는 우리의 지난 죄를 용서하십니다. 그리고 앞으로의 죄는 우리가 짓지 않아야 합니다. 우리가 이미 지은 잘못을 뼈아프게 후회합시다. 그리고 만유에 홀로, 우리의 악을 그 자비와 성령의 이슬로 없애실 수 있는 아버지 하느님께 용서를 간청합시다. 하느님께서는 날마다 온 우주의 종말을 선언하십니다.

> "내가 보게 될 너희들의 상태가 어떤지에 따라, 나는 너희들을 심판할 것이니라."[15]

평생 선한 길을 걸었더라도 마지막에 빗나가서 악으로 돌아서 버린 사람은 평생의 노력을 허사로 만듭니다. 그는 이 드라마 같은 인생의 마지막까지 계속 투쟁하는 상태에 있지 않았기 때문입니다. 반대로 평생을 죄 속에 뒹굴었다 해도 회개를 통해 그의 오랜 불의한 과거에서 다시 살아날 수 있습니다. 그것은 마지막에 회개하

---

[15] 성 유스티노스의 『대화』 47과 『철학은 그리스도에게로 통한다』 201쪽에 실려 있는 주님의 말씀.

는 것으로 충분합니다. 그러므로 참으로 엄격한 규칙이 부과됩니다. 큰 병에 걸린 사람일수록 엄격한 처치와 이중 삼중의 치료가 필요한 것처럼 말입니다. 도둑이여, 그대는 은총을 얻길 원하십니까? 더 이상 도둑질 하지 마십시오. 간음한 자여, 그대의 욕망을 꺼버리십시오. 창녀여, 그대를 정화하십시오. 해적들이여, 훔친 물건을 그 이상으로 돌려주십시오. 거짓 증인이여, 더 이상 거짓을 말하지 마십시오. 거짓 맹세하는 자여, 맹세하는 것을 멈추십시오. 그대의 모든 죄, 분노, 욕망, 슬픔, 공포를 죽이십시오. 그리하여 죽음의 순간 모든 적들과 화해한 모습을 사람들이 볼 수 있게 하십시오. 물론 나는 압니다. 우리와 함께 자라난 이 모든 악을 한꺼번에 쓸어버리는 것이 어렵다는 것을 말입니다. 하지만 하느님의 능력과 한 사람의 기도와 한 형제의 도움과 참된 회개와 끊임없는 노력은 우리를 승리로 이끌 수 있습니다.

41. 자신의 능력과 부로 인해 교만해진 그대들이여, 결과적으로 훈련 교관과 키잡이가 되어줄 하느님의 사람을 지도자로 선택하는 것이 그대들에게는 불가피합니다. 그를 존경하고 두려워하십시오. 그것만으로도 벌써 매우 훌륭합니다. 그가 솔직하게 그대에게 말하는 것을 경청하는 습관을 들이십시오. 그가 그대들을 거칠게 다루거나 부드럽게 다루거나 그냥 받아들이십시오. 눈은 보기 좋은 것을 보면 활기를 잃고 약해집니다. 그러므로 시력을 잘 보존하려면 뜨거운 눈물을 흘리는 것이 좋습니다. 끊임없이 쾌락을 추구하는 것만큼 영혼에 해로운 것은 없습니다. 영혼이 붕괴의 단계까지 이르게 되면, 완전히 맹목적이게 되고, 아무리 혹독한 말을 해도 꿈쩍도 하지 않게 됩니다.

그러므로 그가 화를 내면 그를 두려워하십시오. 그가 탄식하면 함께 슬퍼하십시오. 그가 침묵하면, 그것을 존중하십시오. 그가 그대를 벌하고자 한다면, 더욱 가혹한 벌을 청하십시오. 그가 하느님 곁에서 그대들을 변호하기 위해 수많은 밤을 지새울 것이고, 그 끈질긴 인내의 힘으로 결국은 하느님 아버지를 감동시키게 될 것입니다. 하느님은 기도하는 자녀에게 자비를 거절치 않으시기 때문입니다. 만약 그대들이 그를 하느님께서 보내주신 분으로 존경하면서, 일부러 그를 고통스럽게 하지 않는다면, 그대들의 영적 지도자는 뜨겁게 기도할 것입니다.

진실한 참회는 이와 같습니다. "잘못 생각하지 마십시오. 하느님은 조롱을 받으실 분이 아니십니다."(갈라디아 6:7) 하느님은 우리의 헛된 장광설에 조금도 관심을 두지 않으십니다. 그분 홀로 우리 마음과 우리 속을 헤아리십니다. 그분은 죄인들이 불속에서 외치는 것을 들으십니다. 그분은 고래 배 속에서 울려 퍼진 탄식을 들으십니다. 그분은 그분께 속한 모든 이들 곁에 계시고, 참회하지 않는 불경스런 자들은 멀리 하십니다.

성 요한과 강도

42. 진실한 참회의 효력에 대해 더욱 굳은 확신을 주기 위해, 구원의 기회가 얼마나 중요한지를 증명해 보이기 위해, 이 이야기를 들려드릴 테니 잘 들어보십시오. 이것은 오늘날 우리에게까지 기억되어 전해져 온 사도 요한의 실화입니다.

폭군이 죽자 성 요한은 파트모스 섬에서 에페소로 돌아왔습니다. 사람들은 그에게 이웃한 자기들의 도성을 방문해주시어, 주교를 세워주고, 교회의 여러 문제를 치리해주고, 성령께서 선택하신 이들을 임명해 주시길 간청했습니다. 그래서 그는 에페소에서 멀지 않은 한 도시에 이르렀습니다. 어떤 저자는 그 이름을 말하기도 합니다. 그는 형제들에게 모든 종류의 위로를 전했습니다. 거의 마지막 순간이 되었을 때, 솔직하고 개방적인 인상에다가 아주 생기 있어 보이는 청년이 성 요한의 눈에 띄었습니다. 그는 이 도시의 주교를 향해 돌아서서 "나는 내게 주어진 권한으로 그대에게 이 청년을 추천합니다. 교회와 예수 그리스도가 그 증인입니다."라고 말했습니다. 주교는 그 청년을 받아들였고 성 요한에게 순종할 것을 약속했습니다. 성 요한은 자신의 지시와 부탁을 재차 강조하면서 에페소로 떠났습니다. 주교는 성 요한이 그에게 맡긴 청년을 자기 집으로 데려갔습니다. 그에게 공부를 시키고, 그를 교양하고 가르쳐서 마침내 그에게 세례를 베풀게 되었습니다. 그런 다음에는 그의 돌봄과 감독이 느슨해졌습니다. 그에게 베푼 세례식을 통한 주님의 날인이면 그가 충분히 덕스런 삶을 살 수 있을 것이라 믿었던 것입니다. 너무 일찍 자유롭게 된 그 청년은 게으르고 방탕하고 악행이 몸에 밴 불량배들과 어울리게 되었습니다. 그들은 무절제한 음란과 방탕 속에 빠져들었습니다. 이어서 그들은 그를 데리고 다니며 도둑질을 하게 되었습니다. 마침내 그들은 더 대담하고 큰 악행에 그를 가담시켰습니다. 청년은 끓어오르는 혈기로 자기도 모르게 이런 생활에 젖어들었고, 점점 더 바른 길에서 빗나가게 되었습니다. 도망쳐 걷잡을 수 없이 거칠어진 말처럼 그는 재갈을 다 끊어버리고 낭떠러지로 내달렸습니다. 자신의 단죄를 확신한 그는 점점 더 큰 범죄에 빠져들었습니다. 범죄로 치달았으며, 돌아올 수 없을 만큼

클레멘트

타락해버린 순간, 그는 동료들과 운명을 함께 하기로 결심했습니다. 그는 동료들을 불러 모아 강도단을 조직했고 얼마 후 그 두목이 되었습니다. 그는 그 누구보다 잔인했고, 그 누구보다 피에 굶주렸으며, 그 누구보다 야만적이었기 때문입니다.

얼마간의 세월이 흐른 후, 한 가지 문제를 해결해 달라는 요청을 받고 성 요한이 다시 그 도시를 찾았습니다. 해결해야 할 문제가 다 해결된 뒤, 그는 주교에게 말했습니다. "이제 당신이 주재하고 있는 교회 앞에서, 구세주와 내가 당신께 맡겨 놓았던 것을 돌려주십시오." 주교는 놀랐습니다. '아니 나를 중상하려고 받지도 않은 돈을 요구하는 것인가?' 하고 말입니다. 하지만 이것이 공연한 거짓임을 확신한다 한들, 그가 감히 성 요한에게 반박할 수 있었겠습니까? 그러자 성 요한이 다시 말합니다. "내가 그대에게 돌려 달라고 요청하는 것은 바로 한 청년입니다. 그 형제의 영혼 말입니다." 그러자 주교는 깊은 한숨을 내쉬고 눈물을 글썽이며 대답했습니다. "그는 죽었습니다." "아니 어떻게 죽었단 말입니까?" "그는 하느님에 대해 죽었고, 이미 떠나고 없습니다. 그는 이제 비참하고 방탕해진 최악의 도둑일 뿐입니다. 지금 그는 교회 대신에 다른 강도떼와 함께 산에 숨어 살고 있습니다."

이 말을 듣고, 요한은 옷을 찢고 크게 신음하고 탄식하며 머리를 쳤습니다. "오, 내가 그대에게 준 것은 아름다운 청년이었습니다! 어서 가서 말 한 마리 준비하고 내게 길을 알려줄 길잡이를 찾아오십시오." 그는 곧바로 교회를 나섰습니다.

도둑들의 거점에 이르렀을 때, 성 요한은 보초들에 의해 체포되었습니다. 도망가거나 저항할 생각 없이 성 요한은 소리쳤습니다.

"나는 일부러 왔습니다. 그러니 나를 당신들의 두목에게 데려가 주십시오." 두목은 완전 무장을 한 채, 잡힌 자를 기다렸습니다. 하지만 그에게로 끌려온 사람이 요한임을 알아차리고, 그는 부끄러움을 참지 못하고, 도망쳐 버렸습니다. 사도는 나이도 잊고 온 힘을 다해 그를 쫓아가면서 그를 향해 소리쳤습니다. "내 아들아, 어찌하여 도망치느냐? 나는 네 아버지다. 나는 무기도 없고 늙었다. 내 아들아, 나를 불쌍히 여기고, 나를 두려워 마라. 아직도 너의 삶에는 희망이 있단다! 내가 그리스도 곁에서 너를 위해 변호하마. 필요하다면, 기꺼이 우리 주님의 모범을 따라 내가 너를 대신해 죽겠다! 내가 너의 생명을 대신해 내 목숨을 희생하마! 그러니 멈추고, 나를 믿어다오. 나를 보내신 분은 바로 그리스도란다!" 이 말을 듣고, 강도 두목은 마치 굳은 것처럼 멈춰 서서 고개를 숙였습니다.

이윽고 그는 떨면서 무기를 땅에 던져버리고, 통곡하기 시작했습니다. 이 통한의 눈물을 통해서 그는 할 수 있는 한 그의 모든 범죄들을 속죄하였고, 그의 눈물은 그에게 두 번째 세례가 되었습니다. 하지만 그는 여전히 범죄를 저지른 자신의 오른팔을 숨겼습니다. 그러자 사도는 그가 구세주의 용서를 얻게 될 것임을 굳게 약속하여 안심시킨 후, 무릎을 꿇고 그에게 간청하며 참회로 인해 깨끗해진 그의 오른손을 손수 붙잡고, 그 위에 입 맞춘 뒤, 그를 교회로 이끌고 갔습니다. 교회에 가서 그는 간절한 기도를 통하여 하느님께 은총을 간구했습니다. 청년은 사도와 함께 계속해서 금식했고, 끊임없는 대화를 통해 올바른 정신을 되찾게 되었습니다. 사도는 교회의 품 안에서 그를 바로 세울 때까지 그를 떠나지 않았다고 합니다. 그리하여 참된 참회의 위대한 모범으로 남게 되었고, 새로운 탄생의 찬란한 증거가 되었으며, 그가 그토록 열망했던 부활의 전조가 되었습니다.

세상 끝날 하늘 장막 안에 참된 참회의 삶을 살았던 사람들을 받아들일 때, 천사들은 무한한 기쁨을 누리며, 찬양하며 왕국의 문을 열어젖힐 것입니다. 하지만 그 누구보다도 구세주께서 그들을 맞이하기 위해 달려가실 것이고, 그 어떤 것도 조금이라도 가리거나 꺼버릴 수 없는 빛을 비추어주시며, 하느님 아버지의 품 안에서 누릴 영원한 생명으로, 하늘 왕국으로 이끌어 가실 것입니다. 이 약속을 믿으십시오. 하느님의 제자들을 믿으십시오. 그것을 보증하시는 하느님을 믿으십시오. 예언자들과 복음경과 사도들의 말씀을 믿으십시오. 그들 안에서 살고, 주의 깊게 그들의 말을 듣고, 선행을 하십시오. 그러면 그대들은 경주 마지막에 그 결말을, 또 모든 교리의 확실한 증명을 보게 될 것입니다. 오늘 이 순간부터 참회의 천사들을 영접하는 사람은 그 몸을 버리고 떠나갈 때 결코 두려움이나 당혹감을 갖지 않게 될 것입니다. 구세주께서 영광을 두르시고 천군천사들과 함께 다가오시는 것을 보아도 조금도 부끄러워하지 않을 것입니다. 불도 두려워하지 않을 것입니다.

하지만 그대가 지금 이 상태에 그냥 머물러 있는 것을 더 좋아하고, 계속해서 죄 안에서 쾌락을 탐닉하며 살고자 한다면, 만약 그대가 영원한 생명보다 이 땅의 세속적 쾌락들을 더 선호하고, 그대들에게 은총을 베풀어주시는 구세주에게 등을 돌린다면, 하느님도 재물도 그대의 과거 죄악들도 탓하지 마십시오. 다만 그대 자신의 죽음을 만든 장본인인 그대의 영혼만을 탓하십시오. 만약 그대가 그대의 구원을 열정을 다해 추구한다면, 목숨 걸고 강렬하게 그것을 간청하십시오. 그러면 하늘에 계신 선하신 하느님 아버지께서 그대에게 참되고 절대 부패하지 않는 생명을 허락해 주실 것입니다.

  산 자들과 죽은 자들의 주님이신 그 아들 예수 그리스도의 은총을 통하여, 그리고 성령을 통하여 그분께 이제와 항상 또 세세토록 영광과 영예와 권능과 영원한 위대함이 있나이다. 아멘.

케사리아의
성 대 바실리오스

케사리아의 성 대 바실리오스

바실리오스 성인의 시대에, 소아시아와 아르메니아 중간쯤에 위치한 까빠도키아는 수많은 철학자와 수사학자가 줄지어 있을 정도로 문화가 매우 발전된 지방이었습니다. 케사리아는 다른 대도시처럼 극장과 공중목욕탕과 화려한 축제를 가지고 있었습니다.

바실리오스 성인의 부친은 존경받는 부자였습니다. 형제 하나는 니싸의 주교가 되었는데, 그 이름은 그레고리오스였습니다. 누이 마크리나는 수녀가 되어 수도자의 삶을 살았습니다. 330년경에 태어난 바실리오스는 천성이 아주 섬세했습니다. 그는 매우 열정적이고 풍요로운 사목활동과 저술활동을 하였지만 채 50세가 되기도 전에 돌아가셨습니다.

아테네에서 탁월하게 학문을 익힌 뒤 그는 세례를 받았고, 이어서 세상에서 물러나 고독한 수도 생활에 들어갔습니다. 그런 후 다시 세상에 나와 사제가 되었고, 370년 케사리아의 주교가 되셨지만, 그 후 10년도 안 되어 돌아가셨습니다.

바실리오스 성인은 말 그대로 참된 목자였습니다. 그는 그 양떼들의 신앙을 돌보았고, 분열과 이단에 의해 찢겨진 이 가난한 동방교회 안에서 일치와 정통 신앙을 회복하기 위해 혼신의 힘을 기울였습니다. 그는 특별히 그 백성의 사회적 조건에 지대한 관심을 가졌습니다. 까빠도키아를 절망에 빠뜨린 사회적 불의를 멈추게 하고, 과도한 세금을 줄이기 위해 정부 정책에 개입하였습니다.

오래 전부터 케사리아의 주교 바실리오스 성인은 자신의 모든 재산을 가난한 이들을 위해 사용해왔습니다. 후대 사람들이 '바실리아다'라는 이름을 붙인 방대한 사회 구호 체계를 통해서 그 사랑을 다양한 방식으로 펼쳐나갔습니다. 그는 368년 대기근을 계기로 시작한 자비의 행위를 이 체계를 통해서 지속시켜 나갔습니다.

이런 '사회적 빈자와 약자층'에 대한 효과적인 구호활동은 바실리오스의 사회 교리에 매우 실천적인 지침을 제공해주었습니다. 그는 가르침을 통해 청중의 마음속에 자비 실천의 필요성을 새겨주기 위해 노력했습니다. 그는 특별히 '하느님에 대한 순종 안에서 모든 사람의 근본적인 평등, 인간 존재의 타고난 존엄성, 부와 권력의 의무로서의 사회적 봉사' 등과 같은 중요한 사회적 논제를 부각시켰습니다.

여기 실린 매우 중요한 설교에서 그는 어떤 경우에도 결코 침해할 수 없는 소유의 권리를 인정합니다. 하지만 지상적인 부의 소유는 동시에 아주 엄격한 의무를 져야만 합니다. 부자는 청지기입니다. 그는 세상의 창조주 주님에게서 부를 위탁받은 것일 뿐입니다.

바실리오스 성인에게 그토록 매력적으로 비친 초기 그리스도교 공동체의 경험은 그 자체로는 재현될 수 없는 것으로 생각되었습니다.

바실리오스 성인이 이자를 위해 돈을 빌려주는 것 이상으로 강력하게 반대한 것은 남용입니다. "그대의 필요는 인간이 생각할 수 있는 정점을 넘으십니다. 그대는 절망을 착취하고, 눈물로 돈을 만들며, 헐벗은 사람을 목 조르고, 굶주린 사람을 때립니다." 그는 또 어떤 환경에서는 공짜로 빌려주어야만 한다고 강조합니다.

부자는 자기 식구에게 하듯이 가난한 사람들의 필요 또한 공급할 사명을 가집니다. 이렇게 하여 사랑 안에서 형제애가 굳게 형성됩니다. 저항은 부자의 탐욕에 맞서 일어납니다. "그대가 옷장 속에 간직하고 있는 옷은 추위에 떨고 있는 모든 사람들을 덮어주고도 남을 것입니다. …"

바실리오스 성인에게는 인간의 불행이 이기심과 인색함에서 오는 것이었습니다. 주교는 부 그 자체를 정죄하지 않고 오히려 그것이 야기하는 질병, 소유욕을 정죄했습니다. 필요 이상으로 소유하는 것, 이것은 가난한 이들을 쓰러뜨리는 것이고 훔치는 일입니다. 바로 여기서 인색함과 낭비벽의 역설적인 동일화가 나옵니다. 그것은 바로 나누기를 거부하는 행위라는 동일한 현상의 반대되는 두 형태일 뿐입니다. 이 거부는 두 가지 결과로 귀결됩니다. 한편으로 그것은 가난한 자 뿐만 아니라 소유한 자도 불행하게 만듭니다. 이는 크나큰 잘못입니다. 부는 단지 '돌과 진흙'일 뿐이기 때문입니다.

다른 한편 몇몇 특권층에게 집중된 부는 파렴치한 일입니다. 그것은 근본적으로 모든 것을 주시는 하느님에 대한 배은망덕을 보여주는 것이기 때문입니다. 부자들은 하느님을 절망시키고 자신의 너그러움을 꺾어버립니다. 바로 여기서 바실리오스 성인의 사상이 지닌 균형, 반박할 수 없는 단호함, 모순의 부재가 나옵니다. 하느님과 인간은 상호간 선물을 주고받는 관계를 통해 지배됩니다.

바실리오스 성인에게 "하느님을 본받는 것"은 "사랑의 현실 안에서 살아가는 것"(신학자 나지안조스의 성 그레고리오스처럼), 혹은 "연합을 회복하는 것"(니싸의 성 그레고리오스처럼) 만큼이나 감사하는 것이고, 지불하는 것이고, 빌린 것을 돌려주는 것입니다.

바실리오스 성인은, 어조는 매우 강경하지만 입장은 매우 온건하며, 소유권, 빈자 구제, 복음적 무소유, 노동을 통한 성화 등 사회 정의를 구성하는 다양한 요소를 존중합니다. 바실리오스 성인은 그 시대의 요구에 응답할 줄 아는 분이었습니다. 우리에게 성인의 사회 교리는 하나의 경계석이라기보다는 등대입니다.

내 창고를 헐고 더 큰 것을 지으리라[16]
: 어리석은 부자의 비유

바실리오스

> "어떤 탐욕에도 빠져들지 않도록 조심하여라. 사람이 제아무리 부요하다 하더라도 그의 재산이 생명을 보장해 주지는 못한다." (루가 12:15)

1. 두 종류의 유혹이 있습니다. 때로는 금이 용광로에서 정련되듯이, 고통이 마음을 단련하고 인내가 마음의 참된 본성을 발견하게 해줍니다. 때로는 많은 사람에게 행복 자체가 시금석이 됩니다. 불행 가운데서 영혼의 평정을 유지하는 것 못지않게 성공에 현혹되지 않는 것 또한 어렵기 때문입니다. 우리는 전자의 예를 욥에게서

16　Εἰς τὸ ῥητὸν τοῦ κατὰ Λουκᾶν Εὐαγγελίου : « καθελῶ μου τὰς ἀποθήκας καὶ μείζονας οἰκοδομήσω» καὶ περὶ πλεονεξίας. (루가복음에 나오는 "내 창고를 헐고 더 큰 것을 지어"(12:18) 라는 말에 대하여, 그리고 지나친 소유에 대하여), PG, 31, 『설교와 강론들』, 설교 6. 262~278.

봅니다. 결코 굴하지 않는 이 위대한 투사는 악마의 맹렬한 모든 공격을 흔들림 없는 마음과 고요한 정신으로 견뎌냈습니다. 그는 원수의 공격이 잔인하고 격렬할수록 그 시련을 통해 더욱 위대함을 드러냈습니다.

▌부의 시험

행복의 시련은 수많은 예 중에서도 우리가 방금 읽은 이 부자의 이야기를 통해서 더욱 분명하게 드러납니다. 그는 큰 부를 소유했으면서도 또 다른 부를 얻고자 열망했습니다. 선하신 하느님께서는 감사할 줄 모르는 그를 즉시 벌하지 않으셨습니다. 오히려 옛 것에 새로운 부를 더해 주셨습니다. 차고 넘쳐서 결국은 그가 자비롭고 인간적인 사람이 되길 원하시면서 말입니다. 복음경은 말합니다.

> "어떤 부자가 밭에서 많은 소출을 얻게 되어 '이 곡식을 쌓아둘 곳이 없으니 어떻게 할까?' 하며 혼자 궁리하다가 '옳지! 좋은 수가 있다. 내 창고를 헐고 더 큰 것을 지어 거기에다 내 모든 곡식과 재산을 넣어두어야지. 그리고 내 영혼에게 말하리라. 영혼아, 많은 재산을 쌓아두었으니 너는 이제 몇 년 동안 걱정할 것 없다. 그러니 실컷 쉬고 먹고 마시며 즐겨라.' 하고 말했다. 그러나 하느님께서는 '이 어리석은 자야, 바로 오늘 밤 네 영혼이 너에게서 떠나가리라. 그러니 네가 쌓아둔 것은 누구의 차지가 되겠느냐?' 하셨다. 이렇게 자기를 위해서는 재산을 모으면서도 하느님께 인색한 사람은 바로 이와 같이 될 것이다."(루가 12:16~21)

자기의 부를 조금도 선하게 사용하지 않은 이 사람에게 땅은 어찌하여 그토록 많은 수확을 가져다 준 것입니까? 그것은 그런 사람에게까지 은총을 확장하시는 하느님의 무한한 선하심을 더욱 빛나게 드러내 보여주기 위한 것입니다.

> "아버지께서는 악한 사람에게나 선한 사람에게나 똑같이 햇빛을 주시고 옳은 사람에게나 옳지 못한 사람에게나 똑같이 비를 내려주신다." (마태오 5:45)

하지만 이와 같은 관용은 죄를 지은 자에게 그에 합당한 벌을 불러옵니다. 하느님께서는 인색한 손이 경작하는 밭에 비를 뿌려주셨습니다. 씨앗에 온기를 주고, 이 불모의 땅이 수많은 열매를 맺도록 햇빛을 주셨습니다. 기름진 땅, 적당한 기후, 풍부한 씨앗, 경작할 소, 농부가 번영할 수 있게 해주는 모든 것이 다 하느님의 선한 은혜입니다. 하지만 부자인 그는 어떤 선행을 했습니까? 못된 성질머리, 사람에 대한 혐오, 이기심 밖에 없었습니다. 그는 자신에게 선을 베풀어주신 분께 이런 방식으로 감사했던 것입니다! 그는 우리 모두가 같은 본성을 가지고 있다는 것을 잊고 살면서, 필요 이상의 소유를 가난한 사람들에게 나눠 주어야 한다고 생각하지 않습니다. 오히려 "도움을 청하는 손을 뿌리치지 말고 도와줄 힘만 있으면 망설이지 마라" (잠언 3:27), "성실하게 신의를 지켜라" (잠언 3:3), "네가 먹을 것을 굶주린 이에게 나눠주고, 떠돌며 고생하는 사람을 집에 맞아들이고 헐벗은 사람을 입혀주며 제 골육을 모르는 체하지 말라" (이사야 58:7)는 계명을 싫어합니다.

모든 예언자들, 신앙의 모든 박사들이 그에게 이 계명을 외쳤지만, 그는 귀를 틀어막습니다. 그의 곡식 창고는 남은 공간이 없을 만큼 수북이 쌓아놓은 너무나 많은 곡식으로 인해 삐거덕거리지만,

그의 탐욕스런 마음은 아직도 다 채워지지 않았습니다. 새로 수확한 것이 끊임없이 옛 것에 더해지고, 매년 더해지는 소출은 그의 호사와 부를 더욱 증대시킵니다. 그는 도저히 헤어날 수 없는 곤경에 빠져버린 것입니다. 어리석은 그는 결코 오래된 곡식을 없애려 하지 않을 것입니다. 뿐만 아니라, 너무도 많은 새로운 곡식을 비축해 둘 곳도 없습니다. "이제 무엇을 하지?" 헛된 근심과 걱정거리가 그를 괴롭힙니다. 누가 이렇게 고통받는 사람을 불쌍히 여기지 않겠습니까? 풍요로움의 비극, 부익부의 비참, 기대했던 행복보다 더욱 끔찍한 비참입니다! 땅이 그에게 가져다주는 것은 더 이상 소득이 아니라 한숨일 뿐입니다. 넘치는 수확이 아니라 근심과 불안의 끔찍한 혼란입니다. 그는 가난한 사람과 똑같이 절망합니다. "이제 무엇을 하지?" 가난에 짓눌린 사람도 이와 똑같이 한탄하지 않습니까? "무엇을 먹고 무엇을 입을까?" 보십시오. 이것이 부자의 질문입니다! 그를 갉아먹고 있는 이 사태와 근심을 보십시오! 다른 사람들에게는 행복을 만들어 주는 것이 이 탐욕스런 자에게는 상심만 일으킵니다. 곡식 창고를 가득 채우고 있는 그의 재물은, 사방에서 밀려와 그 창고를 메우는 이 풍요에 강박되어 있는 그를 결코 위로할 수도 만족시킬 수도 없기 때문입니다! 그 풍요는 결코 밖으로 빠져나가지 않을 것이고, 가난한 이들에게 조그마한 온기도 가져다주지 않을 것임을 그는 알고 있습니다.

2. 그의 질병은, 남은 음식을 가난한 이들에게 주느니 차라리 폭식하고 죽기를 선호하는 이들의 탐식과도 관련이 없지 않아 보입니다. 부자여, 그대에게 은혜를 베푸신 분을 생각하십시오. 그대 자신을 떠올려 보십시오. 그대가 누구인지 생각해보십시오. 그대가 차

지하고 누리는 그 모든 재물이 어떤 것인지, 누가 그대에게 그것들을 맡겼는지, 그것 말고도 다른 것을 더 갖고자 하는 이유가 도대체 무엇인지 말입니다. 그대는 거룩한 하느님의 종, 그대와 똑같은 다른 종들 중에 특별히 재물을 관리하는 종입니다. 그대에게 더 많이 주어진 그 모든 재물이 그저 그대의 배를 채우기 위한 것이라고는 믿지 마십시오. 손에 쥐고 있는 그 많은 재물을 마치 다른 사람의 것인 양 대하십시오. 얼마간은 그 재물이 그대를 매혹하겠지만, 그것들은 금방 연기처럼 사라질 것이고, 사람들은 그대에게 아주 자세히 계산을 요구할 것입니다.

그대는 문과 빗장 뒤에 갇혀있습니다. 그대는 보화를 안전하게 숨겨 놓았지만 근심 걱정은 그대로 하여금 잠 못 들게 합니다. 그대는 마음이라는 어리석은 충고자의 말을 곰곰이 생각합니다. "이제 무엇을 하지?" 대답은 간단합니다. "배고픈 사람들을 배불리고, 내 곡식창고를 열어, 가난한 사람 모두 오라고 하리라. 나 요셉을 본받아서, 나의 사랑을 만천하에 선언하리라. 이렇게 자비로운 언어로 '빵이 없는 자들이여, 내게 오십시오. 하느님이 내게 충만하게 채워주신 은총은 모든 사람의 것입니다. 그러니 와서 공동 우물에서 물을 퍼가듯, 나에게로 와서 필요한 만큼 퍼 가십시오.'라고 말하리라." 하지만 그대는 이 선함을 가지고 있지 않습니다. 왜 그렇습니까? 사람들이 그대의 풍요로부터 조금이라도 이익을 얻는 것을, 그대는 원치 않기 때문입니다. 간악한 자의 충고를 마음속에 담고서, 어떻게 각자에게 필요한 만큼 나누어줄 것인가를 고민하기보다는 오히려 어떻게 하면 다른 사람들이 유익을 누릴 수 있는 기회를 다 꺾어버리고 모든 부귀를 혼자 차지할 수 있을 것인가 그 방법을 알지 못해 안달하기 때문입니다. 그들은 그에게 영혼을 보여 달라고 했지만, 그는 도리어 제 밥상만 생각했습니다. 아마도 그는 오늘밤 죽는다 해도, 여전히 내년에 얻을 재물을 꿈꿀 것입니다! 그는 깊이 생각하고 느낌을 드러내 보일 시간이 얼마든지 있었습니다. 그랬다면 사람들은 그의 양심의 발현을 보고 그를 판단했을 것입니다.

참된 부

3. 그대여, 이제 그대 자신을 신뢰하지 마십시오. 이 비유는 우리가 똑같은 잘못을 피할 수 있게 하기 위한 것입니다. 사람이여, 땅을 본받으십시오. 땅처럼 열매를 맺으십시오. 호흡 없는 물질보다 더 딱딱한 사람이 되지 마십시오. 땅은 자신이 누리기 위해서가 아니라 그대에게 유익을 주기 위해 열매를 자라게 합니다. 그대가 베푼 자비의 열매들은 다시 그대에게 모이게 될 것입니다. 선행의 보상은 반드시 그 선행을 행한 사람에게 돌아오기 때문입니다. 그대는 배고픈 사람에게 먹을 것을 주었다면, 그대의 자선은 몇 배로 증대되어 다시 그대에게 되돌아옵니다. 밭고랑에 뿌려진 씨앗들이 뿌린 자에게 이익으로 돌아오듯이, 굶주린 이들에게 건네준 빵도 나중에 그대에게 엄청난 소득으로 다시 돌아올 것입니다. 오직 저 높은 곳에 심기 위해서만 이 땅에서 수확하십시오. "묵은 땅을 갈아엎고 정의를 심어라. 사랑의 열매를 거두리라."(호세아 10:12) 무엇 때문에 근심합니까? 무엇 때문에 걱정하고, 무엇 때문에 그렇게 서둘러 그대의 보화를 흙과 벽으로 가두어둡니까? "명예는 많은 재산보다 소중하고 존경받는 것은 금은보다 낫"(잠언 22:1)습니다. 만약 그대가 돈이 가져다줄 명성 때문에 돈을 찬미한다면, 그대 자신

에게 이렇게 말하십시오. 그대의 금고 안에 수천수만의 금괴를 가지고 있어서가 아니라 수천수만의 자녀를 둔 아버지라고 불리기 때문에 더 큰 영예를 가지게 될 것이라고 말입니다. 어떤 일이 있어도 그대는 이 돈을 떠나야만 합니다. 하지만 그대의 행위를 통해 얻게 될 영광을 그대는 주님께 가져가게 될 것이고, 우주의 심판관이신 주님의 법정에 함께 둘러선 많은 사람들이 그대를 아버지, 구원자라 부를 것이고, 그대가 베푼 자비의 모든 행위를 증언할 것입니다.

극장에서 단지 군중이 박수치고 환호하는 한 순간의 영광을 위해, 검투사와 광대, 맹수와 맞붙어 싸우는 사람들, 그 끔찍한 광경을 좋다고 구경하며 돈을 뿌리는 사람을 그대는 보지 않습니까? 하물며 그토록 찬란한 영광이 걸려있는데도 인색하게 굴 것입니까? 하느님이 그대를 맞이하실 것이고, 천사는 그대를 칭송할 것이며, 세세대대 모든 사람들이 그대를 우러를 것입니다. 보십시오. 이 썩어 없어져 버릴 재물의 올바른 운용에 대한 보상으로 받게 될 상급이 무엇인지 말입니다. 그것은 영원한 영광, 정의의 화관, 하늘의 왕국입니다! 하지만 그대는 이 모든 것을 조소하고 있습니다. 그리고 현세의 것에 대한 그대의 집착은 그대로 하여금 이 모든 희망을 혐오하게 만들고 있습니다.

자, 어서 가서 자비롭게 그대의 재산을 나눠주십시오! 궁핍한 이들을 위한 지출을 통해 자유로워지고 고귀해지십시오. 그대에 대해 이렇게 말하게 만드십시오.

> "그는 너그러워 가난한 자들에게 나눠주니, 그 의로운 행실은 영원히 기억되고, 사람들이 그 영광스런 모습을 우러르리라." (시편 112:9)

가격을 높여 절망에 처한 이들을 착취하지 마십시오. 기근을 기다렸다가 그때 가서 곳간을 열어 이득을 챙기려 하지 마십시오.

"돈 받고 곡식을 파는 자를 백성들은 저주한다." (잠언 11:26)

돈을 벌 생각으로 가뭄을 기다리지 마십시오. 그대 개인의 이익을 챙길 양으로 대중의 궁핍을 바라지 마십시오. 장사 속셈으로 인간의 재앙을 이용하는 자가 되지 마십시오. 하느님의 진노를 그대의 재산을 늘려갈 호기로 삼지 마십시오. 채찍에 갈라터진 불행한 이들의 상처에 독을 퍼붓지 마십시오.

그대는 그대의 금괴를 흐뭇하게 쳐다보면서도, 형제들에게는 눈길 한번 주지 않습니다! 그대는 모든 종류의 금화를 알고 있고 그래서 가짜 금화와 진짜 금화를 잘도 구별하면서, 정말 필요한 것을 구하는 그대의 형제는 완전히 무시해 버립니다!

금화의 광채가 그대를 빛나게 하지만, 그대 뒤에서 불행한 이들이 터뜨리는 신음에는 도무지 관심도 없습니다. 어떻게 가난한 이의 좌절을 눈으로 보고만 있을 수 있습니까?

가난한 사람의 비탄

4. 불행한 사람은 온 집안을 뒤지지만, 금붙이는 하나도 없습니다. 그는 앞으로도 결코 가지지 못할 것임을 압니다. 가난한 사람들의 집이 다 그렇듯이, 그가 가진 가재도구와 옷은 다 해봐야 몇 푼어치도 되지 않습니다. 그러면 어떻게 합니까? 그는 어린 자식들을 돌아다봅니다.[17] 만약 그가 자식을 시장에 데려다 팔아넘긴다면, 아

---

17 빚쟁이들, 세금 징수자들, 그 밖의 착취자들이 요구하는 돈을 얻기 위해, 가난한 사람들은 자식을 노예로 팔아넘기곤 했다.

마도 죽음을 조금은 더 늦출 수 있을 것입니다. 생각해 보십시오. 배고픔이 아버지의 사랑을 어떤 비참한 싸움으로 넘겨버리는지 말입니다. 한쪽에선 그를 고통스러운 죽음으로 위협합니다. 다른 한쪽에선 자식들과 함께 죽는 편이 더 낫다고 그에게 간청합니다. 그는 이 모순된 두 감정 사이에서 오래도록 주저합니다. 하지만 결국 그는 이 무정하고도 잔인한 필연에 깨지고 굴복합니다.

하지만 난처한 일은 또 있습니다! "누구를 먼저 팔아야 할까? 밀 장수는 누구에게 더 값을 쳐줄까? 큰 아이를 넘겨줄까? 아니야. 장남의 권리를 존중해 줘야지. 그러면 작은 아이? 아니야. 작은 놈은 너무 불쌍해. 너무 어려서 자신의 불행을 이해할 수도 없을 거야. 이 아이는 나를 꼭 닮았어. 저 아이는 공부에 재주가 많아. 아, 어찌해야 한단 말인가! 어떻게 될까? 이 아이들 중 누구를 팔아야 한단 말인가? 내가 이토록 야만적인 짐승이 되어야 한단 말인가! 그렇지만 내가 어떻게 본성을 무시할 수 있단 말인가? 만약 아이들 모두를 기르기로 한다면, 분명코 모든 자식이 다 굶어죽고 말거야! 그렇다고 내가 한 아이를 희생시킨다면, 내가 어떻게 다른 아이를 마주 볼 수 있겠는가? 아이들은 분명 나를 사기꾼 보듯 하겠지. 또 어떻게 내가 이 지옥 같은 집에 계속 머물 수 있겠는가? 이 희생의 대가로 차려진 식탁에 내가 어떻게 앉을 수 있겠는가?" 홍수같이 눈물을 흘리며, 결국 그는 가장 사랑하는 자식을 팔기 위해 떠납니다.

잔인성과 광기

그의 고통을 그대는 느끼지 못합니다. 그대의 본성은 그 어떤 연민도 갖지 못합니다. 배고픔은 그 불행한 사람을 짓누르지만, 그대는 꾸물거리고 아무 것도 모르는 척 시치미를 떼고, 그래서 그의 비탄을 더 연장시킵니다. 그는 식량을 얻기 위해 그대에게 창자를 빼내줍니다. 그런데 어떻습니까? 그대의 손은 이 불행한 돈을 만지고도 얼어붙지 않습니까? 오히려 그대는 더 많은 돈을 받겠다고 악다구니합니까? 그대는 덜 주고 더 받겠다고 그와 말다툼을 벌입니다. 그의 불행을 더 증대시키는 이 모든 것이 그대에게는 너무나 다 좋은 일입니다! 그의 눈물은 그대를 조금도 움직이지 못합니다. 그의 한숨도 그대를 조금도 너그럽게 만들지 못합니다! 그 어떤 것도 그대를 움직이게 하지 못하고 연민을 갖게 하지 못합니다. 어디서나 그대는 오직 그대의 금만 쳐다보고, 어디서나 그것에만 골몰합니다. 꿈속에도 금이 보이고, 낮에도 금이 그대를 끈질기게 쫓아다닙니다. 미친 사람은 실제적인 세상을 보지 못하고 그들의 혼탁해진 머리가 만들어내는 환상을 봅니다. 마찬가지로 돈 생각의 포로가 된 그대의 영혼은 움직이지 않고, 모든 것을 금으로, 돈으로 봅니다. 그대는 아마도 태양보다도 금을 더 좋아할 것입니다. 그대는 아마도 모든 것이 금으로 바뀌길 바랄 것이고, 이 꿈이 이뤄지게 하려고 모든 노력을 다할 것입니다.

5. 금을 얻기 위해서라면 그대가 무엇인들 못하겠습니까? 그대에게는 빵도 금이요, 포도주도 금으로 굳어버리고, 비단도 금으로 변합니다. 모든 것이 장사요, 모든 생각이 그대에게 금을 만들어냅니다. 결국은 이자를 통해서 불려가며, 금이 금을 낳습니다. 그 탐욕에는 결코 만족이나 한계가 없습니다. 우리는 종종 탐식하는 젊은이에게 일부러 맘껏 배가 터지도록 먹게 내버려 둡니다. 그러면

결국에는 너무 많이 먹어 역겨움을 느끼게 됩니다. 하지만 탐욕은 이와 같지 않습니다. 포만감은 식욕을 더욱 자극합니다.

> "남을 억압하면서 잘되리라고 믿지 마라. 남의 것을 빼앗아 잘살려는 생각도 버려라. 재물이 쌓인다고 거기에 마음 쏟지 마라." (시편 62:10)

그런데도 그대는 흘러야 할 재물을 가두어 두고 빠져나가지 못하게 모든 틈을 메워버립니다. 그 안에 고여 버린 그 재물이 무엇을 하겠습니까? 재물은 그 둑을 허물어 버리고, 지극히 협소한 그 감옥에서 쏟아져 흘러버릴 것입니다. 그리하여 마치 침략자처럼 부자의 금고를 파괴해 버리고, 그 창고들을 폭파해 버릴 것입니다! 그러면 더 큰 창고를 만들 것입니까? 아마도 그는 자손에게 폐허만 물려주게 될 것입니다. 그의 탐욕스런 계획을 실현하고 그 창고를 다시 세우기도 전에 그는 쓰러지고 말 것입니다.

▌몰락, 죽음 그리고 심판

이 사람은 그 탐욕에 합당한 종말을 맞습니다. 하지만 그대들이 나를 믿기만 한다면, 그대들은 분명 창고의 모든 문을 활짝 열고 그대들의 부가 도처로 흘러가게 할 것입니다. 마치 강물이 수많은 수로들을 통해서 기름진 땅으로 이어지듯이, 수많은 길을 통해 그대들의 부를 흩어버리고, 가난한 이들의 집에까지 흘러가게 하십시오. 그대들이 퍼낸 우물은 더욱 풍성한 물로 차오릅니다. 만약 그대들이 그것을 게을리 한다면, 이 물은 그냥 괴어서 썩어버립니다. 그대들의 부를 잠자게 내버려 두십시오. 그러면 아무데도 쓸모없게 될 것입니다. 그것을 흘러가게 하고 순환하게 하십시오. 그러면 더욱 풍요해지고 모든 사람에게 유익을 줄 것입니다. 은혜를 입은 사람들의 칭송, 그것을 멸시하지 마십시오! 거룩하신 심판관께서 그대들을 위해 준비해 놓으신 삯을 더 이상 의심하지 마십시오! 소유하고 있는 재물을 지키면서도, 늘 미래를 걱정하고, 내일도 내가 살아있을지 알지 못해 초저녁부터 내일의 죄까지 앞서서 저지르고 마는 심판받은 부자의 예를 늘 기억하십시오.

간청하는 사람이 나타나기도 전에 그는 이미 잔인함을 노골적으로 드러냅니다. 아직 수확도 하지 않았는데, 그의 탐욕은 벌써 그를 심판합니다. 땅은 아낌없이 줍니다. 들판에는 오곡백과가 널렸습니다. 가지마다 풍성한 과일이 주렁주렁 달리고, 올리브 나무는 가지가 휘도록 열매를 달고 있습니다. 풍성한 열매를 품고 있는 땅은 찬란한 수확을 예고합니다. 하지만 그는 자비롭지도 후하지도 않았습니다. 그는 아직 소유하지도 않았는데, 벌써 가난한 사람들의 것을 빼앗을 생각만 합니다.

하지만 어떤 위험이 수확하기 전의 경작을 위협합니다. 우박이 농작물을 쑥밭으로 만들고, 천둥 번개는 우리가 농작물을 돌볼 수 없게 하고, 구름은 폭우로 농사를 망쳐놓습니다. 그대는 주님께 은총을 내려달라고 간청합니까? 하지만 그대의 조급함, 그대의 탐욕은 이 모든 기도가 이루어지는 것을 볼 자격이 없습니다.

6. 그대는 아무도 모르게 말하겠지만, 그대의 모든 말은 하늘에서 심판받습니다. 그런 까닭에 저 높은 곳에서 대답이 옵니다. 그대는 무슨 말을 합니까? "영혼아, 많은 재산을 쌓아두었으니 너는 이제 몇 년 동안 걱정할 것 없다. 그러니 실컷 쉬고 먹고 마시며 즐겨

라." 이 얼마나 미친 짓입니까! 만약 그대가 돼지의 영혼을 가지고 있다면 그 영혼에 무슨 복된 소식을 전해 주겠습니까? 그대는 너무 게걸스럽고 영혼의 복에 대해 너무도 무지해서 육적인 음식으로, 변소나 채울 것으로 그 영혼을 채웁니다. 그대가 그대의 영혼에 제공하는 것이 바로 이런 것입니다. 만약 그대 영혼이 선함을 간지하고 있고, 사랑으로 충만하며, 하느님과의 친밀함 속에서 살아간다면, 그 영혼은 수많은 복을 누립니다. 그 영혼은 참으로 아름다운 영의 기쁨을 누리며 삽니다. 하지만 그대의 생각들은 철두철미하게 세속적이고, 하느님 대신 그대의 배를 숭상하며, 그대의 존재 전체가 정념의 노예가 된 하나의 육체일 뿐이기에 그대에게 합당한 판결을 들어보십시오. 그대에게 말하시는 분은 그저 어떤 사람이 아니라 주님이십니다.

> "이 어리석은 자야, 바로 오늘 밤 네 영혼이 너에게서 떠나가리라. 그러니 네가 쌓아둔 것은 누구의 차지가 되겠느냐?" (루가 12:20)

그대의 어리석음에서 비롯된 이 혼돈은 영원한 형벌보다 더욱 끔찍합니다. 어쩔 수 없이 저 세상으로 끌려가게 될 그 사람은 어떤 궁리를 하고 있습니까? "내 창고를 헐고 더 큰 것을 지어 거기에다 내 모든 곡식과 재산을 넣어두어야지." 나는 그에게 이렇게 말하겠습니다. "옳습니다. 불의의 곳간은 헐려야 마땅합니다. 그대의 손으로 사악한 행위를 소멸하십시오. 그 누구의 고통도 줄여주지 못한 그대의 유산을 다 파괴해 버리십시오. 불의의 성벽인 그대의 모든 집을 소멸시켜 버리고, 지붕을 걷어내 버리고, 벽을 허물어 버리고,

곰팡이가 슨 곡식을 햇볕에 말리고, 갇혀있는 그대의 부를 해방시키고, 맘몬의 어두운 피난처를 사람들의 조롱거리로 만들어 버리십시오."

"내 창고를 헐고 더 큰 것을 지어 거기에다 내 모든 곡식과 재산을 넣어두어야지." 하지만 그대가 새 창고를 다시 채운다면, 금방 그대는 또 무엇을 결정하게 되겠습니까? 그것을 다시 헐고 또 새로운 창고를 지을 생각입니까? 금방 새로 짓고 또 금방 허물어 버리는, 이 무한반복의 일처럼 어리석은 것이 또 어디 있겠습니까? 원한다면, 그대의 창고를 가난한 이들의 집으로 내어 주십시오.

"그러므로 재물을 하늘에 쌓아두어라. 거기서는 좀먹거나 녹슬어 못쓰게 되는 일도 없고 도둑이 뚫고 들어와 훔쳐가지도 못한다."(마태오 6:20)

"좋소. 나의 새 창고를 가득 채우고 나면 가난한 이들과 함께 나누겠소." 그대는 스스로 더 오랜 삶을 보장할 수 있기라도 하단 말입니까! 언제 갑자기 종말을 맞게 될지 모르니 조심하십시오. 그대의 맹세는 그대의 사랑이 아니라 그대의 이기심을 입증할 뿐입니다. 그대는 곧바로 주겠다고 약속하는 것이 아니라, 오늘 이 의무를 피해 보겠다고 말하는 것일 뿐입니다. 무엇이 그대로 하여금 지금 당장 나누어 갖지 못하게 하는 것입니까? 가난한 자들이 거기 있지 않습니까? 창고가 아직 가득 차지 않았습니까? 그 보상이 아직도 불확실하다고 믿습니까? 계명이 모호하기라도 하단 말입니까?

굶주린 사람은 더욱 쇠약해져 갑니다. 헐벗은 사람은 덜덜 떨고 있습니다. 빚에 허덕이는 사람은 스스로 목숨을 끊습니다. 그런데도 그대는 내일 자선하겠다는 것입니까? 솔로몬의 충고를 들으십시오.

> "있으면서도 '내일 줄 테니 다시 오게.' 하며 이웃을 돌려보
> 내지 마라." (잠언 3:28)

그대는 내일이 보장되어 있는지 알지 못하기 때문입니다. 탐욕으로 귀를 막은 그대가 도대체 어떤 계명을 멸시하고 있는지 아십니까! 그대에게 선을 베푸신 분께 그대가 어떤 방식으로 감사하고 있는 줄 아십니까! 그분께서 그대에게 주신 영예를 누리고 기뻐해야 하는 진정한 이유는, 그대는 다른 사람의 문을 두드리지 않아도 되는 반면, 그대의 거처로 수많은 사람들이 몰려오게 되었기 때문입니다.

그런데 그대는 근심에 젖어 무뚝뚝하기만 합니다. 돈 한 푼이라도 주게 될까봐 그들을 만나는 것을 기피합니다. 그대의 입술에는 단 한 마디 말 밖에는 없습니다. "나는 아무 것도 가진 것이 없소. 나는 가난하오. 나는 아무것도 줄 수 없소." 가난하다 했습니까! 그렇습니다. 그대는 정말 가난합니다. 어떤 선도 가지고 있지 않기 때문입니다. 그대는 인간성이 바닥입니다. 믿음도 바닥입니다. 영원한 희망도 없는 가난뱅이입니다.

그대의 수확을 형제들과 나누십시오. 내일이면 썩어버릴 그대의 곡식을 나누십시오. 간악한 탐욕은, 궁핍한 이들에게 나눠주느니 차라리 다 곰팡이가 슬게 내버려 둘 뿐입니다!

부자는 도둑입니다

탐욕스러운 사람은 말합니다. "내 것을 지킨 것뿐인데, 내가 누구에게 해를 주었단 말입니까?" 하지만 내게 말해보십시오. 그대에게 속한 것은 무엇입니까? 그대는 어디서 그것을 얻었습니까? 그대

는 이런 사람에 비유할 수 있습니다. 극장에서 자리를 독차지하고 다른 사람들은 들어가지 못하게 막으면서 모든 사람이 즐길 권리가 있는 볼거리를 혼자 즐기겠다고 하는 사람 말입니다. 부자들이 바로 그와 같습니다. 그들은 공동의 부를 독점하고, 스스로 주인이라 선언합니다. 그들이 제일 먼저 그것들을 차지했기 때문이라는 것입니다. 만약 모든 사람이 각자에게 반드시 필요한 것만을 가지고 있게 된다면, 그리고 잉여의 것은 가난한 이들을 위해 남겨둔다면, 부와 가난은 동시에 없어지고 말 것입니다. 그대는 어머니의 배에서 벌거벗고 나오지 않았습니까? 그대는 벌거벗은 채로 다시 땅으로 돌아가지 않습니까? 현재의 이 재물, 그것은 어디서 그대에게로 온 것입니까? 만약 그대가 이 질문에 대해 "우연히"라고 답한다면, 그대는 도무지 신앙심이라고는 없는 사람입니다. 왜냐하면 그대는 그대의 창조주를 인정하지 않을 뿐만 아니라 그대에게 모든 것을 베풀어주신 분께 배은망덕으로 답하고 있기 때문입니다. 만약 그것이 하느님의 선물이라고 답한다면, 그대 혼자 이토록 부유하게 사는 이유를 우리에게 설명해 보십시오. 그대는 삶에 필요한 재물을 불공평하게 나눠주시는 하느님이 '불의'하다고 책임을 돌리렵니까? 왜 그대는 부유한 반면 저 사람들은 가난한 것입니까? 그것은 오직 그대의 선함과 불편부당한 운용이 그 보상을 받게 하려는 것 아닙니까? 그리고 가난한 사람은 그 인내에 약속된 고귀한 상급을 받게 하려는 것 아닙니까?

   결코 만족을 모르는 탐욕으로 모든 재물을 감싸버리는 그대여, 그대는 그토록 많은 불행한 이들을 착취하고도 아무도 박대하지 않았다고 자평하는 것입니까? 탐욕이 무엇입니까? 꼭 필요한 것만으로 만족하지 못하는 것입니다. 도둑이 무엇입니까? 각자에게 허락된 남의 재물을 가져가는 사람 아닙니까? 그대가 탐욕스럽지 않다는 말입니까? 그대가 도둑이 아니란 말입니까? 그대에게 관리하도록 맡겨진 재물을, 그대는 독차지하고 놓지 않습니다. 어떤 사람에게서 의복을 강탈하는 사람은 강도라고 불립니다. 충분히 할 수 있는데도 헐벗은 거지를 입혀주지 않는 사람을 그것 말고 어떤 칭호로 불려야 하겠습니까?

그대가 쥐고 있는 빵은 굶주린 이들에게 속하는 것입니다. 그대의 옷장에 켜켜이 쌓여있는 두루마기는 헐벗은 이들에게 속하는 것입니다. 그대의 집에서 삭고 있는 신발은 맨발로 다니는 이들의 것입니다. 그대가 땅에 묻어둔 돈은 비참에 처한 이들의 것입니다. 이렇게 그대는 충분히 도와줄 수 있는 수많은 사람들을 억압하고 있는 것입니다.

8. 그대는 말할 것입니다. "오 정말 아름다운 설교입니다. 하지만 금은 그보다 더 아름답습니다."라고 말입니다. 이것은 마치 방탕한 자들과 절제에 대해 토론하는 것 같습니다. 그들의 정부(情婦)에게 치욕을 줘보십시오. 그들은 아마도 더 애틋해져서 더 뜨겁게 좋아할 것입니다. 내가 그대의 눈에 가난한 이들의 고통을 어떻게 보여주면 되겠습니까? 어떻게 해야 그대는 어떤 한숨과 탄식 위에 그대의 보화를 쌓아놓았는지 알아차리겠습니까? 아, 마지막 심판의 날에 있을 이 말씀이야말로 그대에게 가장 소중할 것 같습니다.

"그 때에 그 임금은 자기 오른편에 있는 사람들에게 이렇게
말할 것이다. '너희는 내 아버지의 복을 받은 사람들이니

와서 세상 창조 때부터 너희를 위하여 준비한 이 나라를 차지하여라. 너희는 내가 굶주렸을 때에 먹을 것을 주었고 목말랐을 때에 마실 것을 주었으며 나그네 되었을 때에 따뜻하게 맞이하였다. 또 헐벗었을 때에 입을 것을 주었으며 병들었을 때에 돌보아 주었고 감옥에 갇혔을 때에 찾아주었다.'"(마태오 25:34~36)

두려워 떠십시오. 식은땀과 어둠이 이 심판의 소식에 그대를 엄습하고 말 것입니다.

"그리고 왼편에 있는 사람들에게는 이렇게 말할 것이다. '이 저주받은 자들아, 나에게서 떠나 악마와 그의 졸도들을 가두려고 준비한 영원한 불 속에 들어가라. 너희는 내가 주렸을 때에 먹을 것을 주지 않았고, 목말랐을 때에 마실 것을 주지 않았으며 나그네 되었을 때에 따뜻하게 맞이하지 않았고, 헐벗었을 때에 입을 것을 주지 않았으며, 또 병들었을 때나 감옥에 갇혔을 때에 돌보아 주지 않았다.'"(마태오 25:41~43)

여기서는 그대의 탐욕만이 아니라, 나눔의 거부도 단죄됩니다.

나는 참으로 그대에게 이익이 된다고 여겨지는 것들을 말했습니다. 만약 내 말을 듣는다면, 분명 그대에게는 복이 약속되어 있습니다. 그렇지 않다면 그것은 하나의 경고입니다. 그 경고가 그대에게 현실이 되지 않기를 바랍니다. 그러므로 더 좋은 편을 결심하십시오. 그렇게 하면 그대의 부는 구원을 가져다주는 상급이 될 것이고, 그대를 이미 준비된 하늘의 복으로 인도할 것입니다.

우리 모두를 그 왕국으로 부르시고 세세토록 영광과 권세를 누리시는 분의 은총을 빕니다. 아멘.

부자는 하늘나라에 들어가기 어렵다[18]
: 젊은 부자 청년의 이야기

한번은 어떤 사람이 예수께 와서 "선생님, 제가 무슨 선한 일을 해야 영원한 생명을 얻겠습니까?"하고 물었다. 예수께서는 "왜 너는 나에게 와서 선한 일에 대하여 묻느냐? 참으로 선하신 분은 오직 한 분뿐이시다. 네가 생명의 나라로 들어가려거든 계명을 지켜라."하고 대답하셨다. 그 젊은이가 "어느 계명입니까?"하고 묻자 예수께서는 "'살인하지 마라. 간음하지 마라. 도둑질하지 마라. 거짓 증언하지 마라. 부모를 공경하여라. 그리고 네 이웃을 네 몸같이 사랑하여라.'하는 계명이다."하고 대답하셨다. 그 젊은이가 "저는 그 모든 것을 다 지켰습니다. 그런데 아직도 무엇을 더 해야 되겠습니까?"하고 다시 묻자 예수께서는 "네가 완전한 사람이 되려거든 가서 너의 재산을 다 팔아 가

---

18 Ομιλία προς τους πλουτούντας, PG, 31, 『설교와 강론들』, 설교 7, 278~304.

난한 사람들에게 나누어주어라. 그러면 하늘에서 보화를 얻게 될 것이다. 그러니 내가 시키는 대로 하고 나서 나를 따라오너라." 하셨다. 그러나 그 젊은이는 재산이 많았기 때문에 이 말씀을 듣고 풀이 죽어 떠나갔다. 예수께서는 제자들에게 이렇게 말씀하셨다. "나는 분명히 말한다. 부자는 하늘 나라에 들어가기가 어렵다. 거듭 말하지만 부자가 하느님 나라에 들어가는 것보다는 낙타가 바늘귀로 빠져 나가는 것이 더 쉬울 것이다." 제자들이 이 말씀을 듣고 깜짝 놀라서 "그러면 구원받을 사람이 어디 있겠습니까?" 하고 물었다. 예수께서는 그들을 똑바로 보시며 "그것은 사람의 힘으로 할 수 없는 일이다. 그러나 하느님께서는 무슨 일이든 하실 수 있다."하고 말씀하셨다.

(마태오 19:16~26)

1. 지난 번 우리는 이 젊은 사람에 대해 이야기 했습니다. 주의 깊게 들은 사람이라면 적어도 우리가 끌어낸 결론을 기억할 것입니다. 먼저 그는 성 루가가 말한 율법학자와는 달랐습니다. 사실 이 사람은 시험하려 했을 뿐이고 그래서 가식적으로 솔직한 척 질문했습니다. 하지만 젊은 부자는 진지하게 질문했습니다. 그러나 그도 결국 결단의 준비가 되어 있지 않았습니다. 만약 그가 조롱의 빌미를 잡기 위해 질문했던 것이라면 예수님의 말씀을 듣고 풀이 죽어 돌아서지는 않았을 것입니다. 또한 그의 상태는 혼돈스러워 보입니다. 성경은 그가 어떤 점에서는 칭송을 받고 있지만 또한 심히 불행하고 절망에 빠져 있는 사람임을 보여줍니다. 참된 선생을 알아 보는 것은 바리사이파 사람의 교만과 율법학자의 거드름과 서기관의 성마름에 영향 받지 않는 것이고, 이 칭호를 우리의 찬양 받으시

기에 합당하신 유일하시고 참으로 선하신 주님께 바치는 것입니다. 물론 영원한 생명을 얻고자 진지하게 고민하는 것 또한 나쁘지 않습니다.

부는 이기심의 가면을 벗깁니다

하지만 이어지는 이야기는 그가 온 존재를 다하여 참된 복을 바라보지 않았다는 것, 오히려 많은 사람들에게 자신을 드러내는 것에 관심을 두고 있었다는 것을 보여 줍니다. 그는 참된 주님에게서 구원에 관한 가르침을 받았지만, 그것을 마음속에 새기지 않았고, 그 가르침을 존중하지도 않았습니다. 그는 부에 대한 욕망에 눈이 멀어 좌절하며 돌아갔습니다. 이 점이 그를 혼란스럽게 하고 그의 성격의 결점과 내적 모순을 고발합니다. 그대는 "선생님!"이라고 말하지만, 정작 제자로서 행동하고 있습니까? 그대는 그분의 선하심을 인정하지만 정작 그분의 선물은 달가워합니까? 선하신 분은 분명 복을 주십니다. 그대는 영원한 생명에 관해 그분께 질문하지만 정작 이생의 삶의 쾌락에 대한 그대의 절대적 의존을 포기합니까? 주님께서 그대에게 "너의 재산을 다 팔아 가난한 사람들에게 나누어주어라."(마태오 19:21) 라고 말씀하신 것이 그렇게도 심하고 힘겹고 지나치다는 것입니까? 만약 그분이 그대에게 땅에서 고된 노동을 하라고 했다면, 또 힘겨운 장사를 하라 했다면, 혹은 큰 고생을 통해서 그대의 생계를 이어가라 했다면, 그대가 실망하고 이 충고에 반발하는 것도 이해할만 할 것입니다. 하지만 그대 앞에 그토록 편한 길, 고생하며 땀을 흘리지 않아도 영원한 생명이 유산으로 약속된 그런 길을 열어주셨는데도, 그대는 그토록 쉬운 구원에 기뻐하는 대신, 그동안 그대가 쏟아 부은 모든 노고를 헛수고로 만들어 버리며, 슬퍼하고 풀이 죽어 떠나갑니다. 자랑하듯이 비록 그대가 지금까지 살인도 간음도 도둑질도 거짓 증언도 하지 않았을지라도 그대는 그대에게 하늘 왕국의 문을 열어주는 단 하나 유일한 행동으로 그 모든 것에 화관을 씌워주길 원하지 않음으로써, 그대는 이 모든 아름다운 열정을 공허하게 만들어버리기 때문입니다.

날 때부터 혹은 질병으로 인해 잘려나간 어떤 신체 부위를 고쳐주려는 의사가 있다면, 그는 그대에게 용기를 주지 않겠습니까? 그런데 우리 영혼의 위대한 의사께서 그대를 완전하게 해주시길 원하는데, 본질적인 것이 결여된 그대는 그분의 은총을 거절하고 울고불고 화를 내는 것입니까!

나는 잘 알고 있습니다. 그대는 계명에서 아주 멀리 떨어져 있습니다. 이웃을 내 몸처럼 사랑하고 있다고 자신만만하게 선언하고 확신했지만 사실 그대는 거짓말을 했던 것입니다. 결국 우리 주님의 지시는 그대가 참된 사랑에서 얼마나 멀리 떨어져 있었는지를 고발하는 것이었기 때문입니다. 그대의 자화자찬이 확실히 근거 있는 것이었고, 그대가 어려서부터 그대의 것 만큼을 모든 사람에게 돌려줌으로써 사랑의 계명을 준수해왔다면, 이 막대한 부가 어디에서 올 수 있었겠습니까? 빈궁한 이들을 돌보는 일은 재산을 줄어들게 합니다. 각자는 그 필요에 따라 적은 것을 받겠지만, 모두는 그 부를 자신을 위해 사용함과 동시에 다 나누어 줄 것이기 때문입니다. 이렇듯 이웃을 내 몸처럼 사랑하는 사람은 꼭 필요한 것 이상의 것을 결코 소유하지 않습니다. 그런데 그대는 분명 엄청난 자산을 소유하고 있습니다. 그것의 원천은 무엇입니까? 그것은 분명합니다. 그대는 수많은 사람의 좀 더 나은 삶보다는 그대 개인의 특별한 기쁨을 선호합니다. 그대의 막대한 재산은 그대의 사랑에 반대되는 증거입니다. 만약 그대가 이웃을 진정 사랑했다면, 그대의 재산을 나눠줄 수많은 시간과 기회가 있었을 것입니다. 하지만 그대의 재산은 그대의 봄보다 더 소중한 것이었습니다. 그 재산을 조금이라도 잃는 것은 신체의 일부가 잘려나가는 것보다 더 큰 고통이었을 것입니다. 만약 그대가 벌거벗은 사람을 입혀주었다면, 굶주린 사람에게 빵을 내밀었다면, 낯선 사람에게 문을 열어 환대했다면, 만약 그대가 고아들의 아버지가 되었다면, 만약 이 모든 비참이 그대에게 연민을 자아낼 수 있었다면, 오늘 그대는 그 어떤 재물 때문에 그토록 슬피 울겠습니까? 만약 그대가 오래 전부터 가난한 이들에게 재물을 나누어주는 데 열심이었다면 그대에게 남아있는 것을 양보하고 포기한다한들 그것이 뭐 그리 고통스러운 일이겠습니까?

시장에서는 자기에게 없는 것을 얻기 위해 자기가 가진 것을 내놓는 것을 조금도 기분 나빠하지 않습니다. 가치 있는 물건을 더 싼 값에 살수록 그 행운에 더 기뻐합니다. 그런데 그대는 돌과 흙에 불과한 그대의 금과 은과 들판을 주고, 대신 영원한 생명을 얻게 될 것인데도, 오만상을 찌푸립니다.

▎부는 무엇을 위한 것입니까?

2. 그대는 무엇 때문에 부를 가져야 합니까? 무엇 때문에 더 화려하게 입으려 합니까? 하지만 단 석 자 짜리 옷이면 충분합니다. 한 벌 옷으로도 그대의 옷장 이상으로 훌륭합니다. 더 좋은 음식을

먹으려 합니까? 빵 한 조각이면 그대의 배를 부르게 합니다. 그대가 슬퍼하는 것은 무엇 때문입니까? 무엇 때문에 그렇게 좌절감을 느끼는 것입니까? 부로 인해 우러러보는 공경 때문입니까? 하지만 만약 그대가 세속적 영예를 추구하지 않는다면, 그대를 하늘 왕국으로 인도할 참되고 빛나는 영광을 발견할 것입니다. 하지만 아무런 유익도 없는 것임에도 불구하고, 그대에겐 부를 소유하는 그것만이 기쁨입니다. 쓸모없는 것에 대한 그대의 예배 자체가 바로 헛된 것임을 우리 모두가 느끼고 있습니다. 하지만 그대는 내가 말하는 것이 모두 낯설게만, 이상한 소리로만 들릴 것입니다. 그러나 그것은 순전한 진리입니다. 그러니 주님께서 명하신 것처럼 그대의 재산을 다 나눠주십시오. 그러면 그것을 지킬 수 있을 것입니다. 재산을 붙잡으려고 애써보십시오. 어느새 다른 사람의 손으로 흘러가고 말 것입니다. 설사 그대가 그것을 지킨다 해도, 그것을 가지지는 못할 것입니다. 만약 그대가 그것을 뿌려버린다면, 결코 그것을 잃지 않을 것입니다.

> "그는 너그러워 가난한 자들에게 나눠주니, 그 의로운 행실은 영원히 기억되고, 사람들이 그 영광스런 모습을 우러르리라." (시편 112:9)

사람들이 그토록 열정적으로 돈에 집착하는 것은 먹고 입기 위해서가 아닙니다. 사악하고 교활한 사탄은 부자들에게 돈이 필요한 수만 가지의 경우가 있다고 속삭이면서, 그들로 하여금 그것이 반드시 필요한 것이라고 생각하게 하여 필요 이상의 것, 불필요한 것까지도 탐하게 만듭니다! 그 어떤 것도 그들의 황당무계한 소비를 만족시켜주지 못합니다.

  그들은 재산을 두 부분으로 나눕니다. 오늘과 내일의 것으로 말입니다. 그들은 절반은 자기가 갖고, 나머지는 자식들에게 남겨줍니다. 그들의 몫은 수많은 소비로 날려버립니다. 그들의 소비 행태에 대해 들어보십시오. 그들은 이렇게 말합니다. "절반은 몰래 숨겨 두고, 절반은 맡겨두자. 내 삶의 윤택함을 위해 사용될 부분은 필수적인 것 이상으로 책정해야지. 이 정도의 돈이면 내 집에서 대단히 호화로운 생활을 하고, 밖으로는 내가 꿈꾼 화려한 삶을 보여줄 수 있겠지. 저 돈은 내가 그토록 갈망했던 멋진 여행을 위한 것이야. 이 돈은 모두가 부러워할 사치스러운 집안 살림을 위한 것이지." 무익한 그들의 상상이 감탄스러울 지경입니다! 짐과 사람을 실어나르는 청동과 은으로 뒤덮인 수천의 마차. 사람의 족보처럼, 특별히 귀한 족보를 가진 수많은 순종 말들. 어떤 말은 주인을 모시고 도시를 활보하기 위해, 어떤 말은 사냥을 위해, 또 다른 말은 먼 길을 갈 때 타고 가기 위해 있습니다. 재갈, 마구, 목끈 모두가 은이고 그 위에 금장식이 입혀져 있습니다. 말은 마치 신부처럼 화려한 옷을 덮고 있습니다. 수많은 노새는 색깔별로 구분되어 있고, 앞뒤로는 마부의 행렬이 뒤따릅니다. 그 모든 화려함을 유지하기 위해 수많은 노예를 거느리고 있으니, 집사, 회계, 농부 등 그들의 편리와 욕망을 위해 기본적인 직종뿐만 아니라 새로 고안된 수많은 직종을 담당하고 있습니다. 요리사, 제빵사, 술 따르는 사람, 사냥꾼, 조각가, 화가, 수많은 쾌락을 위한 각종 장인들, 또 수많은 낙타가 있어 일부는 짐을 나르고, 나머지는 한가롭게 들판에서 풀을 뜯습니다. 말과 소와 양과 돼지가 있고, 그것들을 돌보는 목동이 있습니다. 이 모든 짐승을 먹이고 또 그들의 소득을 증대시켜줄 충분한 토지가 있습니다. 도시에도, 시골에도 전용 목욕탕이 있습니다. 저택은 온갖 종류의 대리석으로 빛나는데, 어떤 것은 프리기아에서 온 돌이고, 어떤 것은 라꼬니아나 떼살리에서 가져 온 대리석입니다. 어떤 것은 겨울을 훈훈하게 해주고, 어떤 것은 여름을 시원하게 만들어줍니다. 꽃모양의 모자이크로 포장된 길들. 금을 두른 내벽 천장. 대리석으로 되어 있지 않은 모든 벽들은 화려하게 채색된 벽화로 가득 차 있습니다.

3. 이런 것을 위해 쓰고도 남는 돈이 있으면, 그것은 땅에 안전하게 묻어 보관합니다. "아무도 내일을 알 수 없지. 내일 갑자기 돈이 필요한 어떤 일이 생길지도 모르지 않나?" 하고 생각하면서 말입니다. 사실 이렇게 묻어둔 금화가 필요한 날을 맞게 될지 그렇지 않을지 아무도 모릅니다. 하지만 어떤 형벌이 그대의 이기심을 기다리고 있는지, 우리는 분명히 알고 있습니다. 수많은 소비와 낭비에도 불구하고 부를 다 소비하지 못했을 때, 그대는 그것을 땅에 묻어 놓았습니다. 이 얼마나 끔찍한 어리석음입니까! 금이 땅에 묻혀 있을 때는, 그것을 캐냅니다. 그것을 캐내는 날, 다시 그것을 묻어 버리기 위해서 말입니다! 그렇게 그대의 부를 땅에 묻어버림으로써, 그대는 동시에 그대의 마음을 묻어버린다고 나는 분명히 믿습니다. "너희의 재물이 있는 곳에 너희의 마음도 있다."(마태오 6:21)고 말씀하신 것처럼 말입니다.

보십시오. 주님의 계명이 그대에게 왜 그렇게 가혹하게 느껴진 것인지 말입니다. 비록 그대는 이렇게 어리석은 낭비로 삶을 보내진 않았을지 모르지만, 결국 죽을 운명을 피할 수 없습니다. 이 젊은 부자는 나로 하여금 다음과 같은 여행자의 경우를 생각하게 합니다. 도시를 방문해 보고 싶다는 열망을 가졌던 한 여행자가 성벽 코앞까지 왔습니다. 그곳에서 여관을 발견하고, 숙박합니다. 하지만 그 앞에 남아있는 마지막 걸음에 절망하여 그 이전의 모든 노고의 가치를 다 잃어버리고 도성의 아름다움은 구경조차 못하게 됩니다. 계명을 지켰지만 재산을 잃으리라는 생각에 반발하고 마는 사람이 바로 그와 같은 경우입니다. 나는 금식하고 기도하고 참회하고 경건의 삶을 실천하지만, 가난한 사람에게는 한 푼도 베풀지 않는 많은 사람을 압니다. 그렇다면 그 모든 덕들이 그들에게 무슨 소용이 있겠습니까? 그들은 하늘나라에 들어가지 못할 것입니다. "부자가 하느님 나라에 들어가는 것보다 낙타가 바늘귀를 빠져 나가는 것이 더 쉬울 것이다."(루가 18:25)라고 하셨기 때문입니다. 이는 명백한 말씀입니다. 이 말씀을 하신 분은 결코 거짓을 말하지 않으십니다. 하지만 이 말씀에 감동하는 사람들은 너무 드뭅니다. 그들은 항변합니다. "이렇게 모든 것을 포기하면 어떻게 살 수 있단 말입니까? 모든 것을 다 팔아버리고, 남은 재산이 하나도 없게 된다면, 우리는 과연 어떤 삶을 살게 되겠습니까?" 하느님의 계명 배후에 숨겨져 있는 그 심오한 계획을 내게 묻지 마십시오. 우리 율법을 세우셨던 분은 불가능한 것을 그 율법과 조화시키는 방법을 또한 알고 계십니다.

어쨌든 그대의 마음은 저울 위에 놓입니다. 그리고 그대는 그것이 참된 생명 혹은 내적인 기쁨으로 기우는지 아닌지 압니다. 향락을 위해서가 아니라 관리자로서 부를 사용해야 합니다. 건전한 정신을 가진 사람이라면 이를 납득할 것이고, 부를 포기하고 다른 사람에게 재물을 돌려줄 때, 자신의 재산을 잃어버리는 것처럼 슬퍼하기보다는 평정을 누릴 것입니다. 그런데 왜 근심합니까? "네가 가진 것을 다 팔아 나눠주어라."라는 말씀을 듣고 왜 죽음이라도 당하는 듯 슬퍼합니까? 그 재물이 영원토록 그대를 따라다닐 줄 아십니까? 만약 그렇다 해도 그럴 이유가 하나도 없습니다. 왜냐하면 그 재물은 하늘의 아름다움에 의해 다 빛을 잃어 버릴 것이기 때문입니다. 그 재물을 이 땅에 남겨둘 수밖에 없다면, 왜 그것을 팔아서 그 값을 하늘로 가져가지 않는 것입니까? 돈으로 말을 한 마리 살 때 그대는 아무런 고통도 느끼지 않습니다. 그런데 썩어 없어질 재물과 하늘 왕국을 교환한다는 생각 앞에서는, 돈 들어갈 수많은 핑계를 억지로 둘러대면서, 눈물을 흘리고 지불을 거부하고 거래를 회피합니다.

▎죽음을 가져오는 무감각

4. 높은 성벽을 두르고서 사람들에게는 입을 것을 주지 않는 그대, 말은 화려하게 단장시키면서 그대의 궁핍한 형제는 멸시하는 그대, 가난한 사람들에게 나눠주기보다는 차라리 곡식을 썩혀버리는 것을 선택하는 그대가, 수많은 금화를 땅에 묻어두고는 목 졸라 죽는 빚진 자들을 조롱하는 그대가 심판관께 과연 무엇이라 답변할 것입니까?

그대의 부인이 또한 돈을 사랑한다면, 악은 두 배가 됩니다. 그녀는 사치에 맛들이고, 관능적 쾌락을 좇아 방탕하게 살며, 보석과 진주와 에메랄드와 히아신스와 금으로 가공하여 새긴 옷을 입고 다님으로써 어리석고도 기괴한 사치에 광적으로 매달립니다. 이 모든 요란함을 통해 그대의 악을 깊이 새겨 놓습니다. 그녀는 결코 지나가는 변덕으로 그렇게 하는 것이 아니라, 밤낮 그 생각으로 가득 차 있습니다.

  수많은 아첨꾼이 그녀의 가장 사소한 욕망까지도 알아내고 염색장이, 금은세공장이, 향수장이, 직조장이, 자수장이 등을 대동하고 그녀의 집을 줄지어 찾습니다. 남편에게 조금도 쉴 틈을 주지 않고 끊임없는 요구로 괴롭힙니다. 아무리 많은 재산도 부인의 욕망을 만족시킬 수 없을 만큼 욕망은 마치 강물처럼 끊임없이 생성됩니다. 마치 시장에 기름을 사러가듯이 매우 희귀하고 이국적인 향수를 일상적으로 갖고 싶어 하고, 고급 자주 빛 조개 장식, 양모보다 훨씬 더 많은 삿갓조개 장식을 원합니다. 그들의 머리띠와 목걸이는 귀한 다이아몬드를 박아 넣은 금장식으로 되어있습니다. 허리띠에도, 또 손과 발에도 금으로 된 장식물이 주렁주렁 달려 빛을 냅니다. 이와 같은 금에 대한 사랑과 집착은 금으로 된 팔찌를 겹겹이 걸침으로써 완성됩니다.

  아내의 변덕스런 욕망을 섬기고 충족시키기에 여념이 없는 남편이 언제 자기 영혼에 대해 생각해 보겠습니까? 천둥 번개 폭풍우가 헐어빠진 배를 집어삼키듯, 여인의 사악한 풍습은 그들 남편의 무기력한 영혼을 익사시킵니다. 끊임없이 광기어린 욕망을 만들기 바쁜 이런 부부 등에 의해 부가 낭비됨으로써 다른 사람들에게 봉사할 가능성을 찾지 못하게 됩니다. 영원한 행복을 위해 예비하려면, "네가 가진 모든 것을 팔아서 가난한 사람들에게 나눠주어라."라는 말을 들었지만 그대는 슬픔으로 가득 차서 떠나갑니다. 하지만 "겉

멋을 위해, 석공에게, 목공에게, 모자이크 장인에게, 화가에게 돈을 주어라"라는 말을 들을 때는, 아주 훌륭한 거래를 성사시킨 것처럼 즐거워합니다. 도시 이곳저곳에 마치 암초처럼 널려있는 폐허가 보여주듯 곧 허물어지고 말 이 낡은 성벽들이 그대에겐 보이지 않습니까? 그것들을 건축할 때, 그 막대한 축조공사를 완성하느라 그 당시 부자들이 돌보지 않았던 가난한 사람들은 얼마나 많았겠습니까? 하지만 그 훌륭한 건물들은 지금 어디가고 없습니까? 그 화려한 저택으로 모두의 부러움을 샀던 그 주인은 지금 어디 있습니까? 그 벽은 마치 어린 아이들이 모래 위에 세운 성처럼 다 무너져 버리지 않았습니까? 또 그 주인들은 지옥 바닥에서 그들의 헛된 욕망을 탄식하고 있지 않습니까? 위대해져야 할 것은 그대의 영혼입니다! 벽은 작든 거대하든 똑같은 용도를 가질 뿐입니다.

이렇게 어리석은 자들 중 어떤 한 사람의 집을 방문한 적이 있습니다. 그는 만년에 큰 부자가 된 사람입니다. 그의 저택은 온갖 사치로 빛났습니다. 하지만 나는 이 사람이 내 눈에 보인 그 모든 것 말고, 그보다 더 귀한 것은 소유하지 못했음을 알았습니다. 그는 생명 없는 온갖 것으로 치장하고 있었지만 정작 그의 영혼은 아주 미개한 상태였습니다. 그대의 안락한 긴 의자, 그대의 은 탁자, 그대의 침대, 그대의 상아 의자가 도대체 얼마나 중요하고 의미 있는 것이기에, 부가 가난한 사람들에게로 흘러가지 못하게 한단 말입니까? 수천의 가난한 사람들이 그대의 집문 안에 줄지어 기다리며 그 이상 불쌍할 수 없는 간청을 하고 있습니다. 하지만 그대는 그들의 요구를 들어주는 것이 불가능하다고 확신하면서 도와주지 않으리라 마음먹고 그들을 거부합니다. 그대의 혀는 맹세를 하고, 그대의 손은 맹세를 확증합니다. 비록 조용하지만 보석 반지가 빛나고 있는 그대의 손은 거짓을 선포합니다. 그 반지 하나로도 갚을 수 있는 빚이 얼마인지 아십니까? 또 다시 세울 수 있는 무너져 내린 빈자의 집들이 얼마인지 아십니까? 그대의 외투 하나만으로도 추위에 떨고 있는 온 백성을 다 입힐 수 있습니다. 하지만 그대는 감히, 그대를 심판하실 분의 의로운 분노를 조금도 두려워하지 않고, 가난한 이들을 단 한 푼도 주지 않고서 내쫓아 버립니다. 그대는 그대의 집을 열어주지 않았고, 그래서 하늘 왕국에서 쫓겨날 것입니다. 그대는 빵을 주지 않았고, 그래서 영원한 생명을 얻지 못할 것입니다.

▎괴물 같은 무절제

5. 그대는 스스로 가난하다 여깁니다. 나도 그대와 같은 생각입니다. 왜냐하면 그대에겐 수천가지 채워지지 않은 것이 있고, 결코 충족될 수 없는 그대의 욕망은 수없이 많은 것들이 필요하다고 그대에게 속삭이기 때문입니다. 이미 소유하고 있는 열 달란트에 그대는 다시 열 달란트를 추가하고자 합니다. 스무 달란트가 되면, 그대는 그만큼의 달란트를 또 원하게 될 것이고, 계속해서 얻으면 얻을수록 그 욕망의 충동이 줄어드는 것은 고사하고 오히려 그대의 탐욕을 더욱 불태울 것입니다. 술 취한 사람에겐, 술잔이 추가될 때마다 그 갈증이 더욱 강렬해집니다. 마찬가지로 부자들은 그 재산과 함께 그 욕망도 증가합니다. 그들의 질병은 그들의 소득이 늘어가는 만큼 더욱 심해집니다. 이 광기는 결국 그들 자신을 향하는 것으로 끝이 납니다.

그들의 생각에 따르면 이미 누리는 큰 재산이 주는 기쁨은 아직 얻지 못한 것들이 주는 슬픔에 비하면 더 작은 것이고, 그래서 결국은 더욱더 살을 찌우려고 애쓰는 동안 영혼은 온갖 근심으로 말라가기 때문입니다. 다른 수많은 사람보다 더 큰 행운을 얻게 된 것에 대해 하느님께 감사하고 기뻐하는 대신, 그들은 그와는 반대로 한 두 명이 자신보다 더 앞서 있는 것 때문에 속이 상하고 화가 납니다. 그들은 앞선 자를 따라잡은 뒤에는 곧바로 그보다 더욱 부유한 사람과 같아지려고 애를 쓰고, 또 결국 그렇게 되면, 또 다시 새로운 대상을 찾아 분노의 질주를 감행합니다. 사다리에 오를 때, 그 끝에 도달하기 전까지는, 언제나 한 발을 다른 발보다 더 높은 계단 위에 올려놓게 마련입니다. 마찬가지로 이 사람들도 결국 깊은 추락으로 굴러 떨어질 부의 정점에 올라서기 전에는 결코 최고를 향한 질주를 멈추지 않습니다. 사람들을 이롭게 하기 위해, 온 세상의 창조주께서는 셀류시드의 새[19]에게 절제할 수 없는 식욕을 주었습니다. 하지만 그대는 사람들의 불행을 위해 그대 영혼을 게걸스럽게 만들어 버렸습니다. 탐욕스러운 자는 보는 것마다 다 갖고 싶어합니다. "아무리 보아도 보고 싶은 대로 보는 수가 없고 아무리 들어도 듣고 싶은 대로 듣는 수가 없"(전도서 1:8)습니다. 탐욕스러운 자는 결코 멈추는 법이 없습니다. 지옥은 결코 "이제 충분해!"라고 말하지 않았습니다. 탐욕스러운 자도 결코 "이제 충분해!"라고 말하지 않습니다.[20]

---

19 참새를 잡아먹는 개똥지빠귀의 일종.
20 참고 잠언 27장 20절 : "지옥과 저승은 아무리 들어가도 한이 없듯이 사람의 욕심도 끝이 없다." 30장 15~16절 : "거머리에게는 달라고 보채는 딸이 둘, 아무리 먹어도 배부른 줄 모르는 것이 셋, '족하다' 할 줄 모르는 것이 넷 있으니, 곧 지옥과 애기 못 낳는 모태와 물로 채울 수 없는 땅과 '족하다' 할 줄 모르는 불이다."

그대가 현세에 가진 그 모든 부는 언제 사용할 것입니까? 항상 새로 더 쌓느라 진이 빠진 그대는 언제 그것들을 누리렵니까?

> "아, 너희가 비참하게 되리라. 집을 연달아 차지하고 땅을 차례로 사들이는 자들아! 빈터 하나 남기지 않고 온 세상을 혼자 살듯이 차지하는 자들아!" (이사야 5:8)

그런데 그대는 어떻습니까? 그대 이웃의 재물을 가로채기 위해 수많은 이유를 내세우지 않습니까? "그의 집이 해를 가리고 그늘을 만들어. 그 집이 너무 시끄러워. 저 집은 부랑아들의 은신처야." 하고 말입니다. 아무것도 아닌 것을 전부 다 트집을 잡아 괴롭히고 억압하고 고통스럽게 하여 결국은 다른 곳으로 이사하지 않을 수 없게 만듭니다. 무엇이 이즈르엘 사람 나봇을 죽음으로 몰고 갔습니까? 그의 포도원을 강탈하려는 아합의 욕망 때문 아니었습니까? (열왕기상 21:1~29) 탐욕스러운 자는 도시에서나 농촌에서나 악한 이웃입니다. 바다도 그 끝이 있습니다. 밤도 오래 전에 정해진 그 경계를 넘지 못합니다. 하지만 탐욕스러운 자는 시간도 존중하지 않고, 한계도 모르며, 언제나 소유권을 주장합니다. 그는 거센 불길처럼 모든 것을 넘보며 삼켜버립니다.

아주 작은 샘에서 발원된 강물은 만나는 작은 실개천을 통해 조금씩 불어나 마침내 저항할 수 없는 거대한 물결이 되고 성난 물결로 모든 것을 휩쓸어 갑니다. 마찬가지로 권력을 획득한 사람들은 그들의 사악함의 하수인을 제일 먼저 희생양으로 삼아 다른 이들을 종속시키기 위해 이용하고, 그들의 새로운 악행은 다시 그들의 권력을 강화시킵니다. 사실 억압받던 이들은 억압자를 돕도록 강요되고, 억압자가 또 다른 이들을 학대하고 불의를 행하도록 돕습니다.

그러니 그들에게 학대받지 않으면서 맺을 수 있는 이웃관계, 우정, 거래가 무엇이겠습니까? 그 어떤 것도 그들의 부에 저항할 수 없습니다. 모든 것은 그들의 폭압에 숨죽이고, 모두가 그들의 권력 앞에서 두려워 떱니다. 그 수탈의 희생자들은 그들의 오래된 학대에 복수를 선언하기 보다는 차라리 새로운 고통을 피하려고 합니다. 부자는 소에 쟁기를 메어 자기 것도 아닌 경작지를 갈아엎고 씨를 심고 빼앗아 버립니다. 만약 그대가 그에게 저항한다면 온갖 폭력이 돌아올 뿐입니다. 만약 그대가 부당행위에 대해 불만을 품고 소송을 건다면, 그대를 체포하여 감옥에 가두고 말 것입니다. 그대를 죽음의 위험에 빠뜨리기 위해 밀고자들이 은밀하게 활동합니다. 그들의 마지막 요구까지 다 들어주고 그로부터 빠져나올 수만 있다면, 그나마 다행입니다.

▎심판의 위협

6. 그대의 악행을 잠시라도 중단하길 바랍니다. 주판알 튕기기를 멈추고, 그대의 정념이 결국 어떤 결말을 향해 있는지 조용히 생각해 보십시오. 그대는 경작할 수 있는 많은 농지와 목동을 가지고 있습니다. 그대는 산과 평야, 숲과 강, 목초지를 가지고 있습니다. 그 다음은 무엇입니까? 결국 그대를 기다리고 있는 것은 한 평도 안 되는 땅 아닙니까? 그대의 가엾은 시신을 지키는 데는 불과 몇 개의 돌이면 충분하지 않습니까? 그런데 무엇 때문에 이토록 고단한 삶을 삽니까? 무엇 때문에 이 많은 범죄를 저지릅니까? 무엇 때문에 그대의 손은 불모의 것을 쌓습니까? 아! 불모는 영원한 불 속에 들어갈 불모를 낳을 뿐, 숲을 만들지는 않습니다. 그대는 영원히 깨

어나지 않으렵니까? 다시 이성을 찾지 않으렵니까? 그대 자신을 지배하지 않으렵니까? 그대는 그리스도의 심판을 생각하지 않으렵니까? 그대에게 희생된 이들이 그대를 둘러싸고 공평하신 심판관에게 복수를 호소할 때, 그대는 어떻게 그대 자신을 정당화하렵니까? 그렇게 될 때 그대는 무엇을 하렵니까? 어떤 변호사를 사렵니까? 어떤 증인들을 내세우렵니까? 불의와 조금도 타협하지 않는 심판관을 어떻게 구워삶으렵니까? 그곳에선 어떤 웅변가도 통하지 않습니다. 어떤 주장도 심판관에게 진실을 감출 수 없습니다. 아첨꾼도, 재물도, 화려한 행렬도 우리와 동행하지 않습니다. 친구도 도움도 변호사도 변명도 없이, 당황하고 슬퍼하고 절망하고 포기한 채 그 법정에 소환될 것입니다. 그대 자신을 자유롭게 변호할 수도 없을 것입니다. 시선을 두는 곳마다 그대의 범죄가 주마등처럼 그대의 눈을 때릴 것입니다. 여기에는 고아의 눈물이, 저기에는 과부의 통곡이 그대를 고발할 것입니다. 또 다른 곳에는 그대의 매질로 죽어나간 가난한 이들, 그대가 가혹하게 대한 노예들, 그대 때문에 분노한 이웃들이 있습니다. 모든 이가 그대를 고발하며 일어설 것입니다. 그대의 중죄를 고발하는 비통한 무리가 그대를 빽빽이 에워쌀 것입니다.

그늘이 몸을 따라다니듯, 죄는 우리 행위의 구체적인 영상을 떠올려주며 영혼을 따라다닙니다. 부정해봐야 소용없으니, 그대의 수치스런 입술은 굳게 닫힐 뿐입니다. 말이 필요 없이 우리의 행위가, 죄를 저지른 모습들 그대로를 드러나게 해줌으로써 증언할 것이기 때문입니다. 어떻게 내가 그대에게 이 두려운 환상을 다 보여줄 수 있겠습니까? 내 말을 알아듣는다면, 또 그것을 조금이라도 느낄 수 있다면, "하느님의 진노가 불의한 행동으로 진리를 가로막는 인간의 온갖 불경과 불의를 치시려고 하늘로부터 나타날"(로마 1:18) 그 날을 기억하십시오. "선한 일을 한 사람들은 부활하여 생명의 나라에 들어가고 악한 일을 한 사람들은 부활하여 단죄를 받게 될"(요한 5:29) 예수 그리스도의 영광스러운 재림의 날을 기억하십시오. 그때에 영원한 혼돈과 "반역자들을 삼켜버릴 맹렬한 불"(히브리 10:27)이 죄인들을 내리칠 것입니다.

이 경고가 그대를 슬프게 하십시오. 하지만 계명으로 인해 슬퍼하진 마십시오. 어떻게 해야 그대가 느끼겠습니까? 어떻게 그대에게 말해야 합니까? 그대는 하느님 나라에 관심도 없습니까? 지옥이 두렵지도 않습니까? 그대 영혼을 치유할 약을 어디서 찾을 수 있겠습니까? 이 끔찍한 것도 그대를 두렵게 하지 않고, 기쁨도 그대를 매혹할 수 없다면, 나는 지금 여기서 돌 같은 마음에게 설교하고 있을 뿐 입니다.

▎금이 도대체 무엇입니까?

7. 나의 친구여, 부의 본성을 생각해보십시오. 어찌하여 금이 그대 안에서 그토록 많은 욕망을 일으킵니까? 금은 그저 한갓 돌일 뿐입니다. 은, 진주, 황옥, 녹주석, 마노, 히아신스, 자수정, 벽옥 따위의 보석도 다 돌에 지나지 않습니다. 보십시오. 부의 꽃이 무엇인지 말입니다. 하지만 그대는 그것들을 아무도 모르는 곳에 묻어두고 그렇게 훌륭한 것들을 어둠 속에 숨깁니다. 그렇지 않으면 몸에 지니고 다니면서 그 고귀한 광채에서 헛된 것을 추구합니다. 말해보십시오. 그 보석으로 빛나는 손을 흔든다하여 그대가 얻을 것이 무

엇입니까? 그깟 돌멩이나 부러워하다니 그대는 부끄럽지도 않습니까? 탐식에 빠진 사람이여, 그대 또한 빛나는 돌을 원하고, 갈색옥수, 자수정, 벽옥 따위를 모읍니다.

하지만 아무리 우아한들, 그것이 그의 생명을 하루라도 연장시켜 줄 수 있었습니까? 부가 죽음을 겁박하기라도 합니까? 돈이 질병을 몰아내기라도 합니까? 언제까지 영혼의 덫, 죽음의 미끼, 죄의 낚싯밥인 이 금을 추구하렵니까? 언제까지 무기를 주조하고 칼을 갈게 하는 전쟁의 원인인 이 부를 추구하렵니까? 그것 때문에, 부모들은 본성에서 우러나는 감정을 잊어버리고, 형제들은 살기 띤 눈으로 서로를 노려봅니다. 그것 때문에, 사막은 살인자들로 살찌고, 바다는 해적들로, 도시들은 밀고자들로 넘쳐납니다. 누가 거짓말을 낳습니까? 누가 악행의 주동자입니까? 누가 조롱을 낳습니까? 부가 아니면, 또 부가 몰고 오는 광기가 아니면 또 무엇이겠습니까? 사람들이여, 무엇이 그대들을 붙잡습니까? 무엇이 그대들의 재물을 배반자로 변화시킵니까? "그것들은 우리가 살아가도록 도와줍니다."라고 말하고 싶을 것입니다. 하지만 사람들은 그대들에게 돈을 넘겨줄 뿐만 아니라, 악을 또한 비축합니다. "그것은 영혼의 몸값입니다."라고 말하고 싶을 것입니다. 하지만 오히려 그 영혼을 멸망시키는 계기가 아닙니까? "우리 아이들을 위해서도 우리에겐 돈이 필요합니다."라고 말할 수도 있습니다. 하지만 그대 자신을 부유하게 만들기 위한 허울 좋은 핑계일 뿐입니다. 그대들의 마음을 안심시키기 위해서 그대들은 자식을 핑계 삼습니다. 결백한 사람에게 죄를 돌리지 마십시오. 그대의 아들은 선생이 있고, 특별한 집사가 있습니다. 그는 어떤 다른 분에게서 생명을 받았고, 그로부터 또한 필요

성 대 바실리오스

한 것을 기대합니다. 복음경은 결혼한 사람들에게 이렇게 쓰고 있지 않습니까?

> "네가 완전한 사람이 되려거든 가서 너의 재산을 다 팔아 가난한 사람들에게 나누어주어라." (마태오 19:21)

그대 부부의 잠자리를 강복해주시고 그대에게 아들을 주십사고 주님께 기도할 때, 그대는 이렇게 덧붙입니까? "내게 자식들을 주시어, 나로 하여금 당신의 계명을 어기게 하소서. 내게 자식들을 주시어, 나로 하여금 당신의 나라에 들어가지 않게 하소서."

누가 우리 아이들의 덕을 보장해 줍니까? 또 우리가 아이들에게 물려줄 재산을 아이들이 악용하지 않으리라고 누가 보장해줍니까? 무수히 많은 개인에게, 부는 방탕을 돕는 하인이 됩니다! 그대는 전도서의 이 말씀을 모릅니까?

> "하늘 아래서 나는 기막히게 억울한 일을 보았다. 일껏 재산을 모아놓았는데 그 재산 때문에 우환을 당하는 일이 있었다." (전도서 5:13)

또 있습니다.

> "그것을 물려받아 주무를 사람이 지혜로운 사람일지 어리석은 사람일지 아무도 알 수 없는 노릇, 그런데도 내가 하늘 아래서 지혜를 짜고 애를 써서 얻은 것을 물려주어야 하다니, 이 또한 헛된 일이라." (전도서 2:19)

그렇게 고생하여 쌓아놓은 부가 죄의 구실만 만들어내지 않도록, 그대의 개인적인 죄와 함께 그대가 다른 사람들에게 바람을 넣어 짓게 된 죄로 인해 이중으로 벌 받지 않도록 조심하십시오. 영혼은 그대의 자식이 아니라 오히려 그대에게 속한 것 아닙니까? 그보다 더 친밀하게 살아가는 다른 존재, 다른 것이 또 있습니까? 그대의 영혼에게 가장 영예로운 유산을 선사하십시오. 그대의 영혼을 위해 먼저 챙기고 그 다음에 남은 것을 그대 자식들 사이에 나눠주십시오. 부모로부터 아무것도 상속받지 못한 자식은 보통 다시 그 가문을 일으킵니다. 하지만 그대가 포기하고 내팽개친다면, 과연 누가 그대의 영혼을 불쌍히 여기겠습니까?

▌내일을 기다리지 마십시오.

8. 이 강론은 가정의 아버지에게 관심을 두고 있습니다. 자식이 없는 사람들은 그 어떤 선한 이유가 있어서 그들의 탐욕을 채우려 한단 말입니까? "나는 재산을 팔 수도 없고, 그것을 가난한 사람들에게 선물로 줄 수도 없습니다. 실존을 위한 엄중한 필요들이 있기 때문입니다." 뭐라고 말하는 것입니까! 주님이 그대의 주인이 아니란 말입니까? 복음이 그대의 삶을 해결해주지 않는다는 말입니까? 그대 스스로 법이 되겠다는 말입니까? 이런 생각이 그대에게 드리우는 위험을 보십시오. 주님께서 명백하게 우리에게 명령하신 행위들을 불가능한 것이라고 선언하며 거부하는 것은 입법자이신 분보다 우리가 더 지혜롭다고 자랑하는 것과 다르지 않습니다. "살아있는 동안 충분히 사용하여 유익을 누린 다음, 죽기 직전에, 내 재산을 가난한 이들에게 넘겨주겠습니다. 이 뜻은 분명하게 내 유서에 표현될 것입니다." 그대는 사람의 친구가 되기 위해 더 이상 사람들 사이에 있지 않게 될 때를 기다리겠다는 것입니까? 내가 그대를 그들의 자비로운 형제라고 부를 수 있게 될 때는 그대가 죽고 난 다음

이란 말입니까? 그대의 자비가 참으로 고마울 따름입니다 그려! 무덤에 누워 흙먼지로 돌아간 다음에야 그대는 후하고 관대해지겠군요! 내게 말해보십시오. 그대는 어떤 시기에 대해 삯을 요구할 것입니까? 살아있을 때에 관한 것입니까, 아니면 죽은 다음에 관한 것입니까? 살아있을 때, 그대는 가난한 이들에게는 한쪽 눈도 떠줄 힘이 없으면서도, 쾌락과 향락엔 잘도 빠져들어 방탕했습니다. 반면 죽음은 무엇을 해줄 수 있습니까? 그대의 노고가 받을 삯은 무엇입니까? 그대의 행적을 보여주고 보상을 요구해 보십시오. 시장이 폐장된 후에는 아무도 흥정할 수 없습니다. 경기가 끝난 다음 경기장에 들어간다면, 아무도 그에게 승리의 화관을 수여하지 않습니다. 전투가 끝난 후에는 영웅주의도 소용없습니다. 그리고 물론 이생을 떠난 다음에는 더 이상의 신심도 없습니다.

그대는 먹물과 종이로 선행을 약속합니다. 그런데 누가 그대에게 죽을 날을 예고합니까? 그대가 이생을 어떻게 마감할지 누가 단언할 수 있습니까? 단 한마디 말도 못하고 벼락 맞아 비명횡사한 사람이 얼마나 많습니까? 열병으로 정신을 잃어버린 사람은 또 얼마나 많습니까? 그런데도 그대는 어찌하여 생각조차 옳게 조절할 수 없는 위험한 순간을 기다리는 것입니까? 깊은 밤, 폭풍 같은 고통 속에서도, 그대의 머리맡에는 아무도 없음을 상상해 보십시오. 그대가 숨겨둔 돈을 노리는 사람은 호시탐탐 기회를 엿보다가 모든 것을 자기 이익에 맞게 처리해 버리고, 그대의 뜻 따위는 내동댕이칠 것입니다. 그대는 주위를 크게 둘러볼 것입니다. 하지만 발견할 수 있는 것은 엄청난 고독감뿐, 그제서야 그대의 경솔함을 이해하게 될 것입니다. 혀는 진득거려 불명료하게 되고 떨리는 손은 오그라

들어 뻣뻣해지고, 이제는 목소리로도 글로도 자신의 의향을 표현할 수 없게 될 때, 그대는 계명 지키는 일을 이날까지 미루었던 바보짓 때문에 눈물을 쏟게 될 것입니다. 비록 그대가 이 의향을 분명하게 기록하고 그것을 명료한 목소리로 선언했을 때조차도, 첨가된 문자 하나로도 충분히 그대의 모든 생각을 왜곡해 버릴 수 있습니다. 조작된 인증, 두 세 명의 거짓 증인만으로도 그대의 모든 성공은 엉뚱한 사람의 손으로 굴러 들어갑니다.

사후의 자비는 의미가 없습니다

9. 그대는 왜 남용합니까? 오늘 그대는 육체의 저열한 만족을 위해 재산을 사용하면서, 내일에 대해서는 더 이상 자기 것이 아닐 수도 있는 재물을 가지고 약속을 합니다. 내가 이미 보여주었듯이, 그대의 계획은 공허합니다. "살아서는 쾌락을 즐기고, 죽어서는 내게 하달된 계명을 실행하겠노라." 아브라함은 그대에게도 이렇게 말할 것입니다.

"너는 살아 있을 동안에 온갖 복을 다 누렸다." (루가 16:25)

만약 그대가 그 막대한 부라는 짐을 처분하지 않는다면, 결코 좁고 협소한 길을 지나갈 수 없습니다. 그런데도 그대는 주어진 명령대로 그것을 다 버리기는커녕, 오히려 죽을 때까지 그것을 짊어지고 갑니다. 살아있는 동안 그대는 하느님의 계명보다는 그대 자신을 선호했습니다. 죽어서 먼지로 돌아간 다음에야 그대는 이 계명을 원수보다 선호합니다. "아무도 내게서 그것을 빼앗아 가지 못하도록, 우리의 재물을 주님께 맡깁시다."라고 그대는 말합니다. 하지만 내가 이 선물을 뭐라고 불러야 하겠습니까? 그것은 복수입니까 아니면 사랑입니까? 그대의 유서를 읽어보십시오. "나는 여전히 살고 싶고, 내 재물을 누리고 싶습니다." 그대가 아니라 정말 죽음에 감사해야할 판입니다. 만약 그대가 죽지 않는 존재였다면, 아마도 그대는 영원토록 계명을 기억하지 않았을 것입니다.

> "잘못 생각하지 마십시오. 하느님은 조롱을 받으실 분이 아니십니다. 사람은 무엇을 심든지 자기가 심은 것을 그대로 거둘 것입니다." (갈라디아 6:7)

죽은 육신은 희생할 수 없습니다. 그러므로 당신의 봉헌, 그것을 살아있는 것으로 바치십시오. 남은 것이나 주는 사람은 받을 것이 없을 것입니다.

그대의 생 마지막까지 붙잡고 있던 재물을, 그대는 후하게 주신 분께 바치겠다는 것입니까? 귀한 손님에게는 감히 식탁에서 먹고 남은 음식으로 대접하려 하지 않을진대, 어떻게 그대는 남은 것으로 하느님을 달랠 수 있다고 장담하는 것입니까?

그대의 탐욕의 결말을 생각해보십시오. 물질에 대한 그대의 욕망을 꺼버리십시오. 그대가 부를 사랑하면 사랑할수록 그것이 그대를 떠나지나 않을까 노심초사해야 합니다. 모든 것을 움켜쥐고, 모든 것을 쌓아놓고, 그대의 부를 다른 이들에게 조금도 넘겨주지 말아 보십시오. 그대의 종들은 아마도 그대의 마지막 장식을 건성으로 할 것이고, 그대의 장례식을 대충 해치울 것이니, 그것은 유산을 상속받을 이들만 만족시켜줄 것입니다. 그들은 어쩌면 그대의 장례비용에 대해 이렇게 말할지도 모릅니다. "죽은 자를 그렇게 치장하는데, 의식도 없는 시체를 운구하는 데 그렇게 막대한 비용을 사용하는 것은 정신 나간 짓이야. 이 값비싼 의복을 죽은 자와 함께 썩게 만드느니, 차라리 이 아름다운 옷을 살아있는 자들에게 주는 것이 적절하지 않은가? 화려한 기념비, 장엄한 무덤, 그런 낭비가 어디에 쓸모 있단 말인가? 이 남는 것들을 생계를 위해 사용하는 편이 훨씬 나을 거야."라고 말입니다. 보십시오. 그대의 냉혹함에 대해 그들이 어떻게 복수하는지 말입니다. 그들은 그대의 모든 재물을 상속자에게 돌려주어 그들에게 잘 보이려 할 것입니다.

   미래를 내다보고, 그대의 무덤을 준비하십시오. 경건이야말로 가장 아름다운 수의입니다. 경건의 부유함으로 그대를 입히고, 그대를 장식하십시오. 경건의 부유함을 끝까지 지키십시오. 그대를 사랑하시고, 그대를 위해 가난하게 되시어, 그 가난함으로 그대를 부유하게 하시는 분, 우리를 되살리기 위해 자신을 내어주신 그리스도의 경탄스러운 충고를 귀담아 들으십시오. 그리고 우리에게 유익한 것이 무엇인지 가장 잘 아시는 지혜이신 그리스도께 순종합시다. 그분은 우리를 사랑하시니 우리 또한 그분을 사랑합시다. 그 은총으로 우리를 충만하게 채워주시니, 그분께 감사드립시다. 무엇보다도 우리 모두가 예수 그리스도 안에 있는 영원한 생명의 상속자가 되기 위해, 그분의 계명을 지킵시다.

   영광과 권세가 세세토록 그분께 있나이다. 아멘.

돈놀이를 하지 않으며[21]
: 시편 15에 대한 두번째 설교

"주여! 당신 장막에서 살 자 누구입니까? 당신의 거룩한 산에 머무를 자 누구입니까? 허물없이 정직하게 살며 마음으로부터 진실을 말하고 남을 모함하지 않는 사람, 이웃을 해치지 않고 친지를 모욕하지 않으며, 주님 눈 밖에 난 자를 얕보되 주님 두려워하는 이를 높이는 사람, 손해를 보아도 맹세를 지키고, 돈놀이하지 않으며, 뇌물을 받고 무죄한 자를 해치지 않는 사람. 이렇게 사는 사람은 영원히 흔들리지 아니하리라." (시편 15)

1. 어제 나는 시간이 부족하여 시편 15편에 대한 묵상을 끝내지

---

21 Του αυτου ομιλία εἰς μέρος τεσσαρεσκαιδεκάτου ψαλμοῦ, καὶ κατά των τοκιζόντων. PG, 29, 『시편 설교들』, 설교 2, p. 264~280.

못했습니다. 그러므로 오늘 나는 빚 독촉 받는 사람처럼 어제 다하지 못한 것을 마저 하려고 합니다. 구절의 간결함을 볼 때, 남아 있는 이야기는 많지 않습니다. 아마 여러분 중 많은 사람들이 어제 한 이야기를 잊어버렸을 것이고, 그래서 내가 이미 이 시편 주석을 끝낸 줄 알고 있을 수도 있습니다. 하지만 나는 이 짧은 문장이 우리 삶의 방향에 본질적인 것이라고 믿습니다. 그리고 그 묵상이 너무도 풍요로워 보이기 때문에 이 구절을 조금이라도 소홀히 넘겨버리고 싶지 않습니다.

고리대금업자의 초상

완전한 평정에 이를 수 있는 완전한 사람을 묘사할 때, 예언자는 그 덕목 가운데 고리대금에 대한 혐오의 감정을 집어넣습니다. 이런 종류의 이익 취득을 성경은 여러 번에 걸쳐 여러 곳에서 강력하게 규탄합니다. 에제키엘은 이자를 받는 것, 고리대금업을 가장 중한 죄 중 하나로 여깁니다.[22] 또 율법은 그것을 분명하게 금지하고 있습니다.

> "같은 동족에게 변리를 놓지 못한다. 돈 변리든 장리 변리든 그 밖에 무슨 변리든 놓지 못한다." (신명기 23:19)

또 있습니다.

> "백성을 억누르는 일이 계속되고 사기치는 일만이 꼬리를

---

[22] 에제키엘 22:12 : "너희 가운데는 뇌물을 먹고 죄없는 사람의 피를 흘리는 자도 있고, 돈놀이로 이웃을 터는 자도 있다. 그러면서 나는 잊고 있다. 주 야훼가 하는 말이다."

무는 세상이 되었다. 내 말이니, 잘 들어라. 내 심정을 알려는 자 하나 없구나." (예레미야 9:6)

악행이 도를 넘은 도성에 대해 시편은 뭐라고 말합니까?

"성벽 위에는 보초들이 밤낮으로 돌고, 성 안은 포악과 범죄로 차 있습니다. 파괴가 성 안에 끊이지 않고 장터마다 폭력과 사기가 판을 칩니다." (시편 55:10~11)

우리의 시편에서도 예언자 다윗은 인간적 완전의 특징으로 "돈놀이하지 않는"(시편 15:5) 이 무욕의 마음을 고릅니다.

필수적인 것조차 가지지 못한 사람이 그 비참한 삶을 조금이라도 완화시켜보기 위해 또 돈을 꾸어야 한다면, 또한 부자가 이미 쌓아놓은 재부에 만족하기보다는 소유를 더욱 늘리기 위해 불쌍한 사람들의 곤궁함마저 착취하려 한다면, 그것은 진정 야만의 극치가 아닐 수 없습니다. 우리 주님의 명령은 이점과 관련해서 단호합니다.

"달라는 사람에게 주고 꾸려는 사람의 청을 물리치지 마라." (마태오 5:42)

탐욕스러운 자는 비참하게 꺾여버린 이 사람이 그 발 앞에 와서 엎드리는 것을 봅니다. 그 태도와 간청하는 모습은 얼마나 가엾고 처절합니까! 하지만 그는 이 감당할 수 없는 불행 앞에서도 한 치의 연민도 없이 냉담하기만 합니다. 이 존재 앞에서 아무 감정도 없고, 그의 기도와 간청은 그에게 어떤 느낌도 주지 못합니다. 그는 변함없이 잔인하고 뻔뻔한 낯빛을 유지하고 그 간청에 귀를 막으며, 눈물에도 끄떡없이 고집스럽게 거절합니다. 그는 불행한 사람에게 수많은 저주를 퍼부으며 "나도 돈이 궁하고 돈을 빌리러 가야 할 판"

이라고 천연덕스럽게 단언합니다. 이 거짓말은 맹세가 되고, 비인간성에 거짓 선서까지 추가됩니다. 하지만 돈을 빌리고자 하는 이 불쌍한 사람이 이자율을 상기시키며 갚을 계획에 대해 말할 때, 그는 이마의 주름을 펴며 웃습니다. 보십시오. 그들의 가족을 하나되게 했던 과거의 우정이 머리를 스치지만 그는 더 이상 이 사람을 '친애하는 친구'로 여기지 않습니다. 그는 말합니다. "집구석 어디에 돈이 좀 있는지 가봅시다. 친구 중 한 명이 돈놀이를 하려고 우리 집에 좀 맡겨 놓은 것이 있는지 말입니다. 사실 그는 아주 무거운 이자를 정해 놓았지요.. 하지만 결국 우리는 그중 얼마라도 깎아서 조금 낮은 이자로 빌려주겠소." 그가 말하는 꼴을 보십시오. 이런 말재주에 속은 불행한 사람은 덫에 빠지고 맙니다. 고리업자는 이렇게 해서 이미 가난으로 인해 짓눌린 이 사람에게서 최소한의 자유조차 박탈해버린 후 빚 증서에 서명케 하고 가버립니다.

갚을 수 없는 빚을 지는 것은 자발적으로 영원한 종이 되겠다고 선택하는 것입니다. 그대는 가난한 사람에게서 돈과 소득을 등쳐먹길 원하는 것입니까? 하지만 그가 그대를 부자로 만들어주는데도, 그는 당신의 문 앞에서 왜 그러고만 있어야 하는 것입니까? 그는 든든한 동맹군을 찾아왔는데, 만난 것은 적군입니다. 그는 치료약을 찾아왔는데, 발견한 것은 독입니다. 그대는 그의 가난을 경감시켜주어야 했습니다. 하지만 그대는 사막에서 과실을 요구함으로써 그의 절망을 배가시켰습니다. 그것은 마치 치유해주기 위해서가 아니라 마지막 힘마저 빼앗아버리기 위해 환자를 방문하는 의사와도 같습니다. 그렇습니다. 그대는 가난한 이들의 비참을 이용합니다. 농부들은 비를 바랍니다. 씨앗이 싹을 틔울 수 있게 하기 위해서 말입니다. 하지만 그대는 그대의 재산을 늘리기 위해 다른 이들의 곤궁한 삶마저 노립니다. 그대가 그렇게 소득을 늘려갈수록 죄악도 그만큼 늘어날 것임을 그대는 깨닫지 못합니까? 가난한 사람은 비극적인 딜레마에 갇혀버립니다. 자신의 곤궁함을 생각할 때, 그는 그 빚을 결코 갚을 수 없을 거라 절망합니다. 그렇지만 상황의 위급함은 그로 하여금 다시 빚을 얻으러 가게 만듭니다. 이렇게 절박한 생계에 쫓겨 그는 끊임없이 벼랑으로 몰리고, 채권자는 그를 계약서와 날인으로 꽁꽁 묶어 버립니다.

▎빚진 자의 초상

2. 이 불행한 사람은 돈을 손에 넣습니다. 그는 가볍고 즐거운 마음으로 자기 것이 아닌 이 호사에 취하기 시작합니다. 그는 새로운 생활 방식으로 모든 사람들을 놀라게 합니다. 그의 식탁은 더욱 풍성해지고 의복은 화려해지며 종들은 우아한 제복을 차려입고, 그의 집에는 아첨꾼과 손님과 기생충 같은 사람들이 몰려듭니다. 하지만 돈은 소리 없이 사라지고 이자를 갚아야할 시간은 다가옵니다. 그러면 그에게는 밤도 휴식의 시간이 아니고 낮도 따뜻하지 않으며, 햇볕도 행복하지 않습니다. 실존 자체가 지긋지긋합니다. 그에게는 변제일로 치닫는 하루하루가 저주스럽고, 달이 갈수록 이자만 불어나니 세월이 두렵기만 합니다. 잠이 들면 빚쟁이가 찾아와 그 머리맡에 서있는 악몽을 꿉니다. 밤새 잠 못 이룰 땐, 빚 걱정이 끊임없이 그를 괴롭힙니다. 예언자는 말합니다. "가난한 사람과 학대하는 사람이 한데 어울려 사는데"(잠언 29:13) 주님께서는 이 둘을 다 보고 계십니다. 한 사람은 그 먹이를 보고 개처럼 뛰고, 다른

사람은 궁지에 몰린 짐승처럼 두려워합니다. 가난은 그에게서 말할 자유조차 빼앗아 버립니다. 이 두 사람은 돈을 셉니다. 첫 번째 사람은 이자가 불어나는 것을 보고 기뻐하고, 두 번째 사람은 그의 곤궁함이 더 극적으로 악화되는 것 때문에 신음합니다.

> "네 우물의 물을 마셔라. 네 샘에서 솟는 물을 마셔라."
> (잠언 5:15)

다시 말해 그대의 개인적인 수입만 생각하고, 그대의 목마른 삶을 이웃의 물이 아니라 그대 자신의 샘물로 적시라는 말입니다.

청동 그릇, 의복, 말, 가구를 가지고 있습니까? 그러면 그것들을 팔아버리십시오! 그대의 자유만 빼고 모든 것을 다 잃을 각오를 하십시오. "하지만 내 재산을 경매장에 내놓는 것은 너무 굴욕적입니다."라고 그대는 말합니다. 알지도 못하는 사람이 그것들을 시장에 경매로 헐값에 내다파는 것을 바라보고만 있어야 하는 것이야말로 더 큰 굴욕이 아니겠습니까? 다른 사람 집 문을 두드리러 가지 않도록 하십시오. "남의 집 우물은 좁다."(참고 잠언 23:27)는 말씀도 있습니다. 꼭 필요한 것만 가짐으로써 그대의 가난을 개선하려 하십시오. 하루라도 다른 사람의 돈으로 호사스런 삶을 누리다 금방 가난한 생활로 돌아가는 것보다는 그것이 더 낫습니다. 만약 그대가 갚을 능력이 있다고 느낀다면, 무엇하러 가난을 극복할 수 있게 해줄 그 돈을 사용하지 않습니까? 만약 그대가 갚을 능력이 전혀 없다면, 그때는 돈을 빌리는 것 자체가 병을 또 다른 병으로 고치려는 것이 됩니다. 빚쟁이가 그대의 삶에 고통을 안겨주러 오도록 허용하지 마십시오. 마치 사냥감처럼 쫓기는 것을 감수하지 마십시오. 낭비는 거짓의 어머니고, 배은망덕의 원천이며, 배신과 거짓 맹세의 계기입니다. 빚진 자는 빌릴 때와 갚아야 할 때 하는 말이 서로 다릅니다. "아, 만약 내가 당신을 만나지 않았더라면! 지금쯤 이 황당한 상황에 처해 있지는 않을 텐데. 내 의지로 이 돈을 받은 것은 아니지 않나요? 당신의 금은 절반은 동이 섞인 것이었고, 그대의 금화는 위조된 것이었습니다."

채권자가 그대의 친구입니까? 이렇게 우정을 희생시키지 마십시오. 그가 그대를 싫어합니까? 그의 증오의 먹이가 되지 마십시오. 그대의 허영심이 박수 받는 것은 한 순간일 뿐입니다. 그런 다음에는 모든 것을, 심지어 상속받은 재산마저 다 잃게 될 것입니다. 오늘 그대는 비록 가난하지만 자유롭습니다. 빌린 돈은 그대를 부유하게 만들지 못하고 끝내는 그 대가로 자유를 지불해야 합니다. 빌린 돈은 결국 빌린 자를 빌려준 자의 노예로 만들어 버릴 것이고, 노예는 돌이킬 수 없는 종살이는 말할 것도 없고 마침내 죽음을 강요받게 됩니다. 개들은 먹이를 받아먹으면 온순해집니다. 하지만 빚쟁이는 이자 돈을 만질수록 더욱 흉포해집니다. 그들은 더 많은 이자를 원하기 때문에 더 강하게 물어뜯습니다. 그대의 약속 말입니까? 그들은 그것을 믿지 않습니다. 그들은 그대의 가택을 샅샅이 뒤지고, 그대의 일에 간섭합니다. 그대가 방에서 나오면, 그들은 그대를 구석으로 끌고 가 두들겨 팹니다. 그대가 집에 꼼짝 않고 있으면, 그들은 그대의 집을 에워싸고 그대의 집 대문을 도끼로 찍습니다. 그들은 아내 앞에서 모욕할 것이고, 친구들이 보는 앞에서 그대를 능욕할 것입니다. 공공장소에서 그대의 목덜미를 쥘 것입니다. 그러면 그대에게 축제날조차도 슬픈 날이 될 것이고, 그대의 실존 그 자체가 고문이 될 것입니다. 그러나 그대는 말합니다. "나는 굶어 죽을 판입니다. 그것이 내가 돈을 구할 수 있는 유일한 길입니다." 하지만 하루를 더 연명하는 것이 무슨 소용입니까? 가난은 말굽소리처럼 재빠르게 다시 찾아올 것이고 그대의 빚은 그 가난을 더욱 비극적인 것으로 만들고 말 것입니다. 그대가 빌린 돈은 곤경에서 빠져 나갈 구멍이 결코 될 수 없기 때문에 결국 그대의 고통을 더 연장합니다. 오늘 그대의 가난이 주는 불편을 감수하고 받아들이십시오. 그것을 내일로 유보하지 마십시오. 그대가 돈을 빌리지 않으면, 아마도 그대는 지금처럼 가난할 것입니다. 하지만 그대가 빚을 진다면 그대는 망할 것이고, 이자는 그대의 비참을 더욱 끔찍한 것으로 만들어 버릴 것입니다. 오늘 돈이 없다고 그대를 비난하는 사람은 아무도 없습니다. 이 불행은 우리의 의지가 아니기 때문입니다. 하지만 만약 그대가 빚 투성이가 된다면, 과연 그 누가 그 어리석음을 탓하지 않겠습니까?

▎빚의 해로운 본성

3. 그런 까닭에 우리는 주어진 불운에다가 자신의 어리석음으로 야기된 불행을 더하지 말아야 합니다. 우리가 소유하고 있는 것으로 자족하지 않는 것, 고통스런 미래가 분명하고 확실하게 보이는데도 그것에 삶의 희망을 두는 것은 참으로 어리석은 일입니다. 벌써부터 그대는 어떻게 갚을까 자문합니다. 그대는 빌린 돈으로 그것을 갚겠습니까? 그럴 수 없습니다. 그 돈으로는, 가난을 조금이라도 개선하고 동시에 빚까지 갚는 것은 불가능하기 때문입니다. 만약 이자 갚을 것까지 생각한다면, 비참한 생활도 완화시키고 원금

도 갚아야 하고 이자까지 내야하니, 이 돈을 어떻게 그렇게 많이 불릴 수 있겠습니까? 그대는 이미 빌린 돈으로는 이 집을 결코 해결할 수 없습니다. 그리고 어디서도 해결책을 구할 수 없을 것입니다.

그러므로 그런 희망에 너무 쉽게 매달리지 마십시오. 벌레가 달린 미끼를 덥석 무는 물고기처럼 낚싯밥을 향해 돌진하지 마십시오. 이처럼 금 미끼를 숨기고 있는 혜택을 차라리 무시해 버립시다. 가난은 악덕이 아닙니다. 그런데 어째서 빚으로 그것을 가치 절하 시키려는 것입니까? 다른 부위를 잘라서 상처를 치료할 수는 없습니다. 한 가지 악을 또 다른 악으로 치유할 수는 없습니다. 가난을 빌린 돈으로 줄일 수는 없습니다. 그대는 돈을 가지고 있습니까? 돈을 빌리지 마십시오. 그대는 가난합니까? 그래도 돈을 빌리지 마십시오. 조금이라도 재산을 가지고 있다면, 그대는 돈을 빌릴 필요가 조금도 없습니다. 만약 가진 것이 하나도 없다면, 그대는 결코 갚을 수 없을 것입니다. 그대의 생명을 나중의 후회나 이자를 물지 않아도 되었던 오늘에 대한 그리움에 내맡기지 마십시오.

가난한 우리, 부자들은 결코 알지 못할 안락함을 간직하고 있습니다. 그것은 바로 근심걱정이 없다는 것입니다. 우리는 편히 잡니다! 불면증에 신경증에 늘 노심초사하고 근심하는 이들이야말로 조롱의 대상 아니겠습니까! 우리는 가볍고 고요한 마음을 가지고 살아갑니다! 하지만 빚진 자들은 가난의 고통에다 근심의 비참함까지 겪습니다. 밤이고 낮이고 잠 못 이루고, 끊임없이 공포에 짓눌려 삽니다. 그는 세습 받은 재산의 상태, 혹은 부자의 아름다운 저택과 영지, 혹은 그가 만나는 사람의 의복과 손님이 타고 온 마차 등을 평가해봅니다. "이 모든 재물이 내 것이었다면, 값비싸게 팔아서 이 빚을 모조리 청산해버릴 텐데." 이런 궁리와 망상이 밤에도 마음을 사로잡아 잠 못 이루게 하고, 낮에서 머릿속에서 떠나질 않습니다. 누가 그의 집 문을 두드립니까? 그는 재빨리 침대 밑으로 숨습니다. 갑자기 집으로 쳐들어옵니까? 그의 심장은 터질 것처럼 뜁니다. 개 한 마리가 짖습니까? 식은땀으로 흠뻑 적십니다. 놀라서 어디로 도망칠까 허둥댑니다. 변제일이 가까울수록 빚쟁이의 닦달을 잠재울 핑계를 궁리하느라 머리가 깨집니다.

그러므로 사람들이 그대에게 돈을 꾸어주겠다 할 때는 그것을 반드시 갚아야 한다는 것을 결코 잊지 마십시오. 어찌하여 그토록 번식력이 강한 괴물과 결부되려는 것입니까? 그것은 마치 암토끼가 출산하고 양육하면서 동시에 또 임신하는 것과 같습니다. 비열한 고리업자가 돈으로 하는 짓이 이와 같습니다. 그 돈은 빌려주자마자 이자로 새끼를 낳고 점점 더 증식되어 갑니다. 첫 달 이자를 갚기도 전에 이 돈은 그대의 손에서 사라져 버리고, 이 이자는 재앙을 무한히 증식해 나갑니다. 그런 까닭에 이런 유형의 탐욕을 그것이 '낳은' 재앙의 결과로 인해 '토코스'[23](이자)라 부르는 것입니다. 또 다른 설명이 있습니다. 이 단어는 고리업자가 빚진 자의 영혼에 들여오는 고통과 형벌을 상기시켜 줍니다. 빚 갚을 날이 오면, 빚진 자는 여인이 해산할 때 겪는 것과 똑같은 고통을 경험합니다. 이자는 이자를 낳습니다. 악독한 부모에게서 악독한 자식이 나옵니다. 이자가 낳는 것은 뱀의 새끼입니다. 살모사는 태어날 때 어미 뱀의 몸을 먹는다고 합니다. 빚도 마찬가지로 계약이 체결되자마자 빚진

---

[23] 성 대 바실리오스는 지당하게도 '토코스'(τοκος, 이자)를 '틱토'(τικτω, 낳다, 출산하다)에서 파생된 것으로 설명한다.

성 대 바실리오스

자의 모든 재산을 삼켜버립니다.

짐승은 매우 느리게 씨를 뿌리고 또 번식해갑니다. 하지만 빚은 태어나자마자 또 새끼를 낳기 시작합니다. 짐승은 얼마간 번식하면 이제 생식능력을 상실합니다. 하지만 빚은 즉시 이자를 발생시키고 그 이자는 한도 끝도 없이 증식됩니다. 모든 피조물이 어느 정도 정상적인 크기에 이르면 성장을 멈춥니다. 하지만 탐욕스러운 자의 돈은 한계가 없이 증가합니다. 짐승은 번식할 정도로 새끼들이 크면, 더 이상 품에 돌보지 않습니다. 하지만 고리업자의 돈은 끊임없이 관계를 이어가고 원금은 계속해서 회춘합니다. 그러므로 놀라운 번식력을 자랑하는 이 괴물을 건드리지 말고 조용히 내버려두십시오.

▎고리대금이 초래하는 참화

4. 그대는 태양의 자유를 봅니까? 그런데 그대는 왜 그대 자신의 자유를 질투하려 합니까? 권투 선수는 상대의 공격을 피하려고만 하지 않습니다. 빚진 사람이 벽과 기둥을 다 허물어서라도 빚쟁이를 피해 달아나려 하는 것과는 달리 말입니다. 하지만 그대는 "그러면 어떻게 살아남습니까?"하고 말할지도 모릅니다. 그대는 손이 있습니다. 그대는 마비되지 않았습니다. 그러므로 누군가에게 고용되십시오. 그를 위해 일하십시오. 생계를 벌 수 있는 방법과 기회는 얼마든지 있습니다. 하지만 그대는 장애를 가지고 있다구요? 그러면 부자들에게 가서 간청하십시오. 이렇게 하는 것이 부끄럽습니까? 돈을 빌리러 가는 것이나 남에게 해코지하는 것보다는 낫다고 생각합니다. 나는 어떤 절대적인 규칙을 제시하기 위해서가 아니라

그 어떤 것이라도 돈을 빌리는 것보다는 낫다는 것을 입증해보이기 위해 이렇게 설교하는 것입니다. 개미는 구걸하지도 빌리지도 않고 스스로 부양합니다. 꿀벌은 자신의 양식 중 나머지를 여왕벌에게 바칩니다. 본성이 이 나머지를 거부하기 때문입니다. 그런데 놀라운 재능을 지닌 동물인 사람으로서 그대가 살아남을 방법을 단 한 가지도 발견하지 못할 것이란 말입니까?

빚 계약을 하는 사람은, 누구도 신용하지 않을 가난한 사람이 아니라 오히려 아내의 노예가 되어 터무니없는 소비와 무익한 향락에 빠져있는 남자라는 사실을 주목합시다. 그런 남자의 아내는 말합니다. "우리는 화려한 옷과 패물이 필요해요. 우리 아이에게도 멋진 옷을 입혀야 하고, 노예에게도 근사한 제복이 있어야지요. 그리고 우리의 식탁은 다리가 부러질 만큼 그득해야 한답니다." 이 여인들이 남편을 어떤 상황에 처넣는지 보십시오. 그들은 고리대금업자에게 달려갑니다. 그들은 금고에 넣어둔 돈을 다 쓰기도 전에, 새로운 주인을 찾아 헤매면서, 빚쟁이를 바꿔갑니다. 이렇게 해서 끊임없는 악을 통해 그들의 인내심 부족을 속입니다. 그들은 수종병 환자에게서 건강한 혈색 밖에는 보지 않습니다. 빚진 자는 심지어 돈을 주고받는 일로 시간을 보내면서 마치 부자가 다 된 것 같은 인상을 풍기고, 오늘 빌린 돈으로 어제의 빚을 갚으면서 빚쟁이의 불신을 잠재우는 조련사처럼 행세합니다.

섭취한 모든 것을 토해내고 구역질과 오열을 터뜨리면서도, 먹은 것을 다 토해내기도 전에 다시 먹기 시작하는 당뇨병 환자를 보십시오. 끊임없이 이자가 쌓여가는 사람도 결코 이와 다르지 않습니다. 첫 번째 빚을 다 갚기도 전에 그들은 다시 두 번째 빚을 계약

합니다. 그들은 오늘 으스대며 걸어 다니지만, 내일이면 다 사라지고만 돈 때문에 눈물 흘릴 것입니다. 이웃의 부를 빌려 쓰다가 망한 사람이 얼마나 많습니까! 얼마나 많은 사람이 부자라는 망상에 빠져 있다가 망해버린 자신을 깨우치게 됩니까! 그대들은 아마도 많은 사람들이 돈을 빌려 부자가 되기에 이르렀다고 말할지도 모르겠습니다. 하지만 그들 중 대부분은 결국에 망하고 맙니다. 우리는 그들의 성공만 봅니다. 우리는 밧줄에 목을 매어 죽은 불행한 사람들은 보지 못합니다. 그들은 빚 독촉의 수치를 견딜 수가 없기 때문에 불명예 속에서 살아가느니 차라리 목을 매 죽기를 선택합니다.

나는 실제로 정말 고통스러운 광경을 보았습니다. 자유인이었던 아이가 시장에 끌려가 그들의 아버지의 빚을 갚습니다. 그대는 자식에게 물려줄 재산이 없습니까? 그렇다면 적어도 그들이 날 때부터 지녔던 고귀한 권리만이라도 빼앗기지 않게 하십시오. 그대의 부모가 그대에게 유산으로 물려준 이 귀한 재산, 이 고귀한 자유를 그대의 자식들에게 보전해 주십시오. 아무도 아버지의 가난 때문에 비난받지는 않습니다. 하지만 아버지의 빚은 자식을 감옥으로 보냅니다. 그대를 뒤이어 그대의 자식들, 그대의 손주들을 저주처럼 짓누르게 될 그런 빚 계약을 남겨놓지 마십시오.

오직 하느님께만 빌려주십시오

5. 부자들이여, 들어보십시오. 그대의 야만성으로 인해 우리는 '빚으로 인해 고통 받기보다는 차라리 최악의 비참한 생활을 감내하는 것이 더 낫다'고 가난한 이들에게 충고합니다. 그대들이 주님께 순종한다면, 이토록 많은 말이 과연 필요하기나 하겠습니까? 주

님의 충고는 무엇입니까?

> "너희가 만일 되받을 가망이 있는 사람에게만 꾸어준다면
> 칭찬받을 것이 무엇이겠느냐? 죄인들도 고스란히 되받을
> 것을 알면 서로 꾸어준다. 그러나 너희는 원수를 사랑하고
> 남에게 좋은 일을 해주어라. 그리고 되받을 생각을 말고
> 꾸어주어라." (루가 6:34~35)

그대들은 다시 물을 것입니다. "아무 것도 바라지 않아야하는 이 빚은 무엇입니까?" 이 말씀의 심오한 깊이를 이해하십시오. 그러면 그렇게 말씀하신 분의 인간성에서 깨달음을 얻게 될 것입니다. 주님의 이름으로 자선을 할 때 그대들은 선물과 빚을 동시에 주는 것입니다. 그것은 먼저 돌려받기를 바라지 않기 때문에 선물입니다. 그것은 또한 주님의 선심이 그렇기 때문에 빚이기도 합니다. 주님은 가난한 이들의 빚을 갚아주실 것입니다. 가난한 이에게 대단한 것을 주지 않았다 해도, 그대는 백배로 돌려받을 것입니다.

> "없는 사람에게 적선하는 것은 주님께 빚을 주는 셈. 주님
> 께서 그 은혜를 갚아주신다." (잠언 19:17)

그대는 만물의 주님을 빌려준 돈의 담보로 삼길 원하지 않으십니까? 한 부자 시민이 다른 사람의 빚을 대신 갚아주겠다고 나선다면, 그대는 그의 보증을 받아들이지 않겠습니까? 그런데 가난한 이들을 대신해서 하느님이 지불해주시는 것을 그대가 거부하겠다는 말입니까? 어디에도 쓰이지 않고 잠자고 있는 돈을 이자를 붙이지 말고 주십시오. 그러면 두 사람 모두에게 다 좋을 것입니다. 먼저 부자는 그 돈을 아주 안전한 곳에 두었다는 것을 알게 되어 좋을 것이고,

성 대 바실리오스

가난한 사람은 그것을 선용할 수 있어 좋을 것입니다. 그래도 그대가 이자를 원한다면, 하느님이 그대에게 제안하시는 이득으로 만족하십시오. 가난한 이들을 대신해서 이자를 지불하시는 분은 바로 그분이십니다. 지극히 선하신 분의 호의를 생각하십시오. 그대의 요구는 비인간성의 절정입니다. 그대는 절망한 사람을 착취하고, 그들의 눈물에서 이익을 뽑아내며, 헐벗은 사람을 목 조르고, 배고픈 사람을 때립니다. 자비심이라고는 조금도 없습니다. 불행한 사람의 가족에 대한 관심이요? 그것도 전혀 없습니다. 그들에게서 뽑아낸 이익을 그대는 오히려 호의라고 부릅니다.

> "아, 너희가 비참하게 되리라. 나쁜 것을 좋다, 좋은 것을 나쁘다, 어둠을 빛이라, 빛을 어둠이라, 쓴 것을 달다, 단 것을 쓰다 하는 자들아!" (이사야 5:20)

삼손은 초대된 손님들에게 "먹는 자에게서 먹는 것이 나오고 힘센 자에게서 단 것이 나오는데, 그것이 무엇인가?"(판관기 14:14) 라고 수수께끼를 냈습니다. 그것을 "선함은 인간에게서 나온다"고 이해해서는 안 됩니다. 왜냐하면 "가시나무에서 포도를 딸 수 없고 엉겅퀴에서 무화과를 딸 수 없으며"(마태오 7:16), 높은 이자에서 인간성을 발견할 수 없기 때문입니다. "이와 같이 나쁜 나무는 나쁜 열매를 맺게 마련"(마태오 7:17)입니다.

백분의 일 고리업자, 십분의 일 고리업자, 이런 단어는 전율케 합니다. 그들은 매달 돈을 받으러 옵니다. 매달 보름이 되면 간질을 보내는 악마처럼 그들은 가난한 자들을 덮칩니다. 빚을 준 자나 빚을 진 자나, 둘 모두에게 슬픈 거래입니다! 한 사람의 번영은 다른 사람의 영혼을 그만큼 고통스럽게 합니다. 보리를 베는 농부는 뿌리 밑에서 씨를 구하지는 않습니다. 그러나 그대는 원금을 잃지 않고 열매마저 다 거둡니다. 그대는 땅도 없으면서 심습니다. 그대는 뿌리지도 않고 수확합니다. 그대는 누구를 위해 그렇게 모아들입니까? 아무도 그것을 알지 못합니다. 하지만 그대의 희생양은 거기 이자 더미 위에서 울고 있습니다. 그대가 쌓는 그 모든 부를 과연 누가 누리겠습니까? 아무도 그것을 알지 못합니다. 그대의 모든 부를 다른 사람이 누리게 될지 누가 알겠습니까? 그대의 잔인함에 대한 대가로 돌아올 고통을 그대는 쌓아올리고 있는 것 아닙니까? "달라는 사람에게 주고 꾸려는 사람의 청을 물리치지 마"(마태오 5:42)십시오. 그대의 돈을 이자 받고 주지 마십시오. 그래서 구약과 신약 성경이 가르쳐주는 것처럼 그대의 자비에 대한 이자를 확실하게 셈해주실 하늘에 계신 주님께 가십시오.

권세와 영광이 우리 주님 예수 그리스도께 세세토록 있나이다. 아멘.

나지안조스의
성 그레고리오스

신학자, 나지안조스의 성 그레고리오스

성 대 바실리오스처럼 까파도끼아 출신인 나지안조스의 성 그레고리오스는 주교의 아들이었습니다. 그는 학문을 연마하던 시기에 바실리오스와 우정을 쌓았는데, 바실리오스는 나중에 수도 대주교로서 자신의 입지를 더욱 강화하기 위해 그레고리오스를 케사리아 대교구에 속한 사시모스의 주교로 임명합니다.

매우 예민한 영혼의 소유자였고, 목자보다는 시인이었던 그레고리오스는 활동보다는 관상에 더욱 탁월했습니다. 그럼에도 불구하고 그는 콘스탄티노플의 대주교직을 받아들여 아리우스주의자들을 축출하고 정통신앙을 회복하는데 아주 결정적인 역할을 했습니다.

'그리스도교의 데모스티노스'(Démosthène chrétien)라 불리는 그레고리오스는 당대의 가장 유명한 설교가였습니다. 우리는 그의 강론들을 통해서 그의 웅변술을 평가해 볼 수 있습니다. 그의 강론은 아주 놀랍고도 예외적인 감수성으로, 듣는 사람을 언제나 전율케 합니다. 이런 감정은 그의 시와 설교에도 고스란히 담겨있습니다. 이를 확인하고 싶다면 「가난한 사람들에 대한 보살핌에 대하여」라는 필사본 제목을 가지고 있는 그의 「강론 14」를 읽어보는 것만으로 충분합니다. 이 강론은 아마도 373년 케사리아에서 성 대 바실리오스가 주교로 있던 때, 어느 축제일에 행해졌을 것이라고 여겨집니다. 그는 이런 즐거운 축제일에 불구가 된 수많은 걸인을 위한 자선을 호소하고자 했던 것 같습니다. 비록 그레고리오스의 사상은 바실리오스처럼 단호하거나 엄격하지는 않았지만, 그가 고통 앞에서 느끼는 뜨거운 공감은 놀랍게도 그의 설교를 현대적인 특징으로 채색해줍니다.

악의 원인은 무엇인가? 고통의 이유는 무엇인가? 굴종의 삶은 무엇 때문인가? 우리는 어둠에 둘러싸이고, 세상은 거짓과 비현실성과 도피로 가득 찹니다. 절망에 빠진 우리 형제들은 삶의 근본적인 취약성을 드러내줍니다. 비록 그 조건의 다양한 모습에도 불구하고, 그들의 운명은 바로 우리의 것이기도 하기 때문입니다. 인간은 불안 속에서, 알 수 없는 신비 속에서 살아갑니다. 이 거대한 공허 앞에서, 살아계신 하느님의 선하심이 확증되고, 만약 인간이 하느님의 형상으로 존재한다면, 만약 인간이 진리요 사랑이요 영원함이신 이 하느님을 닮아간다면, 인간은 이 우주적 거짓을 벗어나게 될 것입니다.

부와 가난에 관한 논쟁은 인간이 하느님을 향하는 이 운동 안에 새겨지고, 본질적인 신비에 대한 대답의 차원으로 확장됩니다. 자선을 통해, 인간은 하느님의 '변치 않으심'과 하느님의 진리를 얻습니다. 그 운명은 비록 모호할지 모르나, 그 종착점은 분명합니다. 사랑은 지상의 차원을 극복하도록 도와줄 것이고, 결국 하느님의 영원성에 참여하게 해줄 것입니다.

가난한 자들에 대한 사랑에 대하여[24]
: 강론 14

그레고리오스의 나지안조스

▍이웃 사랑이 율법의 근본입니다

1. 나의 비참을 함께 하는 형제와 동료들이여. 내가 이렇게 부르는 이유는 우리 모두가 가난하고, 우리 모두가 하느님의 은총에 굶주려 있기 때문이며, 지극히 작은 이력(履歷)이 만들어내는 외적인 지위도 이 진리를 감출 수 없기 때문입니다. 나는 오늘 여러분에게 가난한 자에 대한 사랑에 대해 말하고자 합니다. 그러니 부디 냉담한 마음이 아니라 오히려 하느님 나라를 얻게 해줄 뜨거운 열정으로 들어주십시오. 그리고 내 말이 여러분을 더욱 부요하게 하고 여러분의 영혼을 풍족하게 해줄 수 있도록, 또한 여러분이 그토록 굶주려 있는 영적인 빵을 만들어 줄 수 있도록, 모세의 본을 따라 여

---

24 Λόγος 14, Περί φιλοπτωχίας, PG, 35, 858~910.

러분에게 하늘의 만나를 내리게 하여 이 천사의 빵으로 사람들을 먹일 수 있도록, 또한 우리의 참된 양식이시고 우리의 참된 생명의 아버지이신 예수 그리스도께서 그렇게 하신 것처럼, 거의 아무 것도 아닌 것으로 사막에 있는 수천수만의 사람들을 먹일 수 있도록 기도해주십시오.

먼저 무엇보다도 우리가 선호할 만한 최고의 덕을 분별하는 것은 결코 쉽지 않습니다. 그것은 각자 자신만의 빛깔과 향기로 산책자를 자기에게로 이끌며, 그의 손이 자신을 제일 먼저 만져주고 꺾어주도록 경쟁하는 수많은 매력적인 꽃으로 가득 찬 숲에서, 가장 아름답고 가장 향기가 좋은 꽃을 찾아야 하는 것과 같을 것입니다. 하지만 적어도 그것들을 순서대로 열거해 보도록 하겠습니다.

▎덕의 목록

2. 믿음, 희망, 사랑, 이 세 가지는 얼마나 아름다운 덕입니까! 믿음은 아브라함을 증인으로 갖습니다. 그는 믿었고, 그래서 의로움을 얻었습니다. 희망, 에노스는 제일 먼저 하느님께 희망을 두었고, 박해받은 모든 의인이 하느님께 희망을 두는 이 덕으로 인해 고난을 견디었습니다. 사랑, 거룩한 사도는 바로 이 덕을 가지고 이스라엘을 위해서 감히 자신에게 저주를 내릴 정도였습니다.[25] 그리고 하느님께서는 사랑이라고 불립니다. 의인들이 실천한 환대 또한 아름다운 덕입니다. 소돔 사람 롯은 이 덕으로 그 시대 사람들과 구별되었고, 죄인 가운데서도 순결했던 기생 라합은 그의 환대로 인해

---

[25] 로마 9장 3절 : "나는 혈육을 같이하는 내 동족을 위해서라면 나 자신이 저주를 받아 그리스도에게서 떨어져 나갈지라도 조금도 한이 없겠습니다."

칭송과 구원을 얻을 수 있었습니다. 형제애 또한 아름다운 덕입니다. 우리의 형제라 불리는 것으로 만족하지 않고, 우리를 구원하시기 위해 형벌을 달게 받으신 예수님이 그 증인입니다. 인간에 대한 이 사랑, 이 아름다운 덕을 예수님은 또한 선한 행실을 하도록 우리를 창조하시고 또 진흙 같은 우리의 육신에 우리를 완전으로 끌어올려줄 그분의 형상을 결합시켜줌으로써 증언하십니다. 특별히 그분은 그 덕으로 인해 우리를 위해서 스스로 사람이 되기까지 하셨습니다! 또한 거짓행위자와 살인자의 무리로부터 그분을 지키고자 했던 천상 천군의 도움을 거절하시고, 칼을 빼들어 군사의 귀를 잘랐던 베드로를 책망하시며 그 귀를 고쳐주실 때, 그분의 영혼은 또 얼마나 넓으시고 위대하십니까!

그리스도의 제자, 스테파노스는 그에게 돌팔매질을 하던 사람들을 위해 기도함으로써 똑같은 영웅적 행위를 증거로 보여주었습니다. 온유함은 또 얼마나 매력적인 덕입니까! 성경의 증언에 따르면 모세와 다윗이 바로 이 덕의 증인입니다. 그들의 주님이신 그리스도 또한 그 증인이시니, 그분은 논쟁하지 않으셨고, 소리치지도 않으셨으며, 길거리의 군중을 선동하지도 않으셨습니다. 다만 그분을 끌고 가는 이들에게 온유하게 순종하셨을 뿐입니다.

3. 이스라엘에게 내려진 저주를 없애기 위해 미디안 여인과 이스라엘 사람을 창으로 찔러 죽인 비느하스의 열정을 나는 사랑합니다. 그는 이 적극성으로 인해 '열성자'라는 별칭을 얻었습니다. 그를 이어서 사람들은 이런 말로 그 열의를 증언합니다.(민수기 25:1~17)

"저는 이스라엘 백성들이 당신과 맺은 계약을 저버리는 것

을 보고 만군의 하느님 주님을 생각하여 가슴에 불이 붙고 있습니다." (열왕기상 19:14)

"나는 하느님의 열정을 가지고 여러분을 위하여 열정을 다하고 있습니다." (II 고린토 11:2, 가톨릭 성서에서 인용)

"당신 집을 향한 내 열정이 나를 불사릅니다." (시편 69:10)

그들의 입술에서 나온 이 말은 곧바로 그들의 마음으로 올라갔습니다. 금욕 또한 아름다운 덕입니다. 성 바울로는 그것으로 여러분을 설득할 수 있었습니다. 그는 자신의 몸을 거칠게 대했고, 이스라엘과 같이 자신만을 너무 신뢰하여 더 이상 육체에 저항할 수 없게 된 이들을 혹독하게 꾸짖었습니다. 또 금식하고 사탄에게 시험받고 마침내 승리하신 예수님을 보십시오. 우리 하느님께서 그러하셨던 것처럼 기도하고 철야하는 것 또한 너무 아름답습니다. 수난 당하시기 전날 밤이 여러분에게 그것을 증언합니다. 순결과 동정의 덕 또한 너무 아름답습니다. 성 바울로가 결혼과 독신에 관하여 규정한 계율과 지혜로운 율법을 기억해 보십시오. 예수님께서는 생식을 영예롭게 하시기 위해 동정녀에게서 태어나셨지만, 그분 자신은 동정을 더 사랑하셨다는 것을 주목하십시오. 절제 또한 아름다운 덕입니다. 사람들이 베들레헴 우물에서 가져다준 물을 입에 대지도 않고 하느님께 부어 바친 다윗을 본받으십시오. 수많은 생명을 희생하면서라도 자신의 갈증을 해소해보겠다는 생각은 그에게 용납할 수 없는 것이었기 때문입니다.

4. 고독과 고요는 또 얼마나 아름답습니까! 엘리야는 가르멜 산에서, 세례자 요한은 광야에서, 예수님은 휴식과 기도를 위해 찾으

셨던 산 위에서 내게 그것을 가르쳐주셨습니다. 한 과부의 집에 은둔했던 엘리야에게서, 낙타털 옷을 입고 지낸 세례자 요한에게서, 매일 콩[26]으로 연명했던 베드로에게서, 나는 검소함의 가치를 배웁니다. 많은 예가 겸손의 아름다움에 대해 말하지만, 나는 그 모든 것보다 가장 감탄스러운 겸손을 생각하고 있습니다. 그것은 바로 세상의 주님이신 구세주 예수님께서 종의 모습을 입으시고 침 뱉음의 불경에 자신의 얼굴을 내어주신 일입니다. 세상의 죄를 깨끗하게 하신 그분은 흉악범의 수준으로 여겨지길 허락하셨고, 종의 태도를 취하시어 제자의 발을 씻어주셨습니다.

예수님과 자캐오의 이야기가 우리에게 증명해주듯이, 부에 대한 경시와 가난 또한 얼마나 아름다운 덕입니까! 자캐오는 예수님께서 그의 집을 방문하신 날 거의 모든 재산을 나눠주었습니다. 예수님께서는 모든 거룩함이 그와 같은 희생적 자선에 있다는 것을 그에게 가르쳐주셨던 것입니다.

관상과 활동의 가치에 대해서도 나는 한 마디 하려 합니다. 관상은 우리를 이 지상에서 거룩하고도 거룩하신 분에게로 올려주고, 우리의 영을 그분에게로 이끌어줍니다. 활동은 행위를 통해 사랑의 힘을 보여주기 위해서 그리스도를 영접하고 섬깁니다.

▍자비의 승리

5. 이 덕 하나하나는 그 자체로 우리를 구원으로 이끌어주고 우

---

[26] 베드로의 식량에 관한 이 기록은 그레고리오스 성인이 다른 숨겨진 책에서 발견해 낸 것으로 여겨진다. 왜냐하면 신약성서에는 이와 같은 내용이 나와 있지 않기 때문이다.

리를 영원한 복락을 누리는 거처 중 한 곳으로 데려가기에 충분합
니다. 하늘에는 이 땅에서 살아가는 다양한 방식만큼이나 많은 거
처가 있고, 하느님께서는 각자에게 그 덕에 따라 그 거처를 지정해
주시기 때문입니다. 어떤 덕이든, 또한 가능하다면 그 모든 덕을 실
천하십시오! 하지만 본질적으로는 여러분의 여정 안에서 진보하려
는 마음을 가지십시오. 선한 길잡이의 발자취를 따라가려 노력하십
시오. 그 믿음직한 발자취는 분명 좁은 길과 좁은 문을 통해서 하늘
지복의 광대한 평원으로 여러분을 인도해 줄 것입니다. 예수님과
성 바울로의 말씀에 따르면, 사랑은 으뜸 되고 가장 위대한 계명이
고, 그 위에 모든 율법과 예언자들의 가르침이 세워집니다. 그런데,
내가 믿기로는 그 사랑의 가장 주된 결과 중의 하나는 바로 가난한
이들에 대한 사랑이고, 우리 이웃들에 대한 온유함과 연민입니다.
자비만큼 하느님을 영예롭게 하는 것이 없습니다. 그 어떤 것도 이
렇게 그분과 밀접한 것은 없기 때문입니다. 하느님은 자비와 진리
를 앞세우시고, 심판보다 자비를 더 선호하시는 분이십니다.(시편 89
편 14) 특별히 하느님께서는 선행에 선행으로 응답해주십니다. 그분
의 보상은 언제나 정의로우며, 그분은 자비를 가장 소중하게 여기
시어, 척도로 삼으십니다.

6. 우리는 모든 가난한 사람에게, 그 고통이 어떤 것이든 불행을
겪고 있는 모든 사람에게 우리의 전 존재를 열어주어야 합니다. 기
쁨 속에 있는 자와 함께 기뻐하고, 우는 자와 함께 울라고 우리에게
명령하는 이 계명 자체가 그것을 요청합니다.(로마 12:15)
우리도 그들과 똑같은 사람이 아닙니까? 그러므로 그들이 필요로

한다면 우리의 사랑을 신뢰의 표로 보여주십시오. 과부, 고아, 유배 당한 이, 잔혹한 주인과 불의한 법관, 악착같은 세리와 야만스러운 강도, 출몰하는 도둑떼의 피해자들, 재산 몰수나 난파로 인해 망한 사람들, 이 모든 사람들이 우리의 긍휼을 입을 권리가 있습니다. 우리 자신도 뭔가 필요한 것이 있으면 하느님께 간청하듯이, 그들도 간청의 시선으로 우리를 쳐다봅니다.

하지만 느닷없이 불행에 빠지게 된 사람에겐 늘 고통 속에 있는 사람보다 더 많은 자비가 필요하다고 나는 생각합니다. 특히 저주받은 질병의 희생자들이 그렇습니다. 그들의 육신은 마치 예언자의 경고처럼(이사야 10:18), 뼛속과 골수에 이르기까지 썩어 들어갑니다. 고통과 수치와 기만일 뿐인 이 몸은 그들을 조금씩 방치하게 만듭니다.

하지만 어떠한 신비가 나를 몸과 연합시키는 것입니까? 나는 그것을 알 수 없습니다. 진흙으로 빚어진 내가 어떻게 하느님의 형상에 따른 존재란 말입니까? 내 몸은 건장합니까? 그 몸은 나를 성가시게 합니다. 내 몸이 아픕니까? 그 몸은 나를 찌푸리게 합니다. 나는 내 몸을 함께 유배당한 친구처럼 사랑합니다. 나는 내 몸을 내 원수처럼 혐오합니다. 나는 내 몸을 감옥처럼 기피합니다. 나는 내 몸을 공동 상속자처럼 존중합니다. 만약 내가 그것을 허약하게 만든다면, 그 무엇이 그 방대한 계획을 착수하도록 나를 돕겠습니까? 왜냐하면 나는 내 운명을 알기 때문입니다. 나는 이 일들을 통해서 하느님께로 올라가야 한다는 것을 말입니다.

7. 만약 내가 이 동료와 부드러운 관계를 가진다면, 그것은 그의 공격을 피할 수 있게 해주고 하느님 곁에 굳게 서 있게 해줄 방책이

되겠지만, 또 언제 그 무거운 사슬로 나를 흔들어 대고 일어설 수 없도록 막아설지 알 수 있겠습니까? 그것은 그야말로 사랑스런 원수요 동시에 믿을 수 없는 친구입니다! 아, 이 얼마나 부조리한 화합이요 분열이란 말입니까! 나는 내 두려움의 대상을 아끼고 동시에 내가 친애하는 대상을 두려워합니다. 전쟁 전야에 우리는 화해합니다만, 평화가 찾아오자마자 우리는 벌써 전쟁 속에 있습니다!

나를 지배하는 것은 어떤 지혜입니까? 그 어떤 심오한 신비란 말입니까? 우리는 하느님의 한 부분입니다. 우리는 그 신성에서 흘러나옵니다. 그토록 큰 존귀함이 우리 자신을 칭송하고 교만하게 만들지도 모릅니다. 그래서 창조주를 멸시하게 만들지도 모릅니다. 그분은 우리가 우리 자신의 이 이중적 실존 안에서, 이 몸과의 전쟁 안에서 언제나 그분을 바라보길 원하십니다. 우리와 결부된 이 연약함이 우리의 자긍심을 고쳐줍니다. 이렇게 해서 우리는 우리 자신의 위대함과 동시에 비천함을, 우리가 땅에 속한 존재임과 동시에 하늘에 속한 존재임을, 또 썩어 없어질 존재임과 동시에 불멸의 존재임을, 우리가 선택하고 걸어가는 길에 따라 빛과 불의 상속자나 지옥으로 심판받은 존재가 될 수 있음을 알게 됩니다.

이 혼합, 뒤섞임이 바로 우리들입니다. 우리가 하느님의 형상이라는 것을 지나치게 자랑한다면, 우리가 빚어진 그 진흙이 다시 우리를 더욱 겸손한 자리로 이끌어줄 것입니다. 이 문제에 대해 여러분의 마음이 인도하는 만큼 묵상하십시오. 우리도 언젠가 다시 한 번 이것에 대해 말할 기회를 만들어 볼 것입니다.

8. 이제 나는 처음의 주제로 다시 돌아가겠습니다. 내 육신 뿐 아니라, 타인들의 불행 안에서 드러나는 나의 연약함이 그러한 긍

휼을 필요로 하듯이, 형제들이여 고통 받는 이 동료, 즉 우리의 몸을 또한 정성껏 보살펴야 합니다. 나는 이 몸이 나의 영혼 안에 혼란을 가져오는 것이기에 내 원수로 여기지만, 또한 그것은 우리를 하나로 모이게 하는 것이기에 형제처럼 존중하고 사랑합니다. 우리 자신만큼이나 주의 깊게 우리 이웃의 건강을 살핍시다. 그들이 강건하든 아니면 공동의 질병으로 인해 피폐해지든 말입니다. 부자나 가난한 자, 노예나 자유인, 건강한 자나 병든 자 할 것 없이 우리 모두가 주님 안에서 하나일 뿐입니다. 모두에게 그분은 유일한 머리이시고, 모든 이들의 원리이신 분, 그분은 바로 그리스도이십니다. 같은 몸의 지체가 그러하듯이, 각각 서로, 또한 모두가 모두를 책임져야 합니다. 우리 모두에게 닥쳐올 쇠락의 운명 안에서 먼저 넘어진 이들을 경홀히 여기지 말고 방치하지도 말아야 합니다. 우리 자신의 건강을 즐기고 기뻐하는 대신 오히려 우리 형제들의 쇠약함을 함께 아파합시다. 우리 영혼과 우리 몸의 안전은 오직 우리가 이 형제들에 대해 보여주는 인간성에 의존합니다. 우리의 생각을 좀 더 구체화시켜 봅시다.

▌가난한 이들의 절망스런 고독

9. 어떤 사람들은 가난의 고통만 겪습니다. 그러나 시간, 일, 우정, 가족, 운명의 역전 등이 그것을 치유할 수 있습니다. 하지만 한센병자에게는 이 불행이 철저하게 비극적입니다. 그들의 몸은 잘려 나가 일을 할 수 없고 그래서 최소한의 필요조차 채울 수 없게 만들기 때문입니다. 그런 까닭에 그들에게는 언제나 질병의 공포가 치

유의 희망을 압도해 버립니다. 그래서 불행에 처한 이들의 거의 유일한 약인 이 희망의 도움을 거의 받지 못합니다. 그들의 가난에 가장 끔찍하고 가장 무서운 질병이 추가됩니다. 그 질병은 저주와도 같습니다. 또 눈물 흘리지 않을 수 없는 이유가 있습니다. 군중은 감히 그들에게 다가가지도 그들을 쳐다보지도 못합니다. 오히려 무슨 혐오와 공포의 대상이나 되는 듯 그들을 피합니다. 그 불행이 그들에게 불러오는 이 혐오는 물리적 질병보다 더욱 잔인하고 혹독한 고문으로 가해집니다. 그들의 절망을 생각하면 나는 눈물 흘리지 않을 수 없습니다. 내 마음은 찢어지는 듯합니다. 여러분도 나의 이 감정을 함께 나눌 수 있습니다. 그리하여 오늘 흘리는 여러분의 눈물은 나중에 흘리게 될지도 모를 눈물을 피할 수 있게 해줄 것입니다. 하지만 확신컨대 그리스도의 친구이고 가난한 이들의 친구이며, 하느님으로부터 거룩한 자비를 입은 지금 여기 계신 여러분 모두는 당황하고 있습니다. 게다가 여러분은 모두가 그들의 절망을 목격하고 있는 증인들 아닙니까?

10. 우리 눈앞에 참혹하고 끔찍한 광경이 펼쳐지고 있습니다. 보지 않고는 믿을 수 없을 정도입니다. 끔찍하게 잘려나가고 누구인지 알아볼 수도, 어느 가족에 속한 사람인지도 분간할 수 없을 만큼 너무도 일그러져 버린 모습의 죽은 사람과 산 사람 모두를 말입니다. 사람이라구요? 아니, 차라리 그들의 처참한 잔해라고 해야 할 것입니다. 그들은 자신이 누구인지 알려주려고 아버지, 어머니, 형제들, 고향 이름을 댑니다. "나는 누구누구의 아들입니다. 그래서 사람들은 나를 이렇게 부릅니다. 예전에 그대는 나의 친구였습

니다." 필수적인 정보이지만, 그들을 보는 순간, 전혀 알아차릴 수가 없습니다. 돈도 가족도 친구도 심지어 몸조차도 온전히 소유하지 못한 절단당한 존재들. 모든 사람들 중에서 홀로 그들만이 그들 자신에 대해 긍휼과 증오를 동시에 품고 있습니다. 지체 한 부분을 잃어버린 것에 대해 통곡해야 하는지 아니면 지체를 보존하고 있는 것에 대해 통곡해야 하는지, 그 질병이 신체의 모든 것을 앗아가지 않은 것을 두고 울어야 하는지 그들은 알지 못합니다. 그들에게는 신체가 잘려 나간 나머지 부분을 간직하고 있는 것 보다는 신체 모든 부분을 잃어버리는 것이 차라리 덜 비극적일 수도 있습니다. 그들의 신체 일부는 몸이 죽기도 전에 죽습니다. 그들은 죽어도 그 몸을 묻어줄 사람 하나 없습니다. 아무리 예민하고 아무리 자비로운 마음을 가진 사람도 한센병자의 이 절망에 연민을 느끼지 않습니다. 이 땅에서 우리 모두는 비참을 덧입은 육신일 뿐이라는 것을 잊은 것입니까? 우리 이웃을 생각하기보다는 그들과 가까워짐을 피함으로써 우리 자신의 안전만 보장하면 된다고 생각하는 것입니까? 사람들은 부패 과정에 있는 시신에 가까이 다가가는 것을 두려워하지 않습니다. 동물이 풍기는 역한 냄새도 구역질하지 않고 잘 참습니다. 진흙탕에 뒹구는 것도 견딜 만합니다. 그러나 우리는 이 병자들을 보면 다 달아납니다. 아, 이 무슨 야만의 극치입니까! 같은 공기를 마시는 것만으로도 우리를 구역질나게 하다니 말입니다!

11. 무엇이 아버지보다 더 부드러울 수 있습니까? 무엇이 어머니보다 더 감성적일 수 있습니까? 하지만 그들에게는 본성 자체도 그 법칙을 위반합니다. 한 사람이 아들을 세상에 낳았습니다. 인생

의 가장 달콤한 기쁨처럼 그를 키웠고, 바라보았습니다. 그를 위해 수도 없이 기도했습니다! 그런데 보십시오. 이제 그는 아들을 미워하기 시작하고, 기뻐하기는커녕 거리낌 없이 내쫓아 버립니다. 어머니는 그의 고통을 생각하면서 마음이 찢어지고, 탄식의 울부짖음을 내짖습니다. 마치 죽은 사람처럼 살아가야 하는 자식을 보고 웁니다. 그녀는 탄식합니다. "오 불운한 내 자식아, 이 질병은 너무나도 잔인하게 너를 내게서 빼앗아 갔구나! 불행한 아이야, 내가 벌써 알아볼 수 없게 된 아이야, 결국은 맹수들이 우글대는 산속으로, 사막 협곡으로 사라지게 만들려고 낳은 꼴이 되어버린 내 불쌍한 아이야, 너는 동굴에나 머물 것이니, 오직 거룩한 은둔 수도승만이 너를 보려하겠구나." 욥처럼 그녀는 비탄에 빠져 외칩니다.

> "나의 모태가 그 문을 닫지 않아 내 눈이 마침내 고난을 보게 되었구나. 내가 어찌하여 모태에서 죽지 아니하였으며 나오면서 숨지지 아니하였는가? 어찌하여 나를 받을 무릎이 있었고 어찌하여 내가 빨 젖이 있었던가?" (욥기 3:10~12)

이 외침에는 시냇물 같은 눈물이 동행합니다. 불행한 어머니는 아들을 안아보길 원하지만, 그 육신은 벌써 병든 자식을 기피하고 밀쳐냅니다.

백성들이 격분하여 일어나 몰아내는 것은 결코 강도떼가 아니라 바로 이 불쌍한 사람들입니다. 우리는 사람들이 살인자에게 도피처를 주고, 간음한 자에게 잠잘 곳과 식탁을 내어주며, 신성 모독자와 어울려 다니고, 손해를 끼친 사람에게도 아첨하거나 예를 다하는 것을 자주 봅니다. 하지만 우리는 잘못한 것이라고는 고통 받는 것 외에는 없는 이 병자들을 내쫓습니다. 사악한 자의 삶은 이 병자의 삶보다 언제나 훨씬 더 안락합니다. 모든 사람들이 자신들의 잔인성은 영예롭게 생각하면서도 자비는 마치 악덕이나 되는 것처럼 기피하기 때문입니다.

12. 그들은 도성에서 추방되고, 집과 공공장소와 회중과 길거리와 축제와 잔치에서 내쫓깁니다. 아, 이 얼마나 비참한 일입니까! 우리는 그들에게 물도 사용하지 못하게 합니다. 그들은 샘이나 강에서 물을 길어갈 권리조차 박탈당합니다. 그것을 오염시킬까 두려워하기 때문입니다. 하지만 보십시오. 이 얼마나 우스꽝스러운 일입니까! 우리는 그들을 마치 범죄자인 양 쫓아내고 결백하게 되어 돌아오라고 강요합니다. 하지만 실제로 우리는 할 수 있는 만큼도 그들에게 집이나 양식이나 치료를 제공하지 않습니다. 그들의 병을 가려줄 옷도 주지 않습니다. 그러니 그들은 살아갈 방편 없이, 옷도 집도 없이, 그들의 환부를 그대로 드러낸 채, 창조주께 끊임없이 자신들의 신세를 하소연하고 간청하며, 밤낮으로 헤매고 다닙니다. 그들은 각자 자신에게 없는 것을 보완하기 위해 남아 있는 신체 부위로 서로 의지하고 도우면서 걸어갑니다. 그들은 자비심을 불러 일으킬 수 있는 노래를 만들어 부르며, 빵 한 조각, 보잘 것 없는 음식, 그들의 수치를 가리고 그들의 환부를 진정시킬 수 있는 낡은 천 조각을 구걸합니다. 그들에게 어떤 도움을 주어서가 아니라, 그들을 경멸하며 내쫓지 않는 것만으로도 사람들은 그것을 자비롭다고 여깁니다.

아무리 수치스러워도 그것은 그들이 예배 회중 가운데 나타나지 못하게 할 충분한 이유가 되지는 못합니다. 그 반대로, 그들은 정말 필요해서 그런 예배 모임을 찾아갑니다. 그렇습니다. 그들은 우리 영혼의 진보를 위해 제정된 이 축제에 나타나 함께 섞이곤 합니다. 우리는 거룩한 신비를 거행합니다. 우리는 시련을 겪은 성인들의 신심을 본받기 위해 순교자 중 어떤 분을 기립니다. 여기 우리 앞에, 이 불행한 사람들은 그들 자신이 사람이라는 사실 그 자체를 부끄러워합니다. 그래서 그들은 차라리 산 속에, 바위틈에, 숲 속에, 어둔 밤하늘에 숨어있는 것이 더 낫지 않을까 생각하기도 합니다. 그럼에도 불구하고 그들은 군중 한가운데 눈물 없이는 볼 수 없는 비참한 광경으로 나타납니다. 어쩌면 그들은 우리 자신의 연약함을 일깨워주고, 우리가 영원할 것이라고 믿어 마지않는 이 감각적인 것들에 대한 우리의 사랑을 꺾어버리고 싶은지도 모르겠습니다. 그게 아니라면 그들은 우리의 목소리를 듣고 싶어서, 우리의 얼굴을 보고 싶어서, 혹은 호사 속에 뒹굴고 있는 이들에게서 얼마간이라도 도움을 얻고 싶어서 왔을지도 모릅니다. 하지만 그들 모두는 자신의 고통을 보여줄 때 사람들이 조금이라도 친절과 연민을 품어주길 바라면서 예배 모임을 찾아옵니다.

13. 그들의 탄식으로 끊기기를 반복하는 그 음울한 노래에 그 누가 당황하지 않겠습니까? 과연 그 누가 이 노래를 들을 수 있겠습니까? 이 광경을 견딜 수 있는 사람이 누구입니까? 그들은 이 끔찍한 질병으로 좌절하여 땅에 누워있고, 그 질병에 다른 질병과 온갖 장애가 합쳐져 그들을 더욱 처연하게 만듭니다. 동료의 질병과 불행은 각자의 쓰라린 고통을 배가시켜 더욱 아프게 합니다. 그들 각자가 겪고 있는 불행보다 더 슬픈 것은 그들 각자가 서로에 대해 품고 있는 연민의 감정입니다.

시간이 채 얼마 가지도 않아서 한 무리가 그들에게로 몰려와 그들을 비난하고 책망합니다. 그들의 발길질에 이 불행한 무리는 뒹굴 듯 먼지와 땡볕 속에 처박히거나, 살을 에는 찬바람과 빗줄기 속에 내동댕이쳐집니다. 그러면 우리는 뻔뻔스럽게도 그들과 조금이라도 닿기만 해도 역겹다는 듯 발을 구르며 경멸합니다.

우리의 찬양에 그들의 탄식어린 기도가 겹쳐집니다. 우리의 신비롭고 장엄한 목소리에 그들의 찢어질 듯 날카로운 호소가 메아리칩니다.

이 축제의 날 여러분에게 그들의 절망을 늘어놓는 것은 무슨 이유 때문이겠습니까? 내가 여러분에게 비극의 시를 말한다면 아마도 나는 여러분의 눈에서 눈물을 끌어낼 수도 있지 않겠습니까? 이렇듯 고통은 여러분의 희열의 이유입니다. 하지만 나는 아직도 여러분을 설득하지 못했기에, 다만 때로는 근심이 쾌락보다, 슬픔이 축제의 기운보다, 눈물이 경박한 웃음보다 더 선호할 만한 것임을 아시기 바랄 뿐입니다.

14. 그러나 이 사람들도 하느님 안에서 우리의 형제고, 욥이 자신의 불행을 생각하고 자신의 몸 전체를 증오하면서 말한 것처럼, 이 사람들도 본래 우리와 똑같은 진흙에서 나온 똑같은 본성을 가진 이들이고, 우리처럼 그들도 신경과 뼈로 구성되어 있고 피부와 살로 덮여있는 사람이라는 것을 생각할 때, 우리는 더욱 뭉클해집니다. 그런데 특별히 그들 또한 우리처럼 하느님의 형상이며 어쩌면 그들은 비록 외적으로는 참혹하게 일그러졌을지언정, 내적으로는 우리보다 이 형상을 더 온전하게 보존하고 있다고 생각할 때 그 뭉클함은 이루 말할 수 없습니다. 그들의 속사람은 동일한 그리스

도를 옷 입고 있으며, 그들은 성령의 동일한 보증을 받고 있습니다. 그들도 똑같은 법과 똑같은 계명과 똑같은 계약과 똑같은 교회와 똑같은 신비와 똑같은 희망을 가집니다. 세상의 죄를 없애신 예수 그리스도께서는 우리를 위한 것처럼 또한 그들을 위해서도 돌아가셨습니다. 이 지상의 삶에서는 부족한 것이 너무나도 많지만 그들 또한 하늘의 영원한 생명의 상속자입니다. 그들은 예수 그리스도의 고난의 동반자이며, 그러므로 그분의 영광의 동반자가 될 것입니다.

15. 어떻습니까? 우리는 그리스도에게서 "선택된 백성, 왕 같은 제사장, 거룩한 나라, 선택받고 예정된 종족, 선과 구원의 추종자"와 같은 이 신기하고 놀라운 이름을 받았습니다. 그리고 우리의 불의를 짊어지신 분, 육신이 되시어 이 지상의 장막인 육신의 비참 안에 거하시기까지 우리를 위해 낮아지신 분, 그 신성으로 우리를 부요하게 하시려고 핍박과 능욕을 당하신 분, 바로 온유하시고 자비로우신 그리스도의 제자라는 이름을 받았습니다. 이토록 위대한 자비와 은총의 모범을 따르는 우리가 이들을 어떻게 생각해야 하며 또 무엇을 해야 하겠습니까? 그들을 멸시해야겠습니까? 쳐다보지도 않고 그냥 지나쳐야겠습니까? 마치 시체처럼, 마치 공포의 대상처럼, 마치 가장 무서운 독사나 맹수처럼 그들을 피해야겠습니까? 형제들이여, 그렇지 않습니다. 우리는 결코 그렇게 하지 않을 것입니다. 우리는 잃어버린 양을 데려오시고, 잃어버린 것을 되찾으시며, 연약한 것을 강하게 하시는 선한 목자 그리스도의 어린 양들이지 않습니까! 인간의 본성 또한 그렇게 할 수 없습니다. 우리가 서로에게 자비를 베푸

는 것은 그 본성의 법이고, 불행의 보편성은 우리에게 인간 본성과 사랑에 대한 교훈을 깨닫게 해주기 때문입니다.

부자들의 쾌락

16. 우리는 모든 공간이 진귀한 석재와 금과 은으로 빛나고, 섬세한 모자이크와 살아있는 듯 매혹적인 그림으로 장식된 화려한 저택에 살면서, 그들은 모진 바람에 고통 받도록 내버려 둘 것입니까? 그러한 저택에서 살고 있는 것도 만족이 되지 않아 새로운 저택을 지으렵니까? 누가 그곳에 살게 되겠습니까? 분명 우리의 상속자는 아닐 것입니다. 아마도 낯선 사람들, 알지 못하는 사람들이 그것을 차지할 것입니다. 그러면 그들은 우리에게 최소한의 친밀감은커녕 질투심에 눈이 멀어 적대적인 감정을 드러낼 것입니다. 이 얼마나 슬픈 결말입니까!

그들은 낡아빠진 옷가지를 걸치고 떨게 될 것이고, 그것마저도 운이 좋아야 소유할 수 있을 것입니다. 우리는 비단과 명주에 장신구가 부드럽게 늘어진 고급 의상을 걸치고 으스대며 걷겠지만, 그것은 우아함은커녕 추문일 뿐입니다. 남아도는 것과 소용없는 것을 소유하고 있는 것은 파렴치한 것이기 때문입니다. 옷장에 보관되어 있는 나머지 옷은 우리로 하여금 쓸데없는 근심만 불러일으킬 것입니다. 누구도 그 옷가지가 좀먹고 세월이 지나 먼지가 되는 것을 막을 수 없기 때문입니다.

그들은 또한 배고파도 먹지 못할 것입니다. 삶이 내게는 이토록 호사스럽건만, 그들에게는 절망일 뿐이라니! 지칠 대로 지치고 굶주려 우리의 집 대문 앞에 누워 있는 그들은, 신음할 목소리도, 자선을 구걸할 손도, 부잣집에 구걸하러 갈 다리도, 슬픈 노래를 흥얼거릴 기운도 없고, 그저 우리의 적선을 간청할 최소한의 힘밖에는 없습니다. 그들의 불행 중 가장 참혹한 것은 바로 시력마저 잃어버렸다는 것인데, 그들은 오히려 그것을 위안으로 삼고 있으니, 차라리 그들의 참혹한 삶의 광경을 볼 수 없게 해주기 때문입니다.

17. 그들의 운명이 이러할진대, 우리는 감히 아무도 다가가지 못할 높고 푹신한 침대에 누울 것이고, 값비싼 이불을 덮을 것입니다. 만약 그들의 간청 소리가 한 마디라도 귓전에 다다르면 신경질을 내고야 말 것입니다. 우리의 방은 제철도 아닌 꽃향기로 진동할 것이고, 우리를 흥분시키는 아주 섬세하고 값비싼 향수가 이 식탁에 뿌려질 것입니다. 우리 곁에는 젊은 소년들이 머물러 있을 것인데, 그중 일부는 우리의 음란한 시선을 더욱 만족시키기 위해서, 헝클어진 머리카락에, 털을 다 뽑아버린 얼굴에, 인내심을 요하는 온갖 화장술을 통해서 마치 여자아이와 같은 모습을 하고 있을 것이며, 다른 일부는 아주 우아하고 조신한 자세로 손에 술잔을 들고 있을 것이고, 또 다른 일부는 커다란 부채를 흔들어 우리의 뺨에 부드러운 바람을 일으켜주고, 우리의 몸을 시원하게 해줄 것입니다. 그들은 또한 하늘과 땅과 바다에서 나는 모든 종류의 고기를 식탁으로 나를 것이고, 요리사의 재주는 결코 만족을 모르는 식탐에 또 다른 식욕으로 아첨하기 위해 새로운 요리를 개발하느라 진저리가 날 것입니다. 그것은 참으로 무거운 죄의 짐, 악덕의 핵심이며, 우리는 그 식탐이 먹어치우는 음식들만큼이나 재빠르게 사라질 운명을 타고난, 만족을 모르고 신의도 없는 짐승과 같습니다!

그들은 물 한 모금으로 갈증만 해소할 수 있어도 행복해 합니다. 그런데 우리는 취할 때까지 잔을 가득 채워가며 포도주를 마시고 또 마십니다. 우리 가운데 가장 무절제한 사람들은 인사불성이 될 때까지 마셔댑니다.

포도주를 선택할 때도 가장 향이 좋은 것만 취합니다. 포도주 품평으로 시간을 보내고, 가장 유명한 외국산 포도주를 얻지 못하면 마치 모욕이나 당한 듯 불만에 찹니다. 상식을 넘어서는 욕망의 향연과 낭비, 보십시오. 이것이 바로 우리가 그렇게 되길 또는 그렇게 보이길 원하는 모습입니다. 마치 우리의 배와 식탐의 가장 천박한 노예가 되지 못해 안달이 나고 두려워하는 것 같습니다.

18. 친애하는 형제들이여, 어떻습니까? 우리의 영혼을 갉아먹는 문둥병, 그것은 우리 육신을 잠식해가는 문둥병보다 더욱 큰 재앙이 아닙니까? 사실 후자는 의지와 무관한 것이지만, 전자는 의지에서 나오는 것입니다. 후자는 생명이 다하는 것과 함께 끝나지만, 전자는 우리의 모든 여정에 동행합니다. 후자는 우리에게 자비를 불러일으키지만, 전자는 적어도 이성이 있는 사람에게는 구역질나는 것일 뿐입니다. 그런데 어찌하여 너무 늦지 않게 본성을 구조하지 않는 것입니까? 어찌하여 우리가 육신을 가지고 있는데도 육신의 비참함을 덮어주지 않는 것입니까? 어찌하여 우리 형제들은 눈물 흘리고 있는데, 우리는 쾌락에 몰두하는 것입니까? 그런 불행과 재난이 존재하는 한 나는 절대 부자가 되지 않길 원합니다. 그들의 환부를 싸매주러 가지 못할 바에야, 나 또한 건강하기를 원치 않습니다. 내가 할 수 있는 한 그들을 먹이고 입히고 재워주지 않을 바

에야, 나 또한 배부르기를, 따뜻하게 입기를, 지붕 아래서 잠자기를 원치 않겠습니다. 그렇습니다. 참으로 그리스도를 따라가려면, 우리 어깨에 그 십자가를 지려면, 모든 사슬을 벗고 뛰어넘어 저 높은 곳의 세상으로 가볍게 날아갈 수 있으려면, 모든 것을 포기해야 합니다. 그러면 우리는 세상 대신에 예수 그리스도를 얻을 것입니다. 겸손으로 위대해지고 가난으로 부요해질 것입니다. 아니면 적어도 우리의 재물을 그리스도와 함께 나눠야 합니다. 자비와 관대함은 부자들을 의롭게 하고, 그들을 거룩하게 하는 데 기여합니다. 내 이익만을 위해 심는다면, 내가 뿌린 씨앗의 열매는 남의 차지가 될 것입니다! 욥의 표현을 사용한다면, "밀이 날 자리에 엉겅퀴가 나고 보리가 날 자리에 잡초가 무성하게 될"(욥기 31:40) 것이고, 천둥 번개 폭풍우가 내 노고를 다 쓸어갈 것이고, 내 모든 노력은 결국 허사가 되고 말 것입니다! 맘몬을 쌓아놓기 위해, 보화를 축적하기 위해 창고를 지으려 하겠지만, 내 영혼은 당장 이 밤에라도 불려가, 내가 이 모든 재산을 어떻게 모았는지 실토하고 큰 수치를 당하게 될지도 모르는 일입니다.

▎영원한 복과 삭아 없어질 부를 분별하십시오

19. 우리는 나중에나 지혜를 얻을 것입니까? 우리의 탐욕은 고사하고 우리의 냉담함이라도 버릴 순 없겠습니까? 인간적인 행위들에 대해 생각조차 안하렵니까? 남의 불행이 우리의 책임과 보호에 관련된 것임을 가르쳐주지 않는단 말입니까? 인간적인 것 중에는 그 어떤 것도 확실하거나 영속적이거나 다만 얼마간이라도 굳건한

것은 없습니다. 우리의 운명은 한 바퀴만 돌아도, 아니 한 나절, 한 시간만 지나도 그 행운의 경로가 이리저리 바뀔 수 있고 매우 유동적입니다.

그러므로 인간적 행복을 신뢰하느니, 차라리 바람의 변덕을, 먼 바다로 나간 배의 항로를, 한낱 꿈의 환상을, 그 짧은 달콤함을, 아이들이 모래 위에 세우는 성에 의지하는 것이 더 나을 것입니다. 영원성을 얻을 생각만 하고 현존하는 것은 모두 불신하는 것이 오히려 지혜롭습니다. 깨지기 쉽고 오래 지속되지 않는 세상적인 번영보다는 차라리 그 누구도 배신하지 않고 적어도 다음의 세 가지 유익 중 하나라도 보장해주는 이 자비를 선호하는 편이 지혜롭습니다. 먼저 자비는 여러분을 불행에서 지켜줍니다. 하느님께서는 종종 가난한 이들을 돕도록 자극하고 격려하기 위해 자비로운 사람들을 이 땅에서의 번영으로 보상해주시기 때문입니다. 또 자비는 시련이 온다 해도 결코 그들의 죄에 대한 형벌이 아니라 하느님의 어떤 계획을 위한 것이라는 내적인 확신을 갖게 해줍니다. 그리고 마지막으로 자비는 여러분이 부유할 때 가난한 이들에게 베풀었던 그 도움을 부자들에게도 요청할 수 있게 해줍니다.

20.

"현자는 지혜를 자랑하지 마라. 용사는 힘을 자랑하지 마라. 부자는 돈을 자랑하지 마라." (예레미야 9:23)

나는 여기에 이렇게 덧붙이겠습니다. 영광을 누리고 튼튼한 건강을 소유하며 매우 아름답고 젊고 고운 용모를 가진 사람, 혹은 세상이 부러워하는 이 모든 특권을 하나라도 가진 사람도 교만에 빠지지 말라고 말입니다. 영광스럽게 여길 것이 있다면, 다만 하느님을 알고 하느님을 찾는 것을 영광스럽게 여기십시오. 그리고 불행에 처한 이들을 향해 자비의 마음을 가지십시오. 여러분의 영원한 생명을 위해 사랑의 자본만을 쌓으십시오. 이 땅에서 우리가 누리는 복은 다 사라지고 지나가는 것이기 때문입니다. 마치 주사위 놀이처럼 이 사람에게서 저 사람에게로 옮겨갈 뿐 우리가 실제적으로 소유하는 것은 아무 것도 없기 때문입니다. 질투심은 우리를 떠나지 않을지 몰라도 시간은 결국 우리에게서 그 모든 소유를 앗아갈 것입니다. 하지만 그와 달리 움직이지 않고 영원한 것이 있습니다. 그 무엇도 그것을 빼앗아갈 수 없고, 파괴할 수 없으며, 우리가 그것에 두고 있는 희망을 꺾지 못합니다. 신뢰할 수 없고 지속적이지도 못한 이 세상 재물 안에서 나는 예술가이신 말씀의 의도를 읽을 수 있다고 믿습니다. 모든 지성을 초월하는 지혜이신 하느님께서는, 이리저리 옮겨 다니는 이 재물을, 우리가 쥐었다고 생각하는 바로 그 순간 사라지고 마는 이토록 불확실한 재물을 소중히 여기지 말라고 요청하십니다. 이렇듯 재물의 기만적이고 불안정한 속성을 깨닫고, 오직 영원한 생명에만 관심을 두어야 합니다. 그 취약성에도 불구하고 이 세상 복락보다 더 강고하고 더 위대한 것은 없다고 여길 만큼, 미친 사람처럼 그것에 집착하고 또 그것이 주는 쾌락에 사로잡혀 사는데, 만약 이 지상의 번영이 확고하고 결정적인 것이었다면, 우리는 얼마나 그것에 매여 살았겠습니까? 하지만 우리는 분명 이렇게 생각하고 말합니다. 우리는 하늘에 계신 하느님의 형상대로 창조되었고, 그래서 그분에 이르기까지 자라나려 하는 존재라고 말입니다.

21. "이 말들을 이해할 현자는 어디 있습니까?"(호세아 14:10) 이 순간적인 재물을 피할 자 누구입니까? 영원한 부에 전념할 자 누구입니까? 이 세상 재물, 마치 영원히 지속될 재물처럼 우리의 희망을 다 걸었던 이 재물을 떨어지고 말 낙엽처럼 바라볼 자 누구입니까? 실재를 그 겉모습과 분별하여 전자에는 집착하되 후자는 무시할 자 누구입니까? 진리와 외피, 하늘 도성과 지상의 장막, 영원한 고향과 유배지, 빛과 어둠, 거룩한 땅과 진흙, 영과 육신, 하느님과 이 세상의 임금, 영원한 생명과 죽음의 그늘을 구별할 자 누구입니까? 영원한 것과 현재의 것, 불멸의 것과 썩어버릴 것, 보이지 않는 것과 보이는 것을 바꾸고 싶어 하는 자 누구입니까? 분명하게 보는 사람, 거룩한 다윗이 말한 것처럼 가능한 한 빨리 이 눈물 골짜기를 피하고 마음속에 상승의 염원을 새겨 하늘로 오르고자 하는 사람, 그런 사람은 정말 행복합니다. 그리스도와 함께 세상에 대해 자신을 못박은 사람, 그리스도와 함께 부활하고 그리스도와 함께 승천한 사람, 그리하여 이제는 결코 파괴할 수 없는 참된 생명의 상속자가 된 사람은 행복합니다. 그 길을 가는 동안, 그는 그 발굽을 물려고 하는 뱀에게 조금도 정신을 빼앗기지 않을 것입니다. 다윗은 또한 우리에게 영웅적이고 강력한 음성으로 숭고하고 보편적인 주장을 부르짖습니다. 그는 우리의 냉담, 거짓에 대한 우리의 사랑을 고발하고, 더 이상 겉모습의 공허함을 좋아하지 말라고, 우리의 창고와 술 저장고가 얼마나 가득 차는지로 우리의 행복을 판단하지 말라고 호소합니다. 복된 미가 예언자도 세상적인 재복의 유혹을 경계하라고 권면하면서 똑같은 조언을 해줍니다.

"어서 떠나가라. 여기는 너희 안식처가 아니다. 이미 더러 워진 이 땅, 불쌍하게도 망할 수밖에 없다." (미가 2:10)

그것은 우리 주님 구세주께서 자신을 따르게 하려고 하신 말씀이기도 합니다.

"자, 일어나 여기를 떠나자."(요한 14:31)

이 말씀을 통해, 주님께서는 우리가 생각하듯 그와 동행하던 제자들에게 장소를 옮기자고 하셨을 뿐만 아니라, 모든 그리스도인으로 하여금 이 땅과 이 땅에 속한 모든 것을 멀리하게 하여 그들을 하늘과 하늘에 속한 것들로 높이려 하셨던 것입니다.

하느님의 너그러우심의 예

22. 그러므로 말씀을 따라갑시다. 저 높은 곳에서의 휴식만을 기다립시다. 세상 복락을 멸시하고, 그것들이 우리에게 줄 수 있는 유익함만 취합시다. 자선을 통해 우리의 구원을 얻고, 하늘에서 부유한 사람이 되기 위해 가난한 이들과 나눕시다. 한 몫은 육체만이 아니라 영혼을 위해, 또 한 몫은 세상만이 아니라 하느님께 드리십시오. 배로 들어갈 것을 얼마간 빼내어 성령께 맡기십시오. 불이 모든 것을 살라버리지 못하게 하고, 그중 일부라도 세상의 화마에서 안전하게 보전하십시오. 폭군에게 바치는 것만큼이라도 주님께 바치십시오. 한 몫은 '칠'에 할애하고 또 한 몫은 '팔'에 바치십시오.[27]

---

[27] '칠'은 창조의 7일로 상징되는 지상의 삶을 지칭하고, 지상의 삶에 이어질 영원한 생명은 7일의 주기를 벗어나고 초월하는 여덟 번째 날에 속한다. 참고 전도서 11

여덟 번째 날이 우리를 받아주도록 말입니다. 그대에게 많이 베푼 사람에게 조금이라도 주고, 그대에게 모든 것을 아낌없이 주신 분께 모든 것을 드리십시오. 그대의 재산 모두를, 아니 그에 더하여 그대 자신까지 희생시킨다 해도, 그대는 결코 하느님의 너그러우심을 넘어설 수 없습니다. 하느님께 자신을 바치는 것은 돌려받는 것이기 때문입니다. 그대가 무엇을 바치든, 그것은 언제나 그대에게 더욱 큰 유익을 가져다 줄 것입니다. 또 그대는 그대의 것을 드리지 않게 될 것이니, 모든 것이 다 하느님께로부터 오는 것이기 때문입니다. 그 누구도 항상 자기 발아래 붙어 따라다니는 자신의 그림자와 떨어질 수 없듯이, 또 우리가 우리 몸의 가장 높은 곳에 있는 머리보다 더 높이 자랄 수 없듯이, 우리의 그 어떤 희생으로도 하느님을 능가하는 것은 불가능합니다. 우리는 결코 그분께 속하지 않은 어떤 것을 드릴 수 없고, 우리의 관대함을 그분의 너그러움에 비교할 수 없기 때문입니다.

23. 그대가 존재하고, 호흡하고, 생각하고, 특히 하느님을 알고, 하느님 나라와 천사의 삶을 소망하는 것, 또한 오늘은 마치 거울을 보듯 수수께끼를 풀 듯 숨겨져 있지만 내일이면 그 청명함과 광채로 드러나게 될 영광을 바라볼 수 있기를 희망하는 것, 이 모든 것이 어디서 온 것인지 아십시오. 그대가 하느님의 자녀, 그리스도의 공동상속자가 되고, 감히 말하건대, 그대 자신도 신이 되는 것, 이것은 어디서 온 것입니까? 이 모든 은총이 어디서 누구에게서 그대

장 2절 : "일곱 또는 여덟 몫으로 나누어라. 땅 위에서 무슨 불행이 일어날지 네가 알지 못하기 때문이다."

에게 온 것입니까? 눈에 보이는 단 몇 가지의 특권만 보더라도, 하늘의 아름다움, 태양의 궤도, 둥근 달, 수천수만의 별, 마치 가야금처럼 세상에서 흘러나오는 운율의 조화, 계절과 달과 년의 주기와 순환, 낮과 밤의 공평한 분할, 땅의 열매, 대기의 광대함, 파도의 움직임 없는 흐름, 깊은 강, 바람결 … 그대로 하여금 이 모든 것들을 볼 수 있게 해주신 분이 누구십니까?

비, 농사, 음식, 예술, 집, 법, 공화국, 교양 넘치는 풍속, 우정과 사랑을 그대에게 주신 분이 누구십니까? 어떤 동물은 길들여 멍에를 씌우고 다른 동물은 양식으로 삼게 해주신 분이 누구십니까? 그대를 땅에 사는 모든 생명의 임금과 주인으로 만들어 주신 분이 누구십니까? 더 깊이 들어갈 것 없이 마지막으로, 그대 사람을 다른 모든 동물보다 더욱 탁월한 존재로 만들어 주는 그 어떤 것을 주신 분이 누구십니까? 지금 이 모든 것을 주시고 다만 남을 사랑하라고 그대에게 요구하시는 분 아닙니까? 우리에게 주신 이 모든 복과 약속에도 불구하고 우리는 우리의 단 한 가지 선물인 이것, 즉 이웃을 사랑하라는 이 부탁을 지켜 드리지 않는다면, 이 얼마나 수치스러운 일입니까! 그분은 우리를 짐승과 다른 존재로 만들어 주셨고, 이 땅 위에서 오직 우리 사람에게만 이성을 주셨습니다. 그럼에도 우리가 이웃에게 맹수가 되어야 하겠으며, 쾌락으로 우리 자신을 타락시켜야만 하겠습니까? 아니면 우리가 다 미쳐 버리기라도 한 것입니까? 아니면 어떻게 말해야 할까요? 정직하지 못하게 밀과 보리를 얻는 것이 가난한 사람들에 대한 우리의 탁월함을 증명하는 것이라도 됩니까? 옛날 사람들과 함께 살았던 거인들, 니므롯이나 이스라엘을 박해했던 아낙 족속이나 하느님으로 하여금 홍수로 세상을 정화하게 한 악한 사람들처럼, 우리도 이웃과 그렇게 살아야겠습니까? 주님께서는 우리의 아버지라 불리는 것을 수치로 여기지 않으십니다. 그런데도 우리는 이웃을 감히 내치겠다는 말입니까?

24. 내 형제들이여, 베드로는 이렇게 성난 음성으로 질책합니다.

> "다른 사람의 재물을 취하는 자는 부끄러워 하십시오. 하느님의 공평을 본받으십시오. 그러면 더 이상 가난한 사람이 없게 될 것입니다." (『사도 헌장(Constitutions apostoliques)』)

이 질책을 듣고 싶지 않다면, 우리에게 맡겨진 재물의 악한 관리인이 되지 마십시오. 우리 형제들이 배고파 죽어갈 때, 죽을 힘을 다해 돈을 쌓아서야 되겠습니까! 만약 그렇게 한다면 아모스 예언자의 이 혹독한 질책을 피할 수 없을 것입니다.

> "이 말을 들어라. 가난한 사람을 짓밟고 흙에 묻혀 사는 천더기의 숨통을 끊는 자들아, 겨우 한다는 소리가 '곡식을 팔아야 하겠는데 초하루 축제는 언제 지나지? 밀을 팔아야 하겠는데 안식일은 언제 지나지? 되는 작게, 추는 크게 만들고 가짜 저울로 속이며 등겨까지 팔아먹어야지. 힘없는 자, 빚돈에 종으로 삼고 미투리 한 켤레 값에 가난한 자, 종으로 부려먹어야지.' 하는 자들아." (아모스 8:4~6)

그는 또한 저울추를 속여 먹는 장사치들에게 하느님의 진노를 경고합니다. 예언자 미가는 사치스런 생활과 만족을 모르는 쾌락의 욕망에 대해 목소리를 높입니다.

> "상아 침상에서 뒹굴고 보료 위에서 기지개를 켜며 양떼 가

운데서 양 새끼를 골라 잡아먹고 외양간에서 송아지를 잡아먹는 것들, 제가 마치 다윗이나 된 듯 악기를 새로 만들고 거문고를 뜯으며 제 멋에 겨워 흥얼거리는 것들, 몸에는 값비싼 향유를 바르고 술은 대접으로 퍼 마시며 요셉 가문이 망하는 것쯤 아랑곳도 하지 않는 것들."

(아모스 6:4~6)

어쩌면 이 예언자는 요란한 술잔치 그 자체보다 요셉의 불행 앞에서도 눈 하나 꿈쩍 않는 부자들의 냉담을 더 역겨운 것이라고 판단했을 것입니다. 어쨌든 그는 이 두 가지를 다 비판했습니다. 그러므로 우리는 그런 경고를 받지 않도록 합시다. 하느님의 선하심을 능멸하면서까지 정신 나간 사람처럼 쾌락에 빠져 살지 맙시다. 이런 방탕과 탐욕은 끝내 선하신 하느님을 진노케 할 것입니다. 비록 그분의 진노가 지금 당장 타락한 자들을 치지는 않을지라도 말입니다.

25. 의로운 사람에게나 악한 사람에게나 비를 내려주시고 모든 사람들에게 구별 없이 해를 비춰주시는 하느님이 주신, 가장 숭고하고 으뜸가는 이 법을 따라갑시다. 땅 위에 살아가는 모든 피조물에게 그분은 광대한 공간, 샘과 강, 숲을 주셨습니다. 날개가 있는 짐승에게는 대기권을 만들어주셨고, 수중생물을 위해서는 물을 주셨습니다. 그분은 그 각각에게 일차적으로 필요한 모든 것을 제공해주십니다. 이 선물은 강자의 손에 떨어지지 않고, 법으로도 규정할 수 없으며, 국가 간에 나눠가질 수도 없습니다. 모든 것이 공동의 것이고, 모든 것이 풍족합니다. 그분이 주신 것 모두가 위대하지 않은 것이 없습니다. 이렇게 그분은 이 은총을 공평하게 나눠주심으로써 자연의 공평성을 존중하십니다. 이로써 그분의 너그러우심

의 광채를 드러내십니다.

　사람들이 그들의 창고와 장롱을 금과 은과 필요하지도 않은 온갖 화려한 의복과 다이아몬드로, 전쟁과 불화와 폭압의 표시일 뿐인 것으로 가득 채우고 쌓을 때, 광기어린 교만은 그들의 성격을 더욱 강퍅하게 만들어, 절망에 빠진 형제들에 대해 아무런 동정심도 느끼지 못하게 만듭니다. 그들이 소유하고 있는 필요 이상의 부는 그들에게 삶에 필요한 것을 채워 주는 것이 아닙니다. 참으로 야만스러운 맹목성 아닙니까! 그들은 부와 가난, 자유인과 노예, 그 밖의 현상들이 나중에 사람들에게 나타나게 되리라는 것, 그래서 그것들을 발명해 낸 죄로 인해 마치 전염병처럼 번져가고 온 사회에 퍼져 나가리라는 것을 생각조차 하지 않습니다. 하지만 "처음부터 그랬던 것은 아"(마태오 19:8)닙니다. 태초에 하느님께서는 사람을 창조하시고 그를 자유로운 존재로, 자기 의지의 주인으로 세우셨습니다. 그에게 내린 단 한 가지 금칙을 제외하고는 낙원의 모든 열락 속에 그를 놓아두었습니다. 하느님께서는 그의 모든 후손이 이 첫 번째 사람의 행복에 참여하길 바라셨습니다! 자유와 부는 단 한 가지 계명과 결부되어 있었던 것입니다. 그러나 그 계명을 범함으로써 사람은 가난과 노예적 삶에 직면하게 된 것입니다.

　26. 우리를 쾌락의 미끼로 잡아채고 강한 자로 약한 자를 짓밟게 만든 뱀의 간교한 압제와 함께, 질투와 다툼이 세상에 들어온 바로 그 후로부터, 하나의 가족을 형성해 왔던 인류는 다른 이름을 가진 수많은 민족으로 분열해 버렸고, 탐욕은 너그러운 인간 본성을 황폐화시켰으며, 자신을 보존하고 지탱하기 위해서 이제 법의 권위에 의지하게 되었습니다.

최초의 이 평등을 생각하십시오. 그 후에 생겨난 분열과 갈라짐은 잊어버리십시오. 강자의 법이 아니라 창조주의 법에 머무십시오. 최선을 다해 본성을 지키고, 본래의 자유를 영예롭게 하고, 여러분의 인격을 존중하십시오. 여러분의 민족을 불명예에서 구출하고, 질병에 걸린 여러분의 동포를 구해내며, 가난하게 사는 이들을 위로하십시오. 건강하고 부유한 여러분, 병자와 가난한 자들을 불쌍히 여기십시오. 근심 없이 사는 여러분, 불행에 짓눌려 있는 이들을 불쌍히 여기십시오. 행복한 삶을 영위하는 여러분, 슬퍼하는 사람들을 위로하십시오. 행운이 여러분을 보고 미소 짓습니까? 역경 속에 있는 이들을 도와주십시오.

받는 사람이 아니라 줄 수 있는 사람 중에 속하게 해주신 것에 대해, 사람들에게 도움을 간청하는 것이 아니라 오히려 사람들이 여러분에게 도움을 구하러 오게 해주신 것에 대해 하느님께 감사드리십시오. 재물로만이 아니라 자비에 있어서도, 금으로만이 아니라 덕에 있어서도, 아니 오직 덕에 있어서만 부유한 사람이 되십시오. 오직 여러분의 너그러움과 관대함으로만 다른 사람들과 구별되게 하십시오. 하느님의 자비를 본받음으로써, 가난한 이들에게 신이 되십시오.

▌주는 것에는 여러 가지 방법이 있습니다

27. 사람과 하느님 사이에 선을 행하는 능력보다 더 공통된 것은 없습니다. 그 정도와 방식에 있어서는 완전히 다를지 몰라도, 적어도 그 능력에 있어서는 그렇습니다.

하느님께서는 사람을 창조하셨고, 사람이 타락한 뒤에도 다시 화해하셨습니다. 그러니 여러분은 비틀거리는 이들을 멸시하지 마십시오. 사람의 크나큰 비참으로 마음이 아프셨던 하느님께서는 그 본성 안에 글로 새겨지지 않는 법을 주신 다음에도, 다시 사람에게 율법과 예언자들을 보내셔서, 그분 스스로가 몸소 우리를 인도하시고 충고하시고 벌하셨습니다. 마침내 그분은 세상의 생명을 위해 스스로를 구속의 제물로 내어주셨습니다. 그리고 우리에게 사도와 복음 저자를, 박사와 목자를, 치유자와 수많은 기적자를 주셨습니다. 그분은 우리를 생명으로 인도하셨고, 죽음을 멸하셨으며, 우리를 정복했던 자를 이기셨고, 그 자신 안에서, 진리 안에서 우리와 계약을 맺으셨으며, 성령의 은사와 새로운 구원의 신비를 주셨습니다.

하느님께서는 우리가 받기를 원하기만 한다면 영적인 보화로 우리를 가득 채워줄 것이니, 만약 여러분이 다른 영혼을 구조할 만한 힘이 있다고 느낀다면, 도움이 필요한 사람에게 주저하지 말고 도움을 주십시오. 그러나 무엇보다도 특별히 여러분에게 도움을 요청하는 사람에게, 그가 청하기 전에라도 도움을 주십시오. 하루 종일 그에게 적선하고, 진리의 교리를 전하십시오. 여러분의 빚에는 이자가 있음을 강력하게 주장하십시오. 다시 말해 그의 마음속에 심어진 신심을 조금씩 자라나게 하여 그가 교리의 열매를 더욱 풍성하게 거둘 수 있게 하십시오.

이런 자선을 베풀 수 없다면, 여러분의 권한 안에서 그의 의무를 줄여주겠다고 제안하십시오. 그리고 그에게 먹을 것을 제공하고, 헌옷이라도 내어주고, 의약품을 공급해주고, 그 상처를 싸매주며, 그가 겪고 있는 시련에 대해 질문하고, 인내하라고 가르쳐주십시오. 두려워하지 말고 그에게 다가가십시오. 여러분이 더 아프게 되거나 그 병에 감염될 위험은 없으니, 실상 그 병은 그럴싸한 이유로 자신을 기만하거나, 혹은 자신의 소심함과 불신앙을 변명하기 위해서 자신의 비겁함을 마치 지혜롭고 위대한 것인 양 숨기려는 신사에게나 거북한 것일 뿐입니다. 이성은, 또 이 질병을 치료하고 돌보는 의사와 봉사자의 예는 여러분에게 이 확신을 심어줄 것임에 틀림없습니다. 그들에게 다가갔다고 해서 감염되었다는 사람은 아직 아무도 없습니다. 그러한 시도가 대담하고 무모한 것일지라도, 그리스도의 종이고, 하느님과 사람의 친구인 여러분은 무기력하게 그것을 거절하지 마십시오. 사랑은 여러분의 망설임을, 하느님에 대한 경외감은 여러분의 과민함을 이기고 말 것이라는 믿음에 굳게 의지하십시오. 경건한 신앙이 육신의 궤변을 흩어버리고 말 것입니다. 여러분의 형제를 멸시하지 마십시오. 그들의 호소에 귀 막지 마십시오. 그들을 무슨 범죄자나 파렴치한이나 혐오와 공포의 대상처럼 여겨 피하려 하지 마십시오. 비록 불행이 그들을 잘라내 버렸지만, 그들은 여전히 여러분의 지체입니다.

> "손수 그들을 붙들어주시니 당신은 가엾은 자들의 의지이
> 시며 고아들의 도움이시옵니다." (시편 10:14)

그러나 가난한 사람은 하느님 뿐만 아니라 여러분에게도 맡겨졌습니다. 비록 여러분의 교만이 그를 혐오하게 만들었지만 말입니다. 아마도 이 말이 여러분을 당혹하게 할지도 모르겠습니다. 비록 원수 사탄은 여러분이 그것을 느끼지 못하게 하려 하겠지만, 이웃 사랑은 분명 여러분에게 주어진 계명입니다.

28. 모든 항해자는 난파의 위험에 노출되어 있고, 그들의 무모함은 재난을 증가시킵니다. 비록 우리는 눈앞에 쓰러져 있는 불행한 이들을 돌아보기는커녕 한 치의 동요도 없이 계속 길을 가는 사람들 중 하나이지만, 우리도 육체를 가지고 있는 한, 우리 모두는 육체적인 허약과 질병에 종속되어 있다는 것을 알아야합니다. 순풍에 돛달 듯 여러분의 만사가 잘 되어 갈 때, 잊지 말고 난파된 이들에게 손을 내미십시오. 건강하고 부유할 때, 잊지 말고 슬퍼하는 이들을 도우십시오. 이기심이 얼마나 증오스러운 것인지, 도움이 필요한 사람에게 마음을 여는 것이 얼마나 찬양받을 일인지를 꼭 경험을 통해서 배울 때까지 기다리지 마십시오. 하느님의 손이 가난한 이들을 외면하는 이 호사스러운 자들을 칠 것임을 두려워하십시오. 다른 이들의 불행에서 교훈을 얻고, 궁핍한 이들에게 아무리 하찮은 도움이라도 베푸십시오. 아무 것도 가진 것 없는 그에게 그것은 결코 하찮은 것이 아닙니다. 그 어떤 것보다도 하느님을 위해서, 여러분이 할 수 있는 최선을 다하면 됩니다. 여러분의 신속한 행위는 여러분이 주는 선물의 보잘것없음을 보완해줄 것입니다. 여러분이 아무 것도 가진 것이 없다면, 그에게 여러분의 눈물을 주십시오. 마음속에서 우러나는 여러분의 긍휼은 그에게 큰 선이 될 것이니, 진심어린 연민은 고통의 쓰라림을 완화시켜주기 때문입니다. 사람들이여! 최소한 짐승에게 하는 만큼이라도 사람에게 하십시오. 율법은 짐승이라 할지라도 길을 벗어나면 제자리로 돌려놓고, 구렁에 빠지면 빼내주라고 명합니다. 이 계명은 또 다른 심오하고 신비로운 의미를 감추고 있습니다. 내가 알기로는 성경은 중의성을 가지고 있기 때문입니다. 하지만 그것은 내게 중요하지 않습니다. 이 지

식은 오직 모든 것을 관통하시는 성령께 속한 것입니다. 나는 다만, 내가 말하고 있는 주제와 일치하는 방식으로 이 계명을 이해했다고 믿고 있습니다. 하느님은 아주 작은 것들을 통해 우리의 사랑을 시험하시고, 그것을 더욱 훌륭하고 더욱 강력한 것으로 돌려주십니다. 생각도 하지 못하는 짐승들도 구조해야할 의무가 있다면, 우리 모두 같은 존귀함, 같은 위대함을 가지고 있는 사람에 대해서 하지 못할 것이 과연 무엇이란 말입니까?

▎위험한 궤변에 대한 논박

29. 이성과 법, 그리고 받기보다는 주는 것을 더 좋아하고, 자신을 위해 쌓기보다는 나누는 것에 더 민첩한 이 겸손하고 검소한 사람들이 우리에게 확신시켜줍니다. 우리의 지혜로운 자들에 대해 여러분은 무어라 말하겠습니까? 나는 이방인들에 대해서는 말하지 않으렵니다. 그들은 그들의 신들에게서 악덕을 본받고 특별히 상업을 주재하는 신[28]을 예배합니다. 또 어떤 사람들은 가장 극악한 범죄로 그 신들에게 사람을 희생 제물로 바치기도 하고, 살인을 예배의 한 요소로 삼기까지 합니다. 그들은 그러한 희생 제사를 즐기고, 이를 통해 그들의 신들을 만족시켰다고 확신하니, 파렴치한 신들의 파렴치한 신도들과 사제들입니다! 그런데 통탄할 일이지만 우리 가운데도 가난한 이들을 도와주고 변호해주기는커녕, 헛되고 공허한 말로 그들을 모욕하고 비열하게 짓누르는 사람들이 있습니다. 참으로 "그들의 말은 땅에서 온 것입니다." 그들은 거룩한 가르침에 익

---

[28] 로마 신화에 나오는 신 메르크리우스는 목축, 상업, 사자(使者)의 신이다.

숙한 지혜로운 귀에 대고 말하는 것이 아니라 허공에 대고 말합니다. 심지어 그들은 이렇게까지 말합니다. "그들의 불행을 원하신 분은 바로 하느님이시고, 우리의 번영을 원하신 분도 하느님이십니다. 내가 무엇이라고 그분의 칙령을 거부할 것이며, 그분보다 더 위대함을 나타내 보일 수 있겠습니까? 질병과 죽음, 박탈이 그들을 짓누릅니다. 왜냐하면 하느님께서 그것을 원하셨기 때문입니다." 그들은 자신들의 금전을 지키는 일과 불행한 자들을 모욕하는 일과 관련해서만 '그들의 신심'을 증언합니다. 그들의 언설은 그들의 번영이 하느님에게서 온 것임을 전혀 받아들이지 않고 있음을 보여줍니다. 과연 누가 가난한 자들에 대해 그런 감정을 가지면서 동시에 하느님께서 자신에게 그 모든 부를 주셨다고 믿을 수 있단 말입니까? 하느님의 호의를 받은 사람은 그분의 뜻에 따라 그것들을 처리하기 마련입니다.

30. 이 타락과 혼란이 물질로부터 온 것인 한, 그들의 시련이 하느님에게서 온 것인지 아닌지는 우리는 알지 못합니다. 과연 그 누가 이 사람은 범죄로 인해 벌을 받고 저 사람은 덕으로 인해 칭송받는다고 확신할 수 있겠으며, 이 사람이 높여진 것이 그 악덕 때문은 아닌지, 저 사람의 불행이 혹시 그의 덕을 시험하기 위한 것은 아닌지 그 누가 알겠습니까? 이렇게 높여진 자는 그 추락이 더욱 고통스럽도록 더욱 높여질 것이고 하느님께서 오늘 그의 방탕이 가려움증이 번지듯 심해지도록 내버려 두시는 것은 내일 그를 더욱 호되게 치시기 위함입니다. 하지만 반대로 어떤 사람은 우리가 차마 볼 수 없을 정도로 버림받고 비참하게 삽니다. 하지만 그것은 마치 금을

정련하듯 그를 정화하기 위한 것이며, 그래서 아무리 많은 덕을 갖춘 것처럼 보일지라도, 혹시 남아 있을지도 모르는 아주 작은 흠들, 기록된 것처럼[29] 그 누구도 갓 태어났을 때조차 결코 모면할 수 없는 아주 작은 흠조차도 제거하기 위한 것입니다. 나는 이 신비를 성경에서 발견합니다. 성경의 이야기를 다 인용하는 것은 너무 길 것입니다.

> "바다의 모래와 빗방울과 영원의 나날을 누가 셈할 수 있으랴?" (집회서 1:2)

하느님께서 그분의 자유로운 의지에 따라 인도하시는 이 모든 창조 세계 안에 빛나는 하느님의 지혜를 그 누가 다 헤아릴 수 있겠습니까? 그 지혜의 깊이를 다 이해하게 되었다는 자만 없이 다만 그것에 감탄했던 거룩한 사도의 모범으로 만족해야겠습니다.

> "오! 하느님의 풍요와 지혜와 지식은 심오합니다. 누가 그분의 판단을 헤아릴 수 있으며 그분이 하시는 일을 이해할 수 있겠습니까?" (로마 11:33)

또한 욥과 함께 이렇게 말하겠습니다. "누가 그분의 지혜를 그 뿌리까지 파고들어가 보았습니까? 이 신비를 이해할 사람이 어디 있습니까?"[30] 측정할 수 없는 것을 측정하기 위해 이해하지도 못하는 것을 사용하는 것이 아니고 무엇이겠습니까?

---

29 욥기 25장 4절 : "하느님 앞에서 그 누가 죄없다 하겠는가? 여인에게서 난 사람이 어찌 순결할 수 있겠는가?"
30 참고 욥기 11장 7절 : "자네가 하느님의 신비를 파헤칠 수라도 있단 말인가? 전능하신 분의 무한하심을 더듬을 수라도 있단 말인가?" 욥기 15장 8절 : "하느님의 회의를 엿듣기라도 하였단 말인가? 지혜를 독점이라도 하였단 말인가?"

31. 나는 이 무모함과 대담함을 다른 이들에게 맡기겠습니다. 아니 그들도 그렇게 하지 못하도록 하겠습니다. 왜냐하면 나로서는 이생의 불행이 죄의 결과라고, 또 번영이 신심에 대한 보상이라고 감히 단언할 수 없기 때문입니다. 물론 사악한 사람들이 불행을 겪고 그래서 그 형벌이 그들의 악덕을 꺾어버리는 예도 있고, 선한 사람들이 보상을 받아 덕이 더욱 격려받기도 합니다. 하지만 이러한 규칙은 이생에서는 절대적이지도 지극히 선명하지도 않습니다. 다만 "그 때가 오면 선한 일을 한 사람들은 부활하여 생명의 나라에 들어가고 악한 일을 한 사람들은 부활하여 단죄를 받게 될 것이다."(요한 5:29)라는 말씀처럼 장차 누릴 미래의 삶에서만 한 치의 착오도 없이 덕은 그 보상을, 악은 그 형벌을 받게 될 것입니다. 이 땅에서의 모든 것이 하나의 다른 구조와 다양한 법칙에 따라 전개된다 할지라도, 그것은 모두가 우리를 저 높은 곳으로 이끌어주는 것이며, 하느님의 논리는 세상의 이해할 수 없는 현상들 아래 숨겨져 있습니다.

아름다운 풍경을 만드는 것은 산과 계곡인 것처럼, 아름다운 몸을 만드는 것도 지체들의 서로 다른 윤곽과 차등성입니다. 예술가가 사용하는 재료가 처음에는 거칠고 아무 형상도 없는 것이지만 그가 구상하고 있는 형상을 그 물질에 넣어줄 때 아름다운 작품이 되듯이 말입니다. 우리는 그 완성된 작품을 볼 때 이해할 수 없지만 감탄할 뿐입니다. 하지만 하느님은 우리처럼 무지한 분이 아니십니다. 비록 우리가 그 법칙을 다 구별하고 헤아리진 못해도, 세상은 절대로 우연에 종속되어 있지 않습니다.

32. 우리의 이 비극을 더욱 분명하게 드러내기 위해, 나는 우리가 심한 구역질과 현기증을 느끼는 사람들과 유사하다고 말하겠습니다. 그들은 세상이 거꾸로 뒤집어지고 있다고 믿겠지만, 실상 휘청거리고 있는 것은 그들 자신입니다. 내가 말한 이 사람들은 똑같은 환상의 희생자들입니다. 그들은 하느님께서 그들보다 더욱 지혜로우신 분이심을 인정하지 않습니다. 그래서 지극히 작은 사건만으로도 고개를 돌려버립니다. 그들은 노력을 통하여 진리를 얻도록 그 이유를 열심히 연구하든지, 아니면, 비록 이러한 지식이 특별한 은총에서 오는 것이고 그래서 모든 사람에게 주어지는 것은 아니지만, 어쨌든 그들보다 더욱 지혜롭고 종교적인 사람들과 함께 그것에 대해 토론해 보았어야 할 것입니다. 그들은 또한 순결한 실존으로 그 진리를 교환했어야 했고, 참된 지혜자의 샘으로 그 지혜를 길으러 갔어야만 합니다. 하지만 어리석게도! 그들은 용이한 해결책에 매달리고 정작 무지한 것은 자신들임에도 불구하고 세상은 그 어떤 이성의 지배도 받지 않는다는 거짓 결론에 도달하고 맙니다! 그들의 어리석음이 그들을 마치 지혜자인 것처럼 만듭니다. 아니 오히려 그 거짓 지혜가 그들을 멍청하고도 편협한 사람으로 만들어 버립니다.

어떤 사람들은 우연과 모순을 믿습니다. 보십시오. 모순 덩어리인 생각과 우연의 창조물을 말입니다. 또 어떤 사람들은 황당하게도 별들의 저항할 수 없는 힘을 부르짖습니다. 그 별이 제멋대로 혹은 주어진 숙명에 따라 우리의 만사를 지배한다는 것입니다. 그들은 유성의, 혹은 행성의 궤적, 별의 기울임, 우주를 지배하는 운동을 주의 깊게 살핍니다. 또 다른 사람들은 순전히 몽상적인 이론으로 불행에 빠진 인간을 짓누릅니다. 그들은 섭리이신 하느님의 계획에 대해 들어보지도 이해하지도 못했기 때문에, 서로 다른 온갖 교설을 가르치는 넘쳐나는 종파로 분열됩니다. 그중에는 섭리를 아무 의미 없는 것으로 정죄하기까지 합니다. 섭리는 초월 세계만 담당할 뿐이라 생각하며, 우리에게 아무리 필요하다 해도 그 섭리가 우리에게까지 내려오는 것은 거부합니다. 그들은 아마도 섭리가 너무 많은 사람들에게 강요되면 선을 행하시는 분이 선하게 보이지 않게 될까봐 걱정하는 듯합니다. 아니면 그분이 자신의 자상함에 싫증이라도 내게 될까봐 두려워하는 것일까요?

33. 하지만 다시 한 번 더 이런 사람들이 있어도 상관없습니다. 이미 성경이 그들에게 복수하기 때문입니다. "인간은 하느님을 알면서도 하느님으로 받들어 섬기거나 감사하기는커녕 오히려 생각이 허황해져서 그들의 어리석은 마음이 어둠으로 가득 차게 되었습니다."(로마 1:21) 만물 안에 스며있는 이 섭리가 온 우화와 거짓 교설로 인해 능멸당하고 있습니다.

그러므로 이성적으로 사고하고, 또 우리에게 주어진 이 이성을 존귀하게 여기는 우리라도 이런 기괴한 주장을 하지 맙시다. 너무도 새로워서 매력적이기까지 한 이 기괴한 생각과 금언을 온갖 말재주로 늘어놓는 그런 황당무계한 사람들에게 박수치지 맙시다. 하느님께서는 창조주시고 우주를 운행하시는 일꾼이심을 믿읍시다. 세상을 사유하고 그 모든 부분을 연결시키는 하나의 원리가 없다면 세상이 존속될 수 있겠습니까? 섭리가 세상을 구성하고 그 모든 부분을 조화롭게 결합시킨다는 결론을 내립시다. 세상을 창조한 원리가 그것을 또한 지배하는 것은 당연합니다. 그렇지 않다면, 우주는 오직 우연에 의해 지배될 것이고, 물질의 대혼란이 마치 폭풍우 속의 배처럼 곧 그것을 산산이 부숴버릴 것이며, 그래서 그것은 본래의 혼돈과 암흑 속에 다시 떨어져 버릴 것입니다.

그러므로 하느님께서 우리의 삶을 주의 깊게 살피고 계시다는 것, 그래서 우리는 그분을 '창조주' 혹은 '조물주'라 부른다는 것을 믿읍시다. 우리의 실존이 모순으로 엮여 있단 말입니까? 아마도 우리의 지성이 거부되는 것은, 오직 이해할 능력이 없는 우리를 위해, 우리로 하여금 만물을 지배하는 이성에 대한 감탄을 불러일으키기 위해서입니다. 쉽게 이해되는 것은 금방 무시해 버리기 때문입니다. 너무 어려워 우리를 초월하는 것일수록, 우리는 그것에 더욱 감탄합니다. 식욕을 억압하는 모든 것이 오히려 욕구를 자극하는 법입니다.

34. 이것이 바로 건강에 감탄하지 않고, 질병도 싫어하지 않으며, 필요한 것 이상의 순간적인 재물에 마음을 두지 않고 우리 영혼의 한 부분을 함께 날려버린 이 연기를 쫓아가지 않는 이유입니다. 우리는 가난을 마치 경멸과 저주와 증오의 대상이나 되는 것처럼 경계하지 않습니다. 오히려 죄를 낳을 뿐인 어리석은 건강을 경멸해야 함을 압니다. 거룩함을 동반하는 질병을 오히려 존귀하게 여기고 고통을 통해 승리로 나아가는 이들에게 경의를 표합니다. 혹이 병자들 중에는, 쉴 새 없이 긁어대야 하는 상처, 밤낮으로 참아야 하는 고통, 집 없는 슬픔, 그 질병으로 인해 아내와 친구들이 그에게 던질 온갖 조롱에도 불구하고, 신체 건강한 사람보다 더 존경스러운 사람, 그런 새로운 욥이 있을 지도 모릅니다. 불의한 부를 물리치십시오. 부자들은 그 불의한 부로 인해 화염 속에서 정의로

운 형벌을 받으며, 그 혀를 적실 단 한 방울의 물을 구걸하게 될 것입니다. 감사와 평온함으로 가난을 찬양하십시오. 라자로를 구원한 것이 바로 이 가난이고, 오늘 그는 아브라함의 품안에서 온갖 복락을 누리고 있습니다.

▎가난한 이를 사랑하는 것은 하느님의 계획에 참여하는 것입니다

35. 그러므로 여러분의 뜻과는 반대로 잔인성을 법으로 삼게 만들 그들의 궤변에 현혹되지 말고, 이 모든 감언이설의 입을 다물게 하기 위해서, 여러분은 가난한 이들에게 사랑과 자선을 실천해야만 할 것입니다.

그 무엇보다도 하느님의 계명과 그분의 모범을 존중하십시오. 이 계명은 무엇입니까? 그것의 진정성과 간절함을 보십시오. 성령에 감동받은 사람들은 가난한 이들에 관한 한두 번의 설교로 만족하지 않습니다. 그들은 그것이 마치 사소하고 긴급하지 않은 일인 것인 양, 부드럽고 우연적인 방식으로 말하지 않았습니다. 오히려 모두가 한 목소리로 끊임없이, 때론 격려로 때론 경고와 질책으로, 가난을 가장 본질적인 주제의 하나로 삼아 설교했습니다. 그들은 또한 자비로운 사람들을 칭찬하여 계속해서 그들을 순종으로 이끌었습니다.

"없어서 짓밟히고, 가난해서 신음하니 나 당장 일어서리라.
그들이 갈망하는 구원을 베풀리라." (시편 12:5)

주님께서 선포하십니다. 하느님께서 일어나실 때 두려워 떨지 않을 자 누구입니까?

> "일어나소서. 주 나의 하느님, 저들을 내리치소서. 가련한
> 자들을 잊지 마소서." (시편 10:12)

하느님의 손이 불신자들을 내려치지 않도록, 마음 강퍅한 자들을 치지 않도록 하느님께 기도드립시다.

> "그분은 불행한 자들의 소리 잊지 않으신다. 가난한 사람
> 영영 잊혀지지 않을 것이다. 그분의 두 눈 가난한 사람을
> 살피신다." (참고 시편 11:4~5)

36. 하지만 여러분은 이 인용문들이 오직 사람들이 억압하는 가난한 이들과 불우한 이들에만 관심이 있다고 반박할지도 모르겠습니다. 나는 그 반대라고 말하지는 않습니다. 하지만 이것은 여러분에게 분명 사랑을 자극합니다. 만약 하느님께서 불행한 이들을 위해 준비해 놓으신 것이 이러하다면, 자비로운 사람들에게는 더욱 큰 호의를 보이시지 않겠습니까? 만약 가난한 사람들을 멸시하는 것이 하느님을 능욕하는 것이라면, 반대로 그 피조물을 존중하는 것은 창조주께 영광 돌리는 것입니다. 성경에서 "늘 상종하는 부자와 가난한 사람, 이들은 모두 주님께서 지으셨다."(잠언 22:2)라는 말씀을 읽을 때, 가난한 자들과 대립할 또 하나의 명분이라도 끌어낼 심산으로 하느님께서 이렇듯 부자와 가난한 자를 창조하셨다고 상상하지 마십시오. 나는 부자와 가난한 사람의 구별은 하느님에게서 비롯된 것이라고 믿지 않습니다. 하지만 성경이 말하는 것처럼, 비록 그들의 외적 조건은 서로 반대되어 보이지만, 가난한 사람이나 부자나 다 하느님의 작품이라는 것만은 분명합니다.

이 묵상이 여러분의 마음을 형제를 향한 자비와 사랑으로 관통하

게 할 수 있기를 바랍니다. 그리고 만약 여러분의 부에 대한 생각이 여러분을 너무 교만하게 한다면, 가난한 이들의 비참한 삶에 대한 생각이 여러분을 낮추고 더 겸손하고 소박한 사람으로 만들어 주길 빕니다. 더 무엇을 말하겠습니까?

> "없는 사람에게 적선하는 것은 주께 빚을 주는 셈. 주께서
> 그 은혜를 갚아주신다." (잠언 19:17)

빚을 백배로 갚아주겠다는 분을 그 누가 싫어할 수 있겠습니까? 또한 이렇게 말할 수 있습니다.

> "자선과 믿음은 죄를 씻어준다." (잠언 15:27) [31]

37. 그러므로 자비를 실천함으로써 우리 자신을 정화합시다. 이 방향제로 우리 영혼을 더럽히는 흠들을 제거합시다. 우리가 베풀 수 있는 자비를 통해서 우리도 양털처럼 눈처럼 깨끗하게 됩시다. 여러분에게 한 가지 더 충격적인 말씀을 드리겠습니다. 만약 여러분이 문둥병의 증상인 '손가락 잘림', '타박상', '화농', '영혼의 질병', '피부발진', '흰 반점' 등과 같이 율법의 지시를 통해서도 고칠 수 없어서 치유를 받으려면 그리스도의 특별한 개입을 요청해야 하는 것을 가지고 있지 않다면, 최소한 우리를 위해 '상처받고' '찢기신' 분을 공경하십시오. 만약 여러분이 그리스도의 지체에게 선을 행하고 자비를 보여준다면, 바로 그것이 그분을 공경하는 것이 될 것입니다. 하지만 만약 여러분이 예루살렘에서 예리고로 내려갈

---

31 구약성경의 고대 희랍 번역본인 『70인역』의 추가 본문: 27a ἐλεημοσύναις καὶ πίστεσιν ἀποκαθαίρονται ἁμαρτίαι.

때, 혹은 또 다른 어떤 곳에서, 방어할 것이라곤 하나도 없는 여러분을 영혼의 폭군과 도둑이 공격한다면, 그리고 온통 상처투성이가 되어 "곪아 터진 상처에서 냄새가 납니다. 모두 나의 어리석었던 탓입니다."(시편 38:5)라고 말할 수밖에 없는 상태가 된다면, 또 스스로 치료하거나 그 어떤 치유의 방법도 찾을 수 없는 심각한 부상을 입는다면, 그 부상과 고통이 끔찍할지라도 완전히 절망스럽지는 않고 치료가 불가능한 것이 아니라면, 여러분을 고쳐주실 수 있는 유일한 분을 찾으십시오. 그분께 간청하십시오. 그분의 상처로 그대의 상처를 치유하십시오. 유사한 것으로 유사한 것을 얻으십시오. 혹은 보다 덜 중요한 수단들을 통해 가장 큰 악에서 치료받으십시오. 그분께서는 여러분의 영혼에 말씀하실 것입니다.

"나는 너의 구원이다." (시편 35:3)

"네 믿음이 너를 구원하였다." (마태오 9:22)

"자, 지금은 네 병이 말끔히 나았다." (요한 5:14)

불행에 처한 이들에 대한 여러분의 작은 연민과 자비를 보시고 그분께서 여러분에게 해주시는 이 아름다운 사랑의 말씀을 여러분은 듣게 될 것입니다.

38.

"자비를 베푸는 사람은 행복하다. 그들은 자비를 입을 것이다." (마태오 5:7)

이 복은 결코 작은 것이 아닙니다.

"복되어라, 딱하고 가난한 사람 알아주는 이여." (시편 41:1)

"자비로운 사람, 그는 인정이 많고 동정어려 남에게 꾸어주며, 모든 일을 양심으로 처리한다." (시편 112:5)

"그런 사람은 언제나 선선히 꾸어주며 살고 그 자손은 복을 받으리라." (시편 37:26)

이 복을 모든 공격에서 지켜냅시다. '지혜로운 자'라고 불립시다. 자비로워 집시다. 밤도 여러분의 헌신된 행동을 중단시키지 못하게 하십시오. 절대로 "내일 줄 테니 다시 오게."(잠언 3:28)라고 말하지 마십시오. 여러분의 마음과 여러분의 행위 사이에 어떤 간극도 없게 하십시오. 자비는 결코 미루는 법이 없습니다. "먹을 것을 굶주린 이에게 나눠주고, 떠돌며 고생하는 사람을 집에 맞아들이고, 헐벗은 사람을 입혀주며 제 골육을 모르는 체 마십시오."(이사야 58:7) 선한 마음으로 그렇게 하십시오. "자선을 베푸는 사람은 기쁜 마음으로 해야 합니다."(로마 12:8) 신속하게 행동하는 것은 여러분의 선행의 가치를 배가시켜 줍니다. 불평하거나 억지로 하는 자선은 그 빛과 가치를 잃어버립니다. 적선을 할 때는 싫은 기색을 보이지 말고 기쁜 마음으로 주십시오. 여러분의 탐욕과 불신의 "사슬을 끌러주고 멍에를 풀어준다"(이사야 58:6)면, 주저함이나 불평을 그친다면, 어떤 일이 일어날까요? 오, 경탄스러운 은총이 임할 것입니다! 위대하고 아름다운 보상이 있게 될 것입니다!

"그렇게만 하면 너희 빛이 새벽 동이 트듯 터져 나오리라. 너희 상처는 금시 아물어 떳떳한 발걸음으로 전진하는데 주의 영광이 너희 뒤를 받쳐주리라." (이사야 58:8)

그 누가 이 빛과 건강을 원치 않겠습니까?

39. 나는 예수님께서 어떻게 돈을 쓰셨는지 공경할 따름입니다. 그분께서는 우리에게도 가난한 자를 먹이라고 초대하십니다. 나는 또한 바울로 사도와 베드로 사도의 아름다운 조화를 공경합니다. 비록 그들은 복음 전파의 임무를 수행했지만, 또한 동시에 가난한 이들을 열심히 돌보았습니다. 완전에 이르기 위해서, 이 젊은이는 자신의 재물을 가난한 이들에게 나눠주어야 했습니다. 완전하게 되고자 하는 이들에게 요구되는 것이 바로 이것입니다. 하지만 여러분은 자비는 의무가 아니라 자유로운 선택이라고 생각하십니까? 그것은 권면이지 절대적인 법이 아니라고 생각하십니까? 나 또한 그러길 바라고 또 기꺼이 그렇게 믿습니다. 하지만 하느님의 왼손이 나를 두렵게 합니다. 왼 편에 설 염소들과 하느님께서 그들에게 내리실 질책이 나를 두렵게 합니다. 그들이 그 질책을 듣는 것은 남의 재물을 훔치고 빼앗았다거나 성전을 약탈했다거나, 간음이나 다른 어떤 중죄를 지었기 때문이 아니라, 단지 가난한 자들의 인격 안에 계신 그리스도를 무시했기 때문일 것입니다.

40. 그리스도의 종이요, 형제요, 그분의 공동상속자인 여러분이 만일 내 말을 믿고자 한다면, 너무 늦지 않게 그리스도에게 도움을 베풀고, 그리스도를 구호해주고, 그리스도를 먹이고, 그리스도를 입히고, 그리스도를 영접하고, 그리스도를 존귀하게 여기십시오. 어떤 사람들이 그렇게 했던 것처럼 그분을 식탁에 초대하거나, 막달라 마리아처럼 그분의 발에 향유를 쏟거나, 아리마태아의 요셉처럼 그분을 무덤에 모시거나, 그리스도를 사랑했던 니코데모처럼

장례 예식의 의무를 실천함으로써 그렇게 하라는 것이 아닙니다. 또 그 전에 동방 박사들이 그랬던 것처럼 황금과 유향과 몰약을 가지고 그렇게 하라는 것이 아닙니다.

온 우주의 주님은 희생제사 대신 우리의 자비를 원하십니다. 수천 마리 양보다는 우리의 연민과 동정심을 원하십니다. 그러므로 여러분의 발아래 엎드려 있는 이 불행한 이들의 손을 통해서 그분께 이 자비를 드립시다. 그러면 우리가 이 세상을 떠날 때, 그들은 우리를 영원한 장막 안에, 우리 주님이신 그리스도 그분 자신 안에 받아줄 것입니다.

그분께 이제와 항상 또 영원히 영광 돌리나이다. 아멘.

니싸의
성 그레고리오스

니싸의 성 그레고리오스

　니싸의 성 그레고리오스는 성 대 바실리오스의 동생으로, 바실리오스와 마찬가지로 신학자 성 그레고리오스의 친구였습니다. 그는 봉독자로 임명되었지만 성직의 길을 포기하고 결혼하였습니다. 우수하게 학업을 마친 그는 형 바실리오스의 영향을 받아 금욕적인 삶에 헌신하게 됩니다. 그리고 결국에는 사제가 됩니다. 성 바실리오스는 그에게 현재 터키의 동부에 위치한 '니싸'라는 지역의 주교직을 맡깁니다.
　까파도끼아의 위대한 세 교부(성 대 바실리오스, 신학자 성 그레고리오스, 니싸의 성 그레고리오스) 중 막내인 니싸의 성 그레고리오스는 철학자이자 신비가였습니다. 그는 어떤 면에서는 바실리오스의 과업을 이어갔습니다. 바실리오스의 신학에 그의 변증론적인 역량과 철학적 교양의 풍요로움을 결합시킴으로써 말입니다.

그레고리오스의 강론은 수사학의 모든 기교를 능수능란하게 사용합니다. 바실리오스처럼 그도 그 시대의 사회적 병폐를 비판합니다. 『고리대금업에 대하여』라는 그의 설교는 혹독한 사회 비판입니다. 고리대금업자의 무례와 잔인성 앞에 그는 하느님의 정의를 내세웁니다. 심판자 앞에서 "그대의 금은 그대를 구하러 날아오지 않을 것이고, 그대의 은도 그대를 변호하러 오지 않을 것이다."라고 선언합니다. 그는 가장 관심을 불러일으키는 강론 중 하나를 비열한 고리대금업자의 죽음에 관한 이야기로 마칩니다.

성 그레고리오스의 가르침은 세상의 통일성, 즉 비록 모습은 저마다 다르지만 모든 사람들이 하나의 통일성 안에 있다는 것에 기초합니다. 이 강론에서 가난한 사람들을 배척하는 것으로 나타나는, 세상의 통일성의 파괴는 하나이신 하느님을 거부하는 것으로서, 아주 본질적인 죄악입니다. 그러므로 피조세계의 영혼인 이 통일성을 훼손하는 한, 부는 악입니다.

가난한 자들에 대한 사랑과 자선에 대하여[32]
첫 번째 설교

교회의 수장과 우리에게 완전한 신앙과 덕의 규범을 가르쳐주는 사람들은 학교 교사와 공통점이 있습니다. 아직 말조차 잘 하지 못하는 어린 아이들을 그 부모의 손에서 위탁받을 때, 학교 교사는 아이들에게 처음부터 수준 높은 학문을 가르치지 않고, '알파', '베타' 등 철자법부터 가르치기 시작합니다. 그 다음에 그 철자들의 이름을 익히게 하고, 받아쓰기를 연습시킵니다. 그런 다음 음절과 그 음절로 된 어휘들을 읽는 법을 가르칩니다. 마찬가지로 우리의 사제들도 신자들에게 그리스도교 신앙 지식의 가장 기초적인 것부터 가르칩니다. 그리고 그 이상의 수준 높은 신앙 관념들은 나중에야 가르칩니다.

---

32 Περί φιλοπτωχίας και ευποιίας. Λόγος Α΄, PG, 46, 454~469쪽.

지난 두 번의 강론에서 나는 입과 배의 쾌락을 고발했습니다. 오늘도 내가 이 주제를 다시 다룸으로써, 포도주도, 술잔치도, 미식가의 욕구도 다 절제하고, 술 따르는 이들의 민첩한 손을 붙잡아 만류하고, 그래서 여러분을 비쩍 마르게 만들어야 한다고 권하기라도 할 것처럼 믿지는 마십시오. 나는 이미 이 점에 관해 충분히 강조했고, 여러분의 행동은 나의 이 모든 충고가 결코 헛된 것은 아니었음을 내게 증명해 주었습니다.

더 깊은 본질로 들어가, 이제 오늘 여러분은 더욱 중요하고 동시에 더 까다로운 주제에 접근하게 될 것입니다.

▎탐욕을 금식하십시오

영혼만의 검소함, 영적인 금식이 존재합니다. 그것은 죄를 삼가는 것입니다. 이러 유형의 엄격함은 음식을 먹지 않는 금식을 포함합니다.

그러므로 악을 금식하십시오. 여러분에게 속하지 않은 것들에 대한 여러분의 탐욕을 다스리십시오. 부정한 이익은 여러분에게서 멀리 쫓아버리십시오! 탐욕스런 맘몬을 굶겨서 죽이십시오! 강탈하고 도둑질한 것이 여러분에게 하나도 없게 하십시오. 만약 여러분이 잔악함으로 형제들을 물어뜯는다면 고기를 먹지 않는다 한들 무슨 소용이 있겠습니까? 만약 여러분이 가난한 이들의 것을 수탈한다면 그토록 엄격하고 소탈한 식탁이 무슨 소용이 있겠습니까? 수치스러운 방법으로 사람을 속여 그의 피를 빨아먹는다면, 여러분에게 물을 마시지 않는 금욕을 권하는 신심이란 것이 도대체 무엇이란 말입니까? 유다 또한 다른 열한 사도들처럼 철저하게 금식을 지켰습니다. 하지만 탐욕은 여전히 그를 지배하는 주인이었고, 그래서 이 금식은 결코 그를 구원할 능력이 없었습니다. 몸이 없는 영적 존재인 사탄도 먹지 않습니다. 하지만 사탄은 죄를 지었고 그래서 타락했습니다. 누구도 악마들이 배부르게 먹고 마시고 취했다고 고발할 수 없습니다. 본성 자체로도 그들은 먹고 마실 필요가 없기 때문입니다. 그럼에도 불구하고 그들은 밤낮으로 공중을 떠돌며 악을 비호하고 추동하여 우리를 망하게 하려 합니다. 사람은 언제든 하느님과의 친밀한 교제 안에 들어갈 수 있고, 빼앗긴 이 열락을 다시 누릴 자격이 있기 때문에 그들은 앙심과 질투심으로 미쳐버릴 지경입니다.

지혜의 영이 그리스도인들의 실존을 지배해야 하고, 그들의 영혼은 죄에 물리지 않도록 해야 합니다. 왜냐하면 우리가 포도주와 고기를 없앤다 해도, 우리의 마음이 악에 결박되어 있다면, 단언하고 보증하건대, 물과 야채와 검소한 음식 이 모든 것들도 다 죽은 문자로 남게 될 것이기 때문입니다. 우리 안의 깊은 곳에 숨어있는 감정은 우리의 드러난 모습과 부합해야 합니다. 금식을 가르치는 것은 오직 영혼을 정화하기 위해서 입니다. 우리의 생각들과 행동들이 영혼을 실추시킨다면 우리가 무엇하러 물만 마셔야 한단 말입니까? 무엇하러 이 보기 흉한 모습을 견뎌야 합니까? 영이 깨끗해지지 않는다면, 몸을 금식하게 하는 것이 무슨 소용이 있겠습니까? 마부가 정신이 나간다면, 온갖 기예를 동원해 화려한 은마차를 만들다 한들 아무 유익이 없을 것입니다. 선장이 술에 취해 버린다면 선박의 견고함이 뭐가 중요하겠습니까?

금식은 덕을 세웁니다. 초지일관 성실성으로 계속 건축을 진행하지 않는다면, 아무리 튼튼한 집의 기초도, 선박의 골조도 무익한 것이 되고 맙니다. 우리의 엄격한 금식도 만약 그것이 다른 덕을 동반하지 않는다면 결국 실패로 끝날 것입니다.

하느님에 대한 두려움이 우리에게 분별 있게 말하는 법을 가르쳐줄 것입니다. 조금도 산만하지 않게 본질적인 것에 집중하면서 마땅히 해야 할 말만 합시다. 구체적으로 대답합시다. 우리의 목표를 정확하게 잽시다. 말의 홍수로 우리의 청중을 질리게 하지 맙시다. 우리의 혀를 턱 안쪽으로 고정시키는 얇은 막이 재갈이라 불린다면, 그것은 우리가 허투루 말하지 못하게 하기 위한 것이 아니겠습니까? 그러므로 모욕이 아니라 찬사를 위해서만, 신성모독이 아니라 찬양을 위해서만, 모함을 위해서가 아니라 축복하기 위해서만 우리의 입을 엽시다. 하느님에 대한 생각이 우리의 경솔한 손을 붙잡아 마치 끈으로 묶듯 강하게 결박하길 바랍니다.

그렇다면 우리는 왜 금식합니까? 십자가에 못 박히시기 전에 모욕과 가혹한 폭력을 당하신 우리의 어린 양의 수난을 기념하기 위해서입니다. 그러므로 그리스도의 제자인 우리는 유대인들의 행위를 본받지 맙시다.

만약 우리가 다른 속셈을 가지고 있다면, 이사야 예언자가 우리에게 물을 것입니다.

> "단식한다는 것들이 시비나 하고 싸움이나 하고 가지지 못한 자를 주먹으로 치다니, 될 말이냐?" (이사야 58:4)

이 예언자는 또한 순결하고 진실한 금식의 법을 우리에게 가르쳐줍니다.

> "주님께서 기뻐하시는 단식은 바로 이런 것이다. 억울하게 묶인 이를 끌러주고 멍에를 풀어주는 것, 압제받는 이들을 석방하고 모든 멍에를 부수어버리는 것이다. 네가 먹을 것을 굶주린 이에게 나눠주는 것, 떠돌며 고생하는 사람을 집에 맞아들이고 헐벗은 사람을 입혀주며 제 골육을 모르는 체하지 않는 것이다." (이사야 58:6~7)

우리 시대는 집도 없이 거의 헐벗은 채로 헤매고 다니는 극빈자의 수가 그 유례를 찾아볼 수 없을 만큼 증가하고 있는 것을 목도합니다. 우리들의 집 대문을 두드리는 사람들은 대부분 전쟁 포로들입니다. 하지만 그중에는 외국인과 유배당한 이도 있습니다. 그들은 하늘을 지붕으로, 주랑과 광장 후미진 골목길을 거처로 삼습니다. 부엉이나 올빼미처럼 그들은 무너진 담장 틈바구니 속에 웅크립니다. 의복으로는 사나운 짐승들이요, 거둘 것이라곤 사람들의 동정입니다. 식사로는 행인들의 얼마 되지 않는 적선이요, 음료라곤 동물들과 함께 마시는 샘물입니다. 잔은 그들의 손바닥이요, 창고는 집어넣는 순간 다 쏟아져 버리는 그들의 주머니이고, 식탁으로는 오그려 모은 무릎팍입니다. 침대는 맨 땅이요, 목욕탕으로는 하느님께서 모두에게 주신, 어떤 장식도 욕조도 없는 강이나 저수지입니다.

이 짐승 같은 유랑생활은 날 때부터 그들에게 지정된 것이 아니라, 그들의 시련과 가난에서 비롯된 것입니다.

▎스스로 가난한 자와 같아지십시오

금식하는 그대여, 이 사람들을 도와주십시오. 그대의 불행한 형제들에게 자비를 베푸십시오. 그대의 배에서 빼앗은(금식한) 것을 가난한 이들에게 주십시오. 하느님에 대한 의로운 두려움이 그대들 사이에 존재하는 이 차별과 차이를 제거하게 하십시오. 그대의 탐식과 그대의 형제들의 굶주림, 서로 반대되는 이 두 가지 악을 그대의 검소함으로 치료하십시오. 의사의 과업이 바로 그런 것입니다. 어떤 사람에게는 음식을 줄이게 하고, 다른 사람에게는 음식을 더욱 많이 먹게 하는 등, 병자 각각의 상태에 따른 처방을 내려 환자에게 건강을 돌려줍니다. 그러므로 구원을 가져다주는 이 견해를 따르십시오. 부자들로 하여금 그들의 문을 열게 할 수 있을 것입니다. 이 충고는 가난한 이들이 부자들에게 간청할 수 있게 용기를 줄 수 있을 것입니다. 하지만 우리의 이 말들만이 가난한 이들을 좀 더 부유하게 만드는 것은 아닐 것입니다. 영원하신 말씀께서 그들에게 집과 침대와 식탁을 주시길 빕니다. 그들에게 친절하게 말하십시오. 여러분의 재물로 그들의 비참을 줄여주십시오.

또한 불행한 병자들도 있습니다. 각자 이웃하고 있는 이들을 돌보아 주기 바랍니다. 알지 못하는 사람이 여러분을 대신해서 그에게 관심을 갖게 하지 마십시오. 그래서 여러분에게 맡겨진 이 보화를 여러분에게서 빼앗아 가도록 허용하지 마십시오. 불행한 이들을 마치 금은보화처럼 여기고 껴안아 주십시오. 그들의 질병을 마치 여러분 자신, 여러분의 아내, 여러분의 자식이나 하인이나 가족의 질병처럼 여기고 치료해주십시오. 극빈한 병자는 두 배나 가난한 사람입니다. 건강한 사람은 그래도 이 집 저 집 부잣집을 찾아가 대문을 두드릴 수도 있고, 혹은 광장에 앉아 행인들에게 구걸이라도 할 수 있습니다. 하지만 병자들은 구덩이에 빠진 다니엘처럼 비좁은 곳에 갇혀 하바꾹처럼 여러분, 여러분의 자비, 여러분의 적선을 기다릴 수밖에 없습니다.

여러분의 자선으로 예언자의 친구가 되십시오. 지체 말고 가난한 사람을 도우러 달려가십시오. 자선을 베풀어서 그대에게 손해될 것, 그대가 잃을 것은 없습니다. 확신하십시오. 사랑의 열매는 풍성합니다. 여러분의 선행을 심으십시오. 그러면 여러분의 집은 풍성한 수확으로 가득 찰 것입니다.

"나 또한 가난합니다."라고 여러분은 말할 지도 모릅니다. 나도 그렇게 생각합니다. 그럼에도 불구하고, 주십시오. 여러분이 소유하고 있는 것을 주십시오. 하느님께서는 여러분이 빈궁하게 되길 요구하시는 것이 아닙니다. 이 사람은 빵을, 저 사람은 포도주 한 잔을, 또 다른 사람은 겉옷을 제공하십시오. 이렇게 함으로써 여러분은 한 사람의 행복을 위해 공조하게 될 것입니다. 모세는 자기 혼자서 회막을 바친 것이 아닙니다. 모든 백성이 그것을 위해 각출했습니다. 부자들은 금이나 은을 주었고, 가난한 이들은 가죽을, 그중 가장 극빈한 자들은 양가죽을 바쳤습니다. 과부의 동전 두 닢이 부자들의 많은 헌금을 얼마나 더 능가했는지 여러분은 보셨습니까? 그녀는 소유한 모든 것을 내놓았지만, 부자들은 자신이 소유한 것 중 작은 일부만을 주었기 때문입니다.

가난한 자의 위대함

땅을 기어 다니는 가난한 이들을, 마치 고려할 가치조차 없는 사람들이나 되는 것처럼 멸시하지 마십시오. 그들이 누구인지 자문해 보십시오. 그러면 그들의 위대성을 발견하게 될 것입니다. 그들은 우리 구세주의 얼굴을 덧입고 있습니다. 주님께서는 그 선하심으로 그들에게 주님 자신의 얼굴을 주셨습니다. 마음 강퍅한 사람들, 가난한 이들의 원수들은 그 모습을 보고 불쾌해 할 것입니다. 강도들의 습격을 받은 여행자는 즉시 그들에게 자신이 모시는 주군의 초상을 제시할 것이고, 그러면 그 권위에서 나오는 신용이 강도들을 흡족하게 할 것임을 여러분은 아십니다.

가난한 이들은 우리 희망의 관리자입니다. 의로운 자에게는 문이 열리고, 악한 자과 이기적인 자에게는 그 문이 닫히는 하늘 왕국의 수문장입니다. 그들은 비록 언제나 침묵하고 있지만, 두려운 고발자요, 열렬한 변호자입니다! 심판관께서는 그들을 바라보시기 때문입니다. 또한 우리가 그들에게 보여준 헌신은, 마음속까지 훤히 들여다보시는 하느님 곁에서, 영웅들의 나팔 소리보다 더욱 분명하고 우렁찬 소리로 외칠 것이기 때문입니다.

여러분이 성경 봉독을 통해서 자주 들었던 이 경이로운 판결을 내리도록 하느님께 영감을 준 이들은 바로 가난한 사람들입니다.

나는 사람의 아들이신 그리스도께서 하늘에서 내려오시고, 땅처럼 공중을 걸어 다니시는 것을 보았습니다. 수천의 천사들이 그분을 호위했습니다. 하늘에는 영광의 보좌가 세워지고, 태양 아래서 자라고 지상의 공기를 마셨던 모든 사람들이 두 개의 진영으로 나뉘어 심판대 아래 대기하고 있었습니다. 한 진영의 사람들은 양이라 불렸고, 그분의 오른 편에 있었습니다. 다른 진영의 사람들은 염소라고 지칭되었습니다. 심판관께서 고발된 자들에게 물으셨고, 나는 그들의 대답을 들었습니다. 그들 각각은 자신에게 정당한 판결을 받았습니다. 정의롭게 살았던 사람들은 하느님 나라를 얻었지만, 이기적인 사람들과 악한들은 영원한 불의 형벌에 처해졌습니다. 성경이 우리에게 이 심판을 이토록 자세하게 묘사하는 것, 그토록 생생하고 충격적인 그림으로 그려 보여주는 것은 선행의 유익을 더욱 잘 이해할 수 있게 하려는 것입니다.

▎기룩한 사랑의 모범

사랑! 바로 이 사랑이 우리의 생명을 지켜줍니다. 사랑은 가난한 이의 어머니, 부자의 충고자, 갓난아기의 유모, 노인의 돌봄이, 극빈자의 보화, 불행한 자의 항구입니다. 사랑은 모든 연령의 사람들, 모든 슬픔을 변호해주고 위로해줍니다.

주최자가 나팔 소리와 함께 자신의 너그러움을 과시하며 모든 경쟁자들에게 상급을 선포하는 서커스 경연에서와 같이, 사랑은 모든 가난한 사람들, 고난당하는 사람들을 불러 모읍니다. 그것은 그들에게 그 상처와 곱사등을 보상해주기 위해서가 아니라, 그들의 곤궁함에 도움을 주기 위해서입니다. 덕은 모든 업적보다도 탁월합니다! 사랑은 하느님과의 깊은 교제 안에서 살아갑니다. 사람을 위해 먼저 그 손으로 사랑과 온유의 행위를 하신 분은 바로 하느님이십니다. 땅과 조화로운 하늘, 계절의 흐름, 태양의 따스함, 얼음의 청명한 차가움, 이 모든 것을 그분은 자기 자신을 위해 창조하신 것이 아닙니다. 그분은 그런 것이 전혀 필요 없습니다. 그분은 바로 우리를 사랑하시기 때문에 이 모든 것을 영원히 빚어내십니다.

보이지 않는 농부이신 그분은 사람들에게 양식을 마련해 주십니다. 적절한 때 씨를 뿌리시고 좋은 계절로 그 땅을 적셔주십니다. 이사야의 말씀대로 "그분은 씨뿌리는 사람에게 씨를 주시고"(이사야

55:10) 때로는 약한 비로, 때로는 밭고랑을 잠기게 할 만큼 강한 비로 구름에서 물을 뿌려주십니다. 씨앗이 싹을 틔우고 밀이 익어갈 때, 그분은 구름을 흩어버리시고, 열기를 뿜으며 내리쬐는 햇볕을 넓은 들판 위에 퍼뜨리십니다. 햇볕에 잘 익은 이삭은 이제 수확을 기다립니다. 그분은 또한 송이를 굵게 하시고 가을이 되면 그 포도주를 우리의 갈증 난 혀에 적셔주십니다. 다양한 가축을 살찌우시고 그 살로는 건강한 음식을 마련해 주시고, 그 털로는 양모를 짜는데, 그 가죽은 신발을 만드는 데 사용하게 해 주십니다. 보십시오. 이처럼 먼저 선을 사랑하시고 행하신 분은 바로 하느님이십니다. 다시 강조하지만, 우리보다 먼저 굶주린 자를 먹이시고, 목마른 자를 마시게 하시고, 헐벗은 자를 입히신 분은 바로 그분이십니다.

그분께서 어떻게 우리의 질병을 치유해주시는지 알고 싶다면, 이제 잘 들어보십시오. 꿀벌은 누구에게서 밀랍과 꿀의 비밀을 배웠습니까? 누가 소나무, 상수리나무 혹은 유향나무로 하여금 붉은 진액의 눈물을 흘리게 하셨습니까? 짙은 아로마 향의 마른 열매들이 건너오는 인도를 창조하신 분은 누구십니까? 근육통과 타박상을 치료하는 이 기름은 누가 고안해 낸 것입니까? 누가 우리에게 약초를 알아보고 그 효능을 식별할 수 있는 안목을 가르쳐주었습니까? 누가 치료의 예술인 의학을 발견했습니까? 온갖 냉온 질병[33]을 누그러뜨리는 온천수를 땅 속에서 솟구치게 하신 분은 또 누구십니까? 그렇습니다. 바룩의 말로 다시 말해봅시다.

---

33 히포크라테스의 이론으로, 네 가지 주요 기질의 균형이 어떻게 깨지느냐에 따라 각각의 질병이 규정된다. 여기에는 크게 두 가지 종류의 질병이 있다. 하나는 차갑고 습한 것에 의한 질병이고, 또 하나는 따뜻하고 건조한 것에 의한 질병이다.

"그분이 모든 지혜의 길을 찾아내시어 당신의 종 야곱과 당
신의 사랑을 받는 이스라엘에게 주셨다." (바룩 3:37)

그 지혜로 말미암아 우리는 불과 물을 이용할 줄 알게 되었고, 수천 가지의 용법이 우리의 고통을 줄여줄 수 있게 되었습니다.

하느님께서는 먼저 이 모든 서과 호의를 베푸셨고, 그 너그러우심과 선하심으로 우리의 모든 필요를 채워주십니다.

하지만 우리는 어떻습니까? 성경의 한 글자 한 글자가 우리에게 주님 창조주를 본받으라고 가르칩니다. 우리는 비록 사멸할 자이지만 영원불멸하시는 분을 본받을 수 있다고 한 것입니다. 하지만 우리는 우리 자신만을 위해 이 모든 것을 독차지하고선, 쾌락을 즐기기 위해 그 재산을 소비하거나, 상속자를 위해 그것을 자산으로 축적하고 있습니다. 불행한 사람들을 우리는 결코 돌보지 않습니다. 비탄에 빠진 사람들에게 우리는 추호의 관심도 없습니다. 정말 무자비하고 냉혹합니다!

▎나눔에의 권면

어떤 사람이 빵이 없어 굶주려 죽기 직전인 한 사람을 봅니다. 그를 즉각 도와주고 구해주는 대신, 그는 경멸하고 외면합니다. 메마른 땅에서 말라죽어가는 식물처럼 그를 죽게 내버려둡니다. 이 사람의 집에는 수백 명의 가난한 사람들을 부양하고도 남을 금붙이들이 도처에 너울거립니다! 샘 하나가 광대한 들판을 기름지게 합니다. 마치 냇물 한 가운데 버티고 앉아 들판으로 가는 물길을 막고 있는 바위처럼, 그 주인의 탐욕과 이기심이 막고 있지만 않다면, 한 집의 번영은 많은 빈자를 구원할 수 있습니다.

육신을 위해서만 애쓸 것이 아니라, 또한 하느님을 위해서 살아 가십시오. 무엇보다도 식탁의 즐거움이란 우리의 목구멍에, 그것도 아주 초라하게 아첨할 뿐입니다. 음식은 곧바로 장으로 내려가 분해될 것이고 결국 배설될 것입니다.

자비와 선행은 하느님께서 좋아하시는 일입니다. 그것들은 그 사람을 신화시키고 선을 닮아가게 하며, 마침내 원초적이고 영원하시며 모든 지성을 초월하시는 존재자의 형상이 되게 해줍니다.

하지만 우리의 노력에 약속된 보상은 어떤 것입니까? 오늘 그것은 아름다운 소망이고, 기쁨에 대한 떨리는 기다림입니다. 그리고 내일, 우리가 이 연약한 육신을 벗어버리게 될 때, 우리는 불멸성을 입을 것이고, 그 어떤 것도 변질시키거나 중단시킬 수 없는 복락과, 오늘을 사는 우리는 최소한의 관념조차도 가질 수 없는 경탄스러운 기쁨의 충만을 누리며 살게 될 것입니다.

여러분은 이성적으로 사유할 수 있는 존재로 창조되었고, 천상의 진리를 분명하고 생생하게 알게 해주는 지성을 부여받았으니, 하루살이 같은 현실에 속지 않도록 하십시오. 주인을 결코 배반하지 않는, 그런 부를 얻기 위해 노력하십시오. 여러분의 필요를 제한하십시오. 모든 것을 여러분 자신을 위해 간직하지 말고 하느님께서 선호하시는 그 가난한 자들과 함께 나누십시오. 모든 것이 우리 모두의 아버지이신 하느님의 것입니다. 우리 모두는 단 하나의 가족이요 형제입니다. 그래서 우리 모두는 유산을 평등하게 나눠받게 되어 있었습니다. 그것이 정의였습니다. 하지만 우리의 불완전한 질서 안에서는 언제나 유산의 막대한 몫을 차지하는 이들이 있어왔고, 다른 이들은 자신의 것을 빼앗겨야만 했습니다. 자신 만을 위해 모든 것을 독차지하길 원해서, 그 형제들이 유산의 삼분의 일, 아니 오분의 일도 가질 수 없게 하는 사람은 폭군이요, 상종 못할 야만인이며, 탐욕으로 입을 벌리고 있는 굶주린 맹수입니다. 또 어떻게 말해야 할까요? 그는 동물 세계의 가장 잔인한 맹수보다도 더 못한 짐승일 것입니다. 늑대도 다른 늑대가 먹이의 한 쪽이라도 뜯어 먹게 내버려 둡니다. 개들도 함께 모여들어 같이 먹이를 먹습니다. 하지만 그는 결코 배불러하는 법이 없이, 동포와 조금도 나눠 먹을 생각을 하지 않습니다.

소박한 식탁에 만족하십시오. 요란한 연회에 빠져들지 않도록 조심하십시오. 치명적인 파멸을 겪게 될 것이기 때문입니다. 왜냐하면 일부러 암초에 부딪쳐 난파시키지는 않겠지만, 결국 아무도 돌아올 수 없는 깜깜한 심연이 그대 자신을 삼켜버릴 것이기 때문입니다.

▎결코 만족을 모르는 탐욕

성 바울로가 그대에게 가르쳐준 것처럼, "사용하십시오. 그러나 남용하지는 마십시오." 건강한 느슨함 안에서 휴식하십시오. 그대 자신을 쾌락에 빠뜨리지 마십시오. 작든 크든, 네발 달린 짐승들, 조류들, 물고기들, 희귀 어류들, 비싼 고기든 헐값의 고기든, 살아 있는 모든 것의 살해자가 되지 마십시오. 그렇게 많은 사냥꾼의 땀이, 수많은 일꾼도 다 메울 수 없는 깊은 우물과 같은 그대의 뱃속만 채워주기 위한 것이어서는 안 됩니다. 우리의 향락자들은 실제로 바다 속 밑바닥도 그냥 지나치지 않습니다. 사람들은 물속에서 사는 물고기를 근심시키는 것으로 만족하지 않고, 심지어 바다 속

밑바닥에 달라붙어 있는 불행한 피조물까지 추격해서 표면으로 건져 올립니다. 조개를 노략하고, 성게를 추격하며, 기어 다니는 갑오징어를 포획하고, 바위틈에 숨어있는 낙지를 끌어내고, 연체동물을 그 바닥에서 끊어냅니다. 물속을 헤엄치고 깊은 해저에 은거하는 이 모든 어류가 이렇게 해서 공기 중으로 끌려나옵니다.

향락적인 식욕은 그들로 하여금 각 재료에 어울리는 최상의 요리법을 고안하게 만듭니다.

하지만 이 모든 진미가 그들을 어디로 이끕니까? 악의 기원이 어디든지, 죄는 필연적으로 다른 죄를 이끌어 오게 됩니다. 우리의 이 진귀한 요리는 더욱 화려한 거처를 원하게 만들고 그것을 건축하고 무익한 장식으로 채우느라 수많은 돈을 낭비하게 합니다. 그들은 또한 꽃으로 정교하게 수놓아진 침구를 덮고 화려한 침대에서 누워 쉬려고 합니다. 엄청난 은을 녹여 거대한 식탁을 주조하게 하여, 어떤 것은 세련된 은 가공을 통해, 또 다른 것에는 여러 장면을 조각해 새겨 놓음으로써, 식사하는 동안 수많은 전설을 보는 즐거움을 얻을 수 있게 합니다. 그 밖에도 대형 술잔, 세발 달린 가구, 항아리, 물병, 접시, 온갖 형태의 찻잔을 생각해보십시오. 어릿광대, 무언극 배우, 기타 연주자, 노래꾼, 시인, 남녀 음악가, 무용수, 수레바퀴처럼 연속되는 방탕의 향연들, 여장 남자들, 정숙치 못한 소녀들, 요한을 죽인 다시 말해 지혜와 경건의 영을 죽인 외설스럽고도 잔인한 헤로디아의 자매를 보십시오.

저택은 언제나 축제 중이지만, 수천의 라자로는 그 대문 밖에 줄지어 있습니다. 어떤 이들은 힘겹게 다리를 끌고 있고, 어떤 이들은 눈이 보이지 않고, 또 어떤 이들은 신체가 절단되었습니다. 그중 몇

몇은 그야말로 사지가 절단되어 배로 기어 다닐 수밖에 없습니다. 그들 모두는 눈물로 간청하지만 메아리 없는 소리일 뿐입니다. 피리 소리, 노래 소리, 고함치고 떠들고 웃어대는 소리만 들려올 뿐입니다. 조금 더 세게 문을 두드리기라도 하면, 야만적인 주인의 문지기는 미친 사람처럼 날뛰며 그들을 불결한 개처럼 채찍질로 쫓아버립니다. 그의 채찍질은 이 가련한 사람들의 상처를 파고들어 피를 뿌리게 합니다. 본질적인 계명을 육화하여 보여주고 있는 이 예수님의 친구들은 경멸과 매질만 배부르게 얻어먹은 채 한 입의 빵도 얻지 못하고 물러섭니다. 맘몬의 노름방에서 사람들은 상다리가 부러질 만큼 많은 음식을 먹다 지쳐 식탁에 머리를 처박고 잠이 듭니다. 그곳은 주정뱅이들의 술의 향연, 쫓겨난 가난한 자들의 극심한 굶주림이 공존하는 수치스러운 집입니다.

하느님께서 이 장면을 보신다면, 여러분의 비인간성에 대해 어떤 결말을 준비해 놓으실 것이라 생각하십니까? 아니 분명 확신컨대, 그분은 이 모든 것을 보고 계실 것입니다. 대답해 보십시오! 복음이 여러분의 죄에 대해 목청 높여 경고하고 있는 그 두려운 형벌을 그대들은 정녕 모르신단 말입니까? 그것은 바로 깊은 수렁 바다에서 신음하고 이를 갈며, 수많은 형벌에 떨어져 사로잡혀 있는 것입니다. 어떤 사람은 저녁때만 해도 다음날 먹을 진미를 떠올리며 잠이 들지만, 새벽에는 숨이 끊어져 갑작스럽게 죽는 경우도 있습니다.[34]

▎우리는 영원불멸하지 않습니다

죽을 수밖에 없는 우리는 영원불멸한 존재처럼 그 어떤 것도 영

---

34 참고 루가 12장의 부자 이야기와 16장에 나오는 부자와 라자로 이야기.

원히 보장받지는 못합니다. 온갖 쾌락으로 육신을 충족시키지만, 그것은 상속자 없는 부자와 같은 것입니다. 그런데도 우리는 마치 우리가 차지하고 있는 땅의 영원한 주인인 양 행세를 합니다. 그래서 여름부터 벌써 씨 뿌릴 생각을 합니다. 씨 뿌릴 때가 되면 벌써부터 풍성한 수확을 고대합니다. 그늘에서 쉴 생각을 하며 플라타너스를 심고, 그 열매를 맛볼 희망을 가지고 대추야자를 심습니다. 이런 생각과 태도를, 우리는 죽음이 목전에 다가와 과연 한두 해 아니 단 며칠이라도 더 살지 모르는 인생의 겨울까지 고수합니다.

모든 것을 휩쓸어 가 다 박살내 버리는 거센 물결처럼, 쏜살같이 달아나 버리는 이 치명적인 세월을 건전한 이성을 가지고 생각해 봅시다. 우리는 이토록 가련하고 초라한 존재이면서도, 그것을 생각조차 하지 않으려 합니다. 하지만 매시간 우리의 삶이 바로 그와 같습니다. 우리는 우리의 말 한마디까지 영원불멸하시는 심판관 앞에서 다 해명해야 할 것입니다.

보십시오. 복된 시편저자가 이러한 생각에 깊이 잠겨 그 자신의 생이 언제 끝나게 될지 알고 싶어 하는 이유를 말입니다. 그는 그에게 남은 날이 얼마나 되는지 알려달라고 하느님께 간청합니다. 그것은 자신의 죽음을 준비하기 위한 것입니다. 또한 그날그날의 삶에만 관심을 갖고 무작정 걷기만 하는 정신 나간 여행자처럼 어느 날 갑자기 당혹스런 삶의 마지막을 맞이하지 않기 위해서입니다. 그는 이렇게 외칩니다.

"주여, 알려주소서. 며칠이나 더 살아야 이 목숨이 멈추리이까? 내 목숨 얼마나 덧없는 것인지 알고 싶사옵니다. 아옵니다. 나의 세월을 한 뼘 길이로 만드셨고, 내 목숨, 당

신 앞에서 아무것도 아님을. 머리를 들어봤자 사람은 모두
한낱 입김에 지나지 않는 것임을." (시편 39:4~5)

왕으로서의 자신의 존귀함조차 다 놓아버린 이 신중한 영혼의 소원에 감탄하십시오. 그는 마치 거울을 보듯 명확하게 임금 중의 임금이신 분, 심판관 중의 심판관이신 분을 알아보았습니다. 그리고 아무 근심 없이 그 자신의 참된 고향으로 떠날 수 있도록, 그분의 계명을 철저히 지키려 했습니다. 우리 또한 우리 주 예수 그리스도의 은총과 선하심을 통해서라면, 모두가 그렇게 될 수 있습니다.

영광이 그분께 세세토록 있나이다. 아멘.

가난한 자들에 대한 사랑과 자선에 대하여[35]
두 번째 설교

나는 아직도 예수 그리스도 재림의 두려운 광경을 눈으로 보고 있습니다. 이 이야기에 놀란 내 영혼은 아직도 그 불안을 떨쳐낼 수 없습니다. 복음경이 묘사하고 있는 것처럼 내 영혼은 두려운 하늘 임금께서 그 영광의 보좌, 그 찬란한 보좌에 좌정하시는 것을 참으로 목도합니다. 그분 주위에는 수천의 천사들이 둘러싸고 있습니다. 형언할 수 없는 영광의 가장 높은 보좌에서 인간들을 내려다보시는 이 위대하고 두려운 왕께서, 인류의 시작에서부터 재림의 두려운 날까지 살았던 모든 사람들을 그 발아래 불러 모으시고, 그들 각자에게 그 행위에 대한 대가를 과하시는 것을 나는 봅니다. 의롭게 산 사람들은 그 오른편에 서 있고, 그분께서는 그들에게 보상을

---

35 Περί φιλοπτωχίας και ευποιίας. Λόγος Β, PG, 46, 472~489.

내려주십니다. 반면 그분의 왼쪽에 몰려 서 있는 사람들에게는 죄악에 대한 형벌이 내려집니다. 그분께서는 그들 모두를 한 사람씩 불러, 오른쪽에 서 있던 사람들에게는 "너희는 내 아버지의 복을 받은 사람들이니 와서 세상 창조 때부터 너희를 위하여 준비한 이 나라를 차지하여라."(마태오 25:34)라고 친절하게 말씀하십니다. 하지만 왼쪽에 있던 사람들에게는 "이 저주받은 자들아, 나에게서 떠나 악마와 그의 졸도들을 가두려고 준비한 영원한 불 속에 들어가라."(마태오 25:41)라고 하시면서 두려움과 공포에 떨게 합니다.

　이 심판 이야기는 너무도 생생하여 그것을 읽을 때마다 마치 내가 그 순간에 있는 것 같은 인상을 받습니다. 그 어떤 현실도 이보다 더 절박할 수 없기에, 내 영은 그 어떤 주제에 대해 생각하거나 숙고할 엄두조차 내지 못합니다. 그럼에도 불구하고 우리에게는 오랜 탐구를 요구하는 중요한 문제들이 많습니다. 예를 들어, "내가 세상 끝날까지 항상 너희와 함께 있겠다."(마태오 28:20)고 하셨는데, 항상 우리와 함께 계신 분이 어떻게 다시 오신단 말입니까? 그분이 항상 우리와 함께 계신다면, 어찌하여 마치 그 전에는 없었던 것처럼 다시 오신다고 예고하시는 것입니까? 성 사도 바울로의 말씀대로 "우리가 그분 안에서 숨쉬고 살고 움직이며 존재한다."(사도행전 17:28)면, 그 손 안에 모든 것을 쥐고 계신 분이 그 쥐고 있는 것과 공간적으로 분리되는 것은 불가능합니다. 그분 안에 있는 이들에게 어떻게 그분께서 현재하지 않을 수 있으며, 또 어떻게 우리가 장차 그분의 다시 오심을 기다릴 수 있단 말입니까? 형체 없는 분께 이 보좌는 또 무엇이며, 볼 수 없는 분의 이 나타나심은 또 무엇이란 말입니까? 얼굴이 없는 분께 이 얼굴은 또 무엇이란 말입니까? 어디에나 현존하시는 분께서 어떻게 이 보좌에 제한되실 수 있단 말입니까? 우리에게는 아직 너무 어려운 이 문제는 잠시 제쳐두겠습니다. 오늘은 다만 우리 자신을 지옥으로부터 어떻게 지켜낼 것인지 살펴보겠습니다. 우리 모두 각자가 최선의 유익을 얻을 수 있는 말을 할 수 있도록 최선을 다해 봅시다.

인류는 하나입니다

그렇습니다. 형제들이여, 이 경고는 여전히 나를 두렵게 합니다. 나는 나의 이 불안을 부정하지 않을 것이고, 여러분도 나의 이 두려움을 무시하지 않길 바랍니다. 지혜로운 자는 이렇게 말합니다.

> "행복하여라, 늘 두려워하는 마음을 지닌 사람! 그러나 마음을 완고하게 하는 자는 불행에 빠진다." (잠언 28:14)

너무 늦지 않도록, 지옥의 고통에 합당한 사람이 되지 않게 하십시오. 그 위협을 어떻게 하면 피할 수 있겠습니까? 그것은 성경이 우리에게 가르쳐주는 길, 그 생명의 길, 새로운 길을 선택하는 것입니다. 그 길은 무엇입니까?

> "너희는 내가 굶주렸을 때에 먹을 것을 주었고 목말랐을 때에 마실 것을 주었으며 나그네 되었을 때에 따뜻하게 맞이하였다. 또 헐벗었을 때에 입을 것을 주었으며 병들었을 때에 돌보아 주었고 감옥에 갇혔을 때에 찾아주었다. … '너희가 여기 있는 형제 중에 가장 보잘것없는 사람 하나에게 해준 것이 바로 나에게 해준 것이다.'" (마태오 25:35~40)

이 말씀은 하느님의 계명에 순종하면 하느님의 복이 뒤따른다는 것을 우리에게 가르쳐줍니다. 반대로 그 계명을 범하면, 저주를 당할 것입니다. 그러므로 두 번째 것은 쳐다보지도 말고 첫 번째 것을 추구합시다. 이 선택은 우리에게 달려있습니다. 우리는 자유로운 존재입니다. 하느님의 길에 뜨겁게 헌신하고 그 길에 머뭅시다. 그러면 우리는 우리가 가난한 사람들을 돌보아 준 것에 대해 책임져 주실 주님의 강복을 얻을 것입니다.

아무것도 가진 것 없는 빈자들, 불구가 되어 고통당하고 피폐해진 병자들이 있는 한, 하느님의 법을 실천할 수 있는 수많은 기회가 시시때때로 우리에게 제공됩니다. 그들을 돌봐줄 때 여러분은 여러분에게서 복된 소식이 실현되는 것을 보게 될 것입니다. 나는 특별히 끔찍한 악[36]의 희생물이 된 이들을 생각합니다. 그 상처가 크면 클수록, 계명의 종인 신자들을 기다리는 축복은 더 광대합니다.

하지만 우리가 무엇을 해야 합니까? 성령께서 세상 안에 확립해 놓으신 통일성을 찢어버리지 마십시오. 다시 말해 우리의 본성을 함께 공유하는 이들을 마치 이방인처럼 여기지 말 것이며, 성경에 나오는 사제와 레위 사람을 결단코 본받지 마십시오. 그들은 강도들의 공격으로 거의 죽을 지경이 된 불행한 사람에게 최소한의 연민도 보여주지 않고 그냥 길을 지나갔습니다. 이 사람들은 상해를 입은 이에게 최소한의 관심도 쏟지 않은 죄를 범했습니다. 만약 하느님께서 비판한 이런 사람들을 본받는다면, 어찌 우리가 결백할 수 있겠습니까? 강도들의 공격을 받은 사람의 불쌍한 처지도 이 문둥병자들의 비참에 비하면 가슴이 덜 아픕니다!

여러분은 이 사람들을 보고 있습니다. 끔찍한 질병이 그들을 짐

---

36 여기서는 '문둥병'을 말하고 있다.

승처럼 변모시켜 놓았습니다. 그 질병은 그들의 손과 발에 손톱 발톱 대신 나무 조각을 끼워놓게 만들었습니다. 그들은 길 위에 정말 낯선 발자국을 남겨 놓습니다. 과연 누가 그것을 인간의 발자국으로 알아보겠습니까? 어제 꼿꼿하게 서서 하늘을 쳐다보았던 이 사람들이 오늘은 땅에 고꾸라져 마치 짐승처럼 네 발로 기어갑니다. 그들의 가슴에서 나오는 거친 숨소리를 들어보십시오. 그들은 그렇게 숨을 쉽니다.

하지만 우리 모두 인정합시다. 그들의 조건은 짐승만도 못합니다. 보통 짐승은 최소한 죽기 전까지는 태어날 때의 모습을 유지합니다. 그 어떤 짐승도 뜻밖의 재난으로 이토록 깊은 변화를 경험하지는 않습니다. 하지만 사람은 마치 그 본성이 변하기라도 한 것처럼, 인간의 모습을 상실하고 괴물처럼 변해버립니다. 그들의 손은 이제 발처럼 사용됩니다. 그들의 무릎은 발뒤꿈치가 되어버리고, 완전히 무뎌지지 않은 그들의 발목과 발가락을 마치 큰 배에 딸려 끌려가는 작은 배처럼 비참하게 질질 끌고 갑니다.

그대는 사람을 보지만, 그를 형제로 존경합니까? 아닙니다. 그대는 그대와 같은 종족의 한 사람을 동정하지 않습니다. 그의 질병은 그대에게 혐오감만 불러일으킵니다. 그의 간청은 그대에게 역겨울 뿐입니다. 그대는 그의 접근을 마치 맹수의 공격처럼 피합니다! 그러므로 조금만 생각해 보십시오. 천사들은 비록 순수한 영이지만 사람과의 접촉을 주저하지 않습니다. 살과 피를 가진 그대의 몸도 그들에게 아무런 혐오를 불러일으키지 않습니다. 그런데 천사들을 떠올린 것은 무슨 이유 때문입니까? 그들 자신의 임금, 천상 지복의 주인께서 그대를 위해 사람이 되시어, 이 비천한 육신을 덧입고 그 안에 깃든 영혼을 또한 수용하셨습니다. 이것은 그분의 손으로 그대를 만지심으로써 그대의 악을 고치기 위한 것입니다. 그런데 이 병자와 같은 본성을 공유하고 있는 그대는 그대와 같은 류에 속한 이 사람을 피한단 말입니까? 아, 형제여, 이 비열한 결정이 그대의 것이 되지 않길 바랍니다! 그대가 누구인지 아십시오. 그대가 누구에 대해 묵상하고 있는지 아십시오. 그대와 똑같은 사람에 대해서입니다. 사람이라면, 그 어떤 특별한 모습도 공통의 본성에 어떤 차이를 가져올 수 없습니다. 너무 미래에 대해 생각하지 마십시오. 이 사람의 몸을 파고드는 질병을 정죄함으로써, 그대가 전체 본성과 함께 그대 자신을 또한 정죄하고 있음을 그대는 알지 못합니다. 왜냐하면 그대는 다른 모든 사람처럼 이 본성의 일부이기 때문입니다. 그러므로 그것을 하나의 공통된 현실로 다루십시오.

다른 사람들에게서 발견되는 그 어떤 비참도 그대의 마음에 가 닿지 못하는 이유는 무엇입니까?

▎병자의 고독과 버려짐

얼마간의 양식이라도 얻을 양으로 짐승처럼 길거리는 배회하는 사람들을 그대는 봅니다. 옷으로는 누더기를 걸친 채, 손에는 막대기 지팡이를 들고 말입니다. 그 막대기를 쥐고 있는 것은 그들의 손가락이 아니라 손목에 매여 있는 끈 같은 것입니다. 너덜너덜 찢어진 바랑, 눅눅해진 빵조각, 그것이 전부입니다. 화기애애한 가정도, 집도, 침대도, 짚을 넣은 매트도, 창고도, 식탁도, 가구도 없이 그게 가진 것의 전부입니다. 이런 조건 속에서 살고 있는 이가 누구인지 그대는 아십니까? 그것은 바로 하느님의 형상으로 태어난 사람입니다. 땅을 지배하고 모든 피조물을 다스리라는 임무를 부여받은 사람입니다. 하지만 보십시오. 모든 사람이 거부하는 질병으로 인해 완전히 변해버린 이 사람을 말입니다. 그는 사람의 모습도 그렇다고 짐승의 모습도 아닙니다. 그대는 사람을 생각합니까? 하지만 사람의 몸은 이런 흉측한 모습과는 어울리지 않습니다. 그렇다면 그가 어떤 동물입니까? 그 어떤 동물도 이런 괴물의 모습을 하고 있지는 않습니다.

오직 그들만이 감히 서로를 쳐다볼 수 있기에, 그들의 공통된 흉측함으로 연합되어 무리를 지어 살아갑니다. 그 무리 밖에서는 그들은 다만 역겨움을 자아내는 존재일 뿐입니다. 그들 사이에서는 오직 불가피성만이 그들 각자가 서로에게 일으키는 이 두려움을 극복하게 해줍니다. 가는 곳마다 배척된 그들은 하나의 독립된 사회를 구성하여 아주 긴밀하게 뒤섞여 살아갑니다. 그들의 음울한 춤사위를 본 적이 있습니까? 그들의 한 섞인 노래를 들어보셨습니까? 어떻게 해서 그들은 그 질병과 불구된 몸의 행렬을 사람들에게 보여주게 된 것입니까? 다양한 모습으로 절단된 그들의 몸으로 펼쳐 보이는 기괴한 광대놀이! 슬픈 단조의 창, 음울한 노래, 그 어디서도 들을 수 없는 비극적인 시의 저자들, 그들은 다른 새로운 주제를 찾을 필요도 없이, 자신들의 고통만으로 그 모든 시가를 채우고도 남습니다. 그 몸짓과 그 이야기들! 그들이 들려주는 이야기는 어떤 것입니까? 그들은 말합니다. 어떻게 그들의 부모와 가족이 동전 한 닢도 주지 않고 그들을 내쫓았는지, 어떻게 사람들이 회합과 축제와 시장에서 그들을 마치 무기한의 유배 선고를 받은 살인자나 범죄자 취급하며 축출했는지, 아니 그들보다 훨씬 더한 형벌을 가했는지 말입니다! 범죄자는 외국에서라도 사회에 속해서 살 수 있지만, 오직 이 병자들만은 마치 인간 종족 전체의 적인 것처럼 그 모든 나라에서 쫓겨납니다. 사람들은 그들이 최소한의 지붕도, 공동의 식탁도, 그 어떤 가구도 누릴 권리가 없다고 판단합니다. 그건 아무것도 아닙니다. 그들은 공공의 샘에나 강물에조차도 접근이 금지됩니다. 그들이 그것들을 오염시킬 위험이 있다는 것입니다. 개 한 마리가 샘에 와서 피 묻은 혀를 적신다하여, 물이 오염되었다고 생각하지는 않습니다. 하지만 이 병자가 샘에 접근만 해도, 물에 오염 판정을 내립니다.

 이것이 그들의 하소연입니다. 이것이 그들의 탄원입니다. 보십시오. 굶주림에 몰린 이 불행한 사람들이 어찌하여 사람들의 발 앞에 달려와 몸을 던져 아무에게나 간청하게 되는지 말입니다.

 이 잔혹한 광경은 나를 눈물짓게 합니다. 나는 몇 번이나 이로 인해 인간 본성 그 자체에 대한 혐오감을 느꼈습니다. 그때 일을 지금 생각하는 것만으로도 나는 충격을 받습니다. 나는 이 끔찍한 광경, 눈물 없이는 볼 수 없는 이 광경을 아직도 보고 있습니다. 길 위에 사람들이 휘청대며 걸어갑니다. 뭐라 해야 할까요? 그들은 차라리 사람들이 아니라 비참한 시체들 같습니다. 질병은 그들에게서 알아볼 수 있는 특징을 다 제거해 버렸습니다. 사람들은 그들이 사람이라는 것조차 알아볼 수 없게 되었습니다. 그들은 사람의 모습을 완전히 잃어버린 것입니다! 살아있는 자들 중 오직 그들만이 자기 자신을 경멸하고, 태어난 날조차 혐오합니다. 이토록 고통스러운 실존이 시작된 이 시간을 저주하는 것은 차라리 너무 당연해 보입니다! 그들과 똑같이 사람이라 불리는 것, 그들에게 사람이라는 이름을 사용하는 것 자체를 많은 사람들은 수치스러워 하고, 인간 전체에 대한 모독이라고 여깁니다.

그들은 평생 신음하며 보냅니다. 통곡할 이유는 너무도 많습니다. 서로 쳐다보는 것만으로도 한숨과 비탄이 터져 나옵니다. 신체의 일부가 잘려 나간 것 때문에 울어야 할지, 아니면 오히려 신체의 남아있는 부분 때문에 울어야 할지도 그들은 알지 못할 지경입니다. 아직은 남아있는 것 때문에 슬퍼해야 합니까, 아니면 절단되어 사라져 버린 것 때문에 울어야 합니까? 이 비극을 눈으로 볼 수 있다는 것 때문에 절망해야 합니까, 아니면 그 질병으로 눈이 멀어 이 모습조차 볼 수 없게 된 것 때문에 절망해야 합니까? 그나마 이 불행에 대해 아직은 말할 수 있는 것, 아니면 문둥병이 혀마저 갉아 먹어 벙어리가 된 것, 이 둘 중 어느 것이 더 슬픈 일입니까? 그나마 빵 한 조각이라도 먹을 수 있는 것과 입마저 뭉그러져 더 이상 음식을 먹을 수 없게 된 것, 이 둘 중 어떤 것이 더 불행한 것입니까? 자신의 몸이 죽은 짐승처럼 썩어가는 것을 느끼는 것이 더 나은 것입니까, 아니면 완벽하게 감각을 잃어버려 아무것도 느끼지 못하는 것이 더 나은 것입니까? 그들의 시력은 어디로 간 것입니까? 후각과 촉각은 또 어디로 사라진 것입니까? 퍼져가는 감염이 조금씩 갉아먹고 있는 다른 감각은 또 어디에 있는 것입니까?

우리는 도처에서 마치 목초지를 찾아다니는 가축 떼처럼 무리지어 길을 배회하는 이 불행한 사람들을 봅니다. 그들은 빵을 얻기 위해 그들의 절망을 짊어지고, 탄원의 나뭇가지 대신 그들의 환부를 드러냅니다.

질병으로 인해 고립무원에 처한 그들에겐 발걸음을 인도해줄 사람 하나 없으니, 가난만이 그들에게 다가오는 친구요, 오직 자신들 서로에게서만 도움을 얻을 수 있습니다. 혼자만으로는 부자유해서, 그들은 무리지어 서로 돕고, 아직 자기에게 남아있는 지체로 서로의 부족을 메워줍니다. 사람들 또한 그들을 언제나 한꺼번에 보게 됩니다. 불행 자체는 아주 교활해서, 그 참혹함이 다 드러날 때 더욱 충격적입니다. 그들 각자는 혼자로서는 그 비참함이 어느 정도인지 가리는 면도 있습니다. 하지만 그들이 한꺼번에 모여 있는 것을 볼 때는, 각자의 특별한 참혹함조차도 더욱 끔찍하게 됩니다. 그래서 그들 모두의 비참을 함께 확인하는 것은 그 각각의 사람들을 보며 느끼는 연민의 감정을 더욱 생생하게 만듭니다. 어떤 이는 주먹이 잘려져 나갔고, 다른 사람은 배가 산처럼 부어올랐고, 또 다른 사람은 얼굴이 부어있고, 마지막 사람은 다리가 썩어 들어가고 있습니다. 각자는 자신의 비참한 모습을 드러낼 요량으로 병에 감염된 부위를 들춰냅니다.

함께 사는 것

그러면 어떻게 해야 합니까! 본성의 법에 어긋나지 않기 위해 던지는 몇 마디 감동적인 말로 스스로 만족해야겠습니까? 그들의 상처를 그저 말로 덮어주고, 그들을 생각하면서 동정심을 느끼면 족하겠습니까? 오히려 우리의 동정심, 우리의 자비심이 행동으로 분출될 수 있게 해야 하지 않겠습니까? 말과 행동 사이는 그림과 실재 사이만큼이나 큰 차이가 있습니다. 주님께서는 우리가 말이 아니라 행동을 통해 구원받을 것이라고 확언하십니다. 그러므로 그들을 도우라는 이 계명을 우리가 회피해서는 안 될 것입니다.

하지만 우리의 도성에서 멀리 떨어진 곳에 그들을 미리 격리해놓고 그곳으로 먹을 것을 가져다 주는 것으로 그들을 위해 할 수 있는 일을 다 했다고 내게 답하지는 마십시오. 이런 방책은 사랑과 자비가 결여된 것입니다. 언뜻 선을 가장하고는 있지만, 그것은 이 사람들을 우리 사회에서 제거하는 것일 뿐입니다. 안 그렇습니까! 집안에서 돼지와 개를 키운다고 해서, 얼굴 붉히는 사람이 있습니까? 사냥꾼은 종종 밤에도 사냥개와 떨어지지 않고 꼭 붙어 지내곤 합니다. 농부는 송아지를 쓰다듬고 아껴줍니다. 그보다 더한 경우도 있습니다. 여행자는 자기 손으로 나귀의 발굽을 씻어줍니다. 그 등을 글겅이로 긁어줍니다. 똥을 손수 치워주고 외양간을 청소해줍니다. 우리의 형제, 우리와 똑같은 사람을 동물보다 더 하찮은 존재로 격하시킬 것입니까? 아닙니다! 형제들이여, 그럴 순 없습니다! 이와 같은 비인간적인 견해가 승리하게 내버려두어서는 안 됩니다! 그들이 누구인지, 우리가 지금 생각하고 있는 대상이 누구인지 상기해 보십시오.

> "왕이라고 해서 유별나게 인생을 시작하지는 않는다. 인생의 시작과 죽음은 모든 사람에게 똑같다." (지혜서 7:5~6)

살고 마시고 먹는 방식이 다 같고, 육체의 구성도 다 같고, 생리적 법칙 또한 다 같습니다. 모두가 똑같이 죽음에 이르게 되고, 결국 먼지로 돌아갑니다. 만들어진 모든 것은 결국 해체될 것이고, 영혼에 묶인 몸, 물방울 하나 같은 시간, 허망하게 흘러가버리는 우리 인생도 이 땅에 최소한의 흔적도 남기지 않고 떠나갈 것입니다. 무덤의 묘비에 새겨질 우리의 이름이 우리를 기다리고 있지만, 그것마저도 세월과 함께 지워져 버릴 것입니다. 여러분의 연약함을 생각하십시오. 성 바울로의 말씀처럼 "여러분은 두려워할지언정 자랑할 것은 하나도 없습니다."(로마 11:20) 아마도 여러분이 보여주는 그 잔인함의 첫 번째 희생물은 여러분 자신일 수도 있습니다. 내게 답해보십시오. 여러분은 왜 병자를 피하십니까? 여러분은 무엇 때문에 그에게 화를 내십니까? 기분 나쁜 생김새, 담즙에 이어 흘러내리는 피고름 때문입니까! 내가 의학적으로 설명해 드리겠습니다. 약한 재질의 헐어버린 옷이 그들의 환부를 드러나게 한다고 해서 그것이 그들의 잘못이겠습니까? 건강한 사람들도 종종 종기나 탄저병이나 그 밖의 고약한 피부질환으로 인해 고통 받지 않습니까? 그럴 때, 우리는 그러한 질병과 온 힘을 다해 싸우지 않습니까? 물론입니다. 그럴 때 우리 신체의 건강한 지체들 모두는 이 질환에 감염된 부분을 고치기 위해 힘을 합쳐 노력합니다. 질병은 조금도 역겨운 것이 아니라는 좋은 증거입니다. 우리의 건강한 육신이 이 종기를 치료하는 데 힘을 합하지 않겠습니까?

하느님께 순종하기

그 어떤 이유가 우리로 하여금 불행에 빠진 이 사람들을 피하게 만듭니까? 그 이유는 예수 그리스도의 경고를 조금도 개의치 않는 것, 바로 그것입니다.

> "이 저주받은 자들아, 나에게서 떠나 악마와 그의 졸도들을 가두려고 준비한 영원한 불 속에 들어가라. … 똑똑히 들어라. 여기 있는 형제들 중에 가장 보잘것없는 사람 하나에게 해주지 않은 것이 곧 나에게 해주지 않은 것이다."
> (마태오 25:41~45)

만약 우리가 이 말씀을 믿는다면, 우리는 병자들에 대한 우리의 감정을 바꾸게 될 것이고, 그들에게로 달려가게 될 것이며, 그들의 질병을 간호해주고 돌봐주는 일에 더 이상 거리낌을 느끼지 않게 될 것입니다. 이렇게 하느님의 약속을 굳게 신뢰한다면 우리는 그분의 계명에 순종해야 합니다. 오직 우리의 자발적 순종만이 우리에게 선언된 그 복락을 보장해 줄 수 있습니다.

이 사람은 복음경이 나열하고 있는 타향살이, 헐벗음, 배고픔, 병듦, 감옥에 갇힘과 같은 모든 결핍을 견딥니다. 그는 헐벗고, 집이 없습니다. 그의 가난에 질병이 보태지자, 그는 가장 비극적인 박탈의 경지로 내몰립니다. 그는 아무 것도 가진 것이 없습니다. 일자리를 얻는 것도 그에게는 불가능합니다. 그는 결국 질병의 사슬에 묶여버린 수감자입니다. 그러므로 여러분은 바로 그에게서 모든 율법을 성취할 수단을 발견합니다. 만약 이 사람을 인간적으로 대해주기만 한다면, 여러분은 만물의 주님을 여러분의 채무자로 만들 수 있습니다. 그런데 왜 여러분 자신의 실존에 반하는 전쟁을 하십니까? 하느님의 호의를 거절하는 것은 여러분 자신을 여러분의 적으로 만드는 것이기 때문입니다. 하느님께서는 그분의 법에 충실한 사람들과 함께 계시지만, 냉담한 마음들은 떠나가십니다.

"나는 마음이 온유하고 겸손하니 내 멍에를 메고 나에게 배워라." (마태오 11:29)

하느님께서는 법에 순종하는 것을 멍에라고 부르십니다. 그러므로 그분의 호소에 응답합시다. 그리스도의 짐바리 짐승이 됩시다. 사랑의 띠로 졸라맵시다. 목에 찰과상을 입히기는커녕 오히려 부드럽게 쓰다듬어 주는 이 부드럽고 가벼운 멍에를 흔들지 맙시다.

성 바울로는 이렇게 말합니다. "축복 안에서 거두려면, 축복 안에서 뿌리십시오."(II 고린토 9:6) 그리고 이렇게 뿌리는 씨는 수천의 낟알을 맺을 것입니다. 풍성한 수확은 우리의 온순함에 뒤따르고, 하느님 축복의 낟알들은 매우 높이까지 올라갑니다. 그것들이 어느 정도까지 자라나는지 알고 싶으십니까? 하늘 꼭대기까지입니다. 여러분이 가난한 사람들에게 베푼 모든 선행은 하늘 보화로 수확될 것입니다. 이 약속을 신뢰하십시오. 이 불행한 사람들과의 우정을 불명예로 여기지 마십시오. 그들의 잘린 손은 여전히 도움을 줄 수 있고, 그들의 썩어가는 발은 언제나 하느님에게까지 달려갈 수 있으며, 그들의 눈은 비록 녹아내렸지만 영혼의 빛으로 보이지 않는 복을 알아볼 수 있습니다. 그들의 기괴한 몸을 멸시하지 마십시오. 여러분은 그 모든 기적보다 더욱 놀라운 것을 보게 될 것입니다. 우리의 덧없는 본성은 끊임없는 우연에 종속되어 있지 않습니다. 썩어 없어질 지상의 몸에 더 이상 엮여 있지 않게 될 때, 자유를 얻은 영혼은 그의 내적 아름다움으로 빛날 것입니다.

▎부자의 후회

저승에서 가난한 사람에 대한 혐오감을 다 잊어버리고 옛날 고름이 철철 흘렀던 그 손가락으로라도 물 한 방울만 적셔 입술에 묻혀 달라고 애원하게 된 이 향락적인 부자의 이야기는 그것을 잘 증언해 줍니다. 그는 거지의 젖은 손가락을 혀로 핥습니다! 만약 그가 추한 몸 너머에 있는 영혼을 볼 수 있었더라면 아마도 이와 같은 것을 원하게 되지는 않았을 것입니다. 저승으로 가게 되자, 수많은 후회가 부자를 압박했습니다! 그는 이 땅에서 불운을 겪고 있는 가난한 사람을 복되다고 선언해야만 하기 때문입니다! 또 온갖 부를 누리게 된 자신의 운명을 차라리 영혼을 불행하게 만드는 것으로 고발해야 하기 때문입니다! 여러분 생각에, 만약 인생을 다시 살 수 있다면, 그는 어떤 사람으로 살고자 할 것 같습니까? 영주의 삶입니까, 아니면 억압당하는 삶입니까? 분명 그는 불행한 사람의 조건을 받아들이려 할 것입니다. 하지만 오늘 이 사람은, 죽은 사람들의 이름으로, 이 땅에 남아있는 모든 형제에게 경고를 보내주어, 여러분이 헛된 부에 속지 않고, 편안함에 대한 사랑에 끌려 쾌락의 경향으로 미끄러지지 않으며, 지옥의 어둠까지 굴러 떨어지지 않게 해달라고 간청합니다. 그런데 어떻습니까? 이 이야기에서 어떤 교훈도 얻지 않겠습니까? 성 바울로께서 우리를 초대하고 있는 이 고귀한 거래를 거절하시렵니까? "지금 여러분이 넉넉하게 살면서 궁핍한 사람들을 도와준다면 그들이 넉넉하게 살게 될 때에는 또한 여러분의 궁핍을 덜어줄 것입니다. 그러면 결국 공평하게 되지 않겠습니까?"(II 고린토 8:14) 만약 이 거래에서 이익을 얻고 싶다면, 예지의 증거를 보여주십시오. 만약 우리가 내일 휴식을 얻고자 한다면, 오늘 궁핍한 이들을 고통에서 건져주십시오. 만약 우리가 영원한 장막에서 그들의 환영을 받고자 한다면, 지금 당장 그들에게 우리의 문을 열어주십시오. 만약 우리가 우리의 죄로 인한 상처들을 치유하길 원한다면, 먼저 그들의 육신을 좀먹는 그 질병을 치료해주십시오.

"자비를 베푸는 사람은 행복하다. 그들은 자비를 입을 것이다!" (마태오 5:7)

▌그들에 대한 우리의 희생은 결코 위험하지 않습니다

여러분은 아마도 계명은 내일 가서 실천해도 되지만, 오늘은 먼저 감염의 모든 위험을 피해야 하지 않겠는가 하고 반박할지도 모르겠습니다. 그러니까 여러분은 이 병자들을 피함으로써 질병으로부터 벗어날 수 있다고 생각하십니까? 여러분이 하느님의 뜻을 멸시하는 것을 숨길 수 있는 정말 그럴듯한 핑계요, 속임수요, 특별한 논증입니다. 그렇습니다. 여러분은 거짓말을 하고 있습니다. 하느님을 섬길 때는 그 무엇도 두려워 할 것이 없습니다. 악으로 악을 치료하지 마십시오. 어린 시절부터 늙은 나이가 될 때까지 병자들을 위해 온 생을 바친 사람들이 건강에 조금도 이상이 없이 사는 것을 여러분은 자주 보지 않습니까? 그들은 질병에 걸릴 일이 없었기 때문입니다. 흑사병과 같은 몇몇 특별한 전염병은 외적인 병인에 의한 것이고 물이나 공기의 오염과 같은 경우에 발생합니다. 그런데 사람들은 이 질병이 전염병이 아닐까 의심합니다. 개인적으로 나는 그것이 사람을 통해 전염되는 것이라고 믿지 않습니다. 전염병이 우리 안에 들어오면, 도처에서 그 환자들이 발생하고, 조금씩 온 세상으로 확산됩니다. 하지만 이 질병이 발전하는 것은 단지 그 집단 내부에서입니다. 피를 썩게 만드는 물질이 피를 침범하지만, 이러한 감염은 환자 밖으로 나오지 않습니다. 이 가정은 다음과 같은 관찰을 통해 확증됩니다. 건강한 사람들과 함께 살 때, 또 그들이 받아야 하는 모든 치료를 제공받을 때, 이 환자가 조금씩 건강을 회복하는 것을 여러분은 보지 않았습니까? 그렇습니다. 그런 예를 우리는 적잖게 볼 수 있습니다. 이로부터 또 하나의 상대적인 결론

이 나옵니다. 그것은 바로 건강한 사람이 이 환자들과 접촉한다 해서 이 질병에 감염되지는 않는다는 것입니다.

그럼 여러분이 받을 보상은 무엇입니까? 하느님의 계명에 순종하는 것은 여러분에게 하늘나라를 예비해 줄 것이고, 또 그것은 여러분에게 조금도 손해를 끼치지 않습니다. 그런데도 또 무엇이 사랑의 계명을 실천하지 못하게 가로막습니까?

▌지상에서의 모험은 모두에게 공통된 것입니다

하지만 이 병자들 앞에서 본능적으로 느끼게 되는 혐오감을 참아 내는 것은 결코 쉬운 일이 아니라고 여러분은 말합니다. 그렇습니다. 나도 여러분의 견해와 같습니다. 그것은 정말 쉽지 않습니다! 하지만 말해보십시오. 노력이 필요치 않는 덕행이 과연 있습니까? 하늘의 소망을 얻기 위해 굵은 땀을 흘리며 고생합시다. 우리를 생명으로 이끌어주는 길은 험하다고 한 말씀처럼, 법은 우리에게 그것을 알려주고 있지 않습니까! 그 길이 우리에게 요구할 노고와 자기 강제는 그 길을 또한 더욱 좁게 만듭니다.

> "생명에 이르는 문은 좁고 또 그 길이 험해서 그리로 찾아 드는 사람이 적다." (마태오 7:14)

어떻습니까! 게으름과는 양립할 수 없다고 해서, 여러분은 이 복된 소망을 포기하겠단 말입니까? 절제는 수치심도 없이 쾌락에 빠져드는 것보다 훨씬 더 어려운 것은 아닌지 젊은이들에게 물어보십시오. 그것은 분명 절제보다 훨씬 용이한 것 아니겠습니까? 그런데도 덕의 가파른 오솔길 앞에서 평탄한 길을 선택하여 뒤로 물러나 싸우겠다는 것입니까? 만약 이런 결정을 내린다면, 그것은 사는 동안 평탄하고 쉽고 넓은 길을 취하지 말라고 하신 입법자 그리스도께 반하는 것입니다. 그분께서는 말씀하십니다.

"좁은 문으로 들어가거라." (마태오 7:13)

우리의 삶이 그토록 무시해온 계명을 실천하는 일에 우리의 노력을 기울입시다. 인내심을 가지고 줄기차게 병자들을 돌봐줌으로써, 건강한 사람들이 느끼는 이 자연스러운 혐오의 감정을 치유합시다. 실제로 습관은 매우 까다로운 사람들에게도 아주 놀라운 힘이 있어서, 머지않아 즐거움을 느끼게 해줍니다. 그러므로 그것이 정말 어려운 의무라고 말하지는 마십시오. 그 의무를 다 하는 사람에게 그것은 너무도 큰 이로움을 줄 것입니다. 그리고 그 소득은 너무나 위대한 것이어서, 그 고생쯤은 다 잊게 될 것입니다. 익숙해짐에 따라 조금씩 우리는 고된 노력이 즐거움으로 변하는 것을 보게 될 것입니다. 불행한 이들에 대한 자비는 이미 이 세상에서부터 건강한 사람들에게 큰 유익을 줄 것이라는 점을 굳이 첨가해야 할 필요가 있겠습니까? 여러분 모두가 이성적이니, 다른 사람의 시련 안에 담보로 맡겨놓는 이 자비의 유익에 대해 생각해보십시오. 모든 인류는 단 하나의 본성의 지배를 받습니다. 그러므로 누구도 지속적인 행복을 보장받을 수 없습니다. "남이 너희에게 해 주기를 바라는 그대로 너희도 남에게 해 주어라."(마태오 7:12)라는 이 복음의 계명을 우리는 절대 잊어서는 안 됩니다. 여러분이 평온한 바다에 돛을 세우고 가고 있다면, 남은 손을 파선당한 불행한 이들에게 뻗으십시오. 바다나, 파도나, 폭풍은 우리 모두에게 공통된 것입니다. 암초들, 바다 속의 장애물들, 대양의 그 모든 위험은 모든 항해자에게 똑같은 두려움을 불러일으킵니다. 여러분이 인생의 평온한 물결 위에 아무 탈 없이 안전하게 전진해 가고 있다면, 암초에 부딪혀 파선 당한 사람 앞에서 거만하게 지나가지 마십시오. 여러분이 아무 문제 없이 계속 길을 갈 수 있을 것이라고 그 누가, 그 무엇이 보장해 줍니까? 여러분은 아직 고요하고 안전한 항구에 도달하지 못했습니다. 여러분은 아직 파도를 벗어나지 못했습니다. 여러분은 아직 해안에 이르지 못했습니다. 생명이 끝나기 전까지 여러분 모두는 여전히 바다 위에 있게 될 것입니다. 불운한 이들을 향한 여러분의 감정이 언젠가는 여러분의 이웃들이 여러분을 향해 어떻게 행동하게 될지를 결정할 것입니다.

우리 모두 안식과 휴식의 항구에 도달할 수 있기를 빕니다. 우리의 대항해가 끝날 때 성령께서 우리에게 청명한 하늘을 허락해주시길 빕니다! 하느님의 명령을 준행합시다. 자비의 계명을 따라 행동합시다. 우리 하느님께서 설계하시고 지으신 저 위대한 도성이 우뚝 서 있는 약속된 땅에 이를 때까지 항해를 멈추지 맙시다.

영광과 권세가 우리 하느님께 세세토록 있나이다. 아멘.

고리대금업에 대하여[37]

1. 지혜로운 삶을 영위하길 원하는 선한 의지를 가진 존재들은 그 삶을 규율하기 위해 의로운 법과 지혜로운 계명을 갖추고 있습니다. 그리고 입법자는 분명 두 가지 본질적인 요구에 따라 그것들을 고안합니다. 그것은 바로 죄는 피하되, 선의 실천은 격려하는 것입니다. 악을 피하고, 마치 어린 아기가 엄마를 찾듯 덕을 찾기 위해 모든 힘과 능력을 쏟아 붓지 않는다면 지혜와 겸손에 이르는 것은 사실상 불가능합니다.

오늘 하느님의 계명을 듣기 위해 함께 모인 우리는, 예언자가 고리와 이자의 천박한 자식들을 목 졸라 죽여 이런 종류의 소득을 사회에서 추방하는 내용의 본문을 읽었습니다. 그의 명령을 저항 없이 받아들입시다. 씨앗이 떨어졌지만 금방 말라 죽어버리는 돌밭이

---

37   Κατά των τοκιζόντων, PG, 46, 434~452.

되지 맙시다. 반역한 이스라엘이 받았던 그 질책, "듣기는 들어라. 그러나 깨닫지는 마라. 보기는 보아라. 그러나 알지는 마라."(이사야 6:9)는 그 질책을 받지 않도록 합시다.

2. 내 말을 듣고 있는 그대에게 부탁합니다. 실력과 교양과 보편성으로 이름이 높은 한 설교자[38]가 '고리대금업자들에 대한 설교'라는 큰 보화를 남겨 놓고 떠난 후, 내가 대신 그 경주에 참가한다고 해서, 그리고 또 내가 화관을 둘러쓴 그 말들 곁에, 나귀나 소가 끄는 우마차를 타고 나타난다고 해서, 나를 무모하고 경솔하다고 책망하지는 마십시오.[39] 겸손한 자는 늘 위대한 자와 이웃하게 마련입니다. 창백한 달이 찬란한 해 곁에 있듯 말입니다. 거대하고 강력한 배가 돛을 펴고 항해할 때, 작고 날씬한 배들이 그를 호위하고 바다로 나아갑니다. 경주자들은 서로 붙잡고 지혜로운 규칙에 따라 싸웁니다. 아이들도 그들처럼 손에 흙먼지를 묻힙니다.[40] 그런 의미에서 나도 또한 그대의 관용을 부탁드립니다.

▎신뢰할 수 없는 사회체계

3. 내가 지금 말하고 있는 그대, 그대가 누구이든 흥정을 몹시 싫어합니다. 그대는 사람입니다. 그러니 돈이 아니라 사람을 사랑하십시오. 죄에 빠지지 마십시오. 그대의 소중한 이자에 대해 세례

---

38 성 대 바실리오스를 가리킴.
39 니싸의 성 그레고리오스의 친형인 성 대 바실리오스는 그레고리오스가 이 설교를 할 즈음 이미 안식하신 상태였다.
40 상대방을 더 잘 붙잡기 위해 경주자들이 손에 기름을 바른 뒤 모래를 묻히는 행위를 말한다.

자 요한의 이 말로 외치십시오. "독사의 자식들아,(마태오 3:7) 내게서 물러가거라. 너희들은 주는 자나 받는 자 모두의 죽음이다. 오늘 너희들은 부드럽지만, 내일이면 이 부드러움이 끔찍한 독으로 변하리라. 너희는 인생길을 가로막는구나. 너희는 하늘나라의 문을 막는구나. 한 순간 시선을 끌고, 감언이설로 귀를 속이지만, 너희는 영원한 불행의 누룩을 지녔구나." 이 말로, 고리대금업을 포기하고 가난한 이들에게 사랑으로 마음을 여십시오.

"달라는 사람에게 주고 꾸려는 사람의 청을 물리치지 마라."(마태오 5:42)

가난이 그를 그대 무릎 앞에 던져 놓고, 그를 그대의 집 대문에 못 박습니다. 극심한 궁핍에 빠져 있는 그는 그대가 조금이라도 그 궁핍을 감소시켜 주길 바라며 그대의 부유함에서 피난처를 구합니다. 하지만 결과는 정반대입니다! 동맹군인줄 알았던 그대는 적이 되어 버렸습니다. 그대는 황폐화시키는 이 비참에서 그가 벗어날 수 있도록 도와주지 않습니다. 오히려 그대는 그에게 빚을 갚으라고 독촉할 뿐입니다. 그대는 눈물 흘리는 사람에게 도리어 불행을 보태고, 헐벗은 사람의 남은 속옷까지 빼앗으며, 이미 큰 상처를 지닌 사람에게 더 큰 상처를 가하고, 그의 근심 걱정에 또 다른 근심들을, 그가 겪고 있는 고통에 더 큰 고통을 추가합니다. 그에게 이자를 붙여 금을 빌려줌으로써 그대는 그에게 가난을 보장하고, 자비를 포장하고 있지만, 그것은 결국 그를 멸망으로 이끕니다.

열병으로 열이 오르고, 갈증으로 고통 받고 있는 병자에게, 오직 원하는 것이라곤 한 모금의 물인 그 사람에게 그대는 측은한 마음으로 포도주 한 잔을 내밉니다. 이 시원한 음료는 우선은 그의 갈증을 풀어주고 그를 안정시키지만, 갈증은 금방 더욱 강렬해지고 고통은 더욱 커집니다. 가난한 사람에게 하는 짓도 이와 같습니다. 그에게 비참을 불러올 거대한 금을 줌으로써 그대는 결코 그의 가난을 없애지 않습니다. 오히려 그의 가난은 더욱 극심해질 뿐입니다.

4. 겉으로는 관대함을 가장하면서 이렇게 야만적인 행동을 하지 마십시오. 의사가 의술로 그렇게 하듯이, 그대는 돈으로 그들을 구해주겠다고 짐짓 가장하지만, 실상은 환자를 죽여 버리는 그런 의사일 뿐입니다. 그런 의사가 되지 마십시오. 그의 신뢰를 도리어 그를 멸망케 하는 데 사용하지 마십시오.

돈놀이 하는 사람은 게으르고 인색하게 살아갑니다. 그는 농부의 노고, 상인의 노심초사를 모릅니다. 그는 언제나 똑같은 장소에 눌러앉아 자기 집의 괴물을 살찌웁니다. 씨도 뿌리지 않고 노동을 하지도 않지만, 모든 것은 불어나야만 합니다. 그의 쟁기는 연필이고, 그의 경작지는 계약서입니다. 씨앗은 먹물이고, 비는 저절로 수확을 불려주는 시간입니다. 낫은 그의 독촉장이고, 타작마당은 조금씩 압류해가는 빚진 자들의 집입니다. 그는 모든 사람의 재물을 엿봅니다. 다른 사람이 망하고 실패하길 원합니다. 그래야 다시 그에게 돈을 빌리러 오게 될 것이기 때문입니다. 그의 사채가 필요치 않은 사람을 그는 증오하고, 그에게 채무가 없는 모든 사람을 적으로 여깁니다. 안 그래도 채권자에게 시달리는 불행한 사람을 끌어내기 위해 그는 법정으로 달려갑니다. 독수리가 적군을 염탐하듯, 그는 세금 징수관을 쫓아다닙니다. 천지사방으로 자기의 돈을 흔들고 다니며, 질식해 있는 불행한 사람에게 미끼를 던집니다. 그래서 입을 열지 않을 수 없는 상황이 오면, 그들이 이 고리대금의 미끼를 덥석 물게 합니다. 그는 매일 이자 소득을 계산하지만 아무리 많은 소득도 그의 탐욕을 충족시키지 못합니다. 만약 집 안에 아직도 알을 낳지 못하는 돈이라도 남아 있다면 신경질을 냅니다. 마치 곳간에서, 쉬지 않고 씨앗으로 쓸 낟알을 빼내오는 농부처럼 말입니다. 그는 이 불쌍한 금에 조금도 쉴 틈을 주지 않고, 이 사람의 손에서 저 사람의 손으로 끊임없이 돌고 돌게 만듭니다. 그래서 종종 자기 집에는 한 닢의 동전도 없는 백만장자들도 있습니다. 그들의 모든 희망은 다 종이 위에 있고, 그들의 모든 재산은 계약서이며, 그래서 그들은 모든 것을 소유하고 있지만 아무 것도 가진 것이 없습니다. 그들의 삶은 복음에 대한 끊임없는 모독입니다. 그들은 모든 것을 가난한 이들에게 줍니다. 하지만 그것은 사랑이 아니라 탐욕의 소산입니다. 그들은 자신의 금이 마치 부지런한 일꾼처럼 큰 소득을 올려 다시 돌아올 때까지 잠시 동안의 궁핍을 기꺼이 감수합니다. 투기가 어떻게 한 집을 비워버리고 백만장자를 잠시 동안이나마 궁핍자로 만들어 버리는지 그대는 보고 있습니까? 어떤 과정을 거쳐서 그렇게 되는지 보고 있습니까? 서명된 종이 한 장, 또 한 명의 불행한 사람을 만들어낼 계약서가 그 주인공입니다.

― 나는 당신에게 이자를 붙여 빌려줍니다.

― 나는 원금과 이자 모두를 돌려드리겠습니다.

채무자는 아무 것도 가진 것이 없으면서도 계약 이행을 장담합니다. 하지만 부자이시고 약속하시는 하느님의 말씀은 듣지 않습니다. 복음경은 말합니다.

"주어라, 그러면 내가 너에게 갚아주겠다."[41]

한 명의 서기 대신에 네 복음사가가 공통으로 기록했던 이 사회적 계약을 모든 그리스도인이 구원의 그 날로부터 증언해오고 있습니다. 그대는 여기서 낙원을 담보로 가집니다. 그 가치는 확실합니다. 만약 그대가 이 땅에서부터 그 보장을 원한다면, 이 세상 모두가 이 거룩한 채무자에게 속한 것임을 아십시오. 그분께 돈을 빌려줄 때는 먼저 그분의 경제 상황부터 잘 살펴보십시오. 그분의 엄청난 풍요함을 알게 되실 것입니다. 모든 금광이 다 그분의 것이고, 모든 은광산, 구리광산, 그 밖의 모든 귀금속 광산이 그분께 속하기 때문입니다. 드넓은 하늘을 향해 눈을 들어보십시오. 끝이 없는 대양을 생각해 보십시오. 이 드넓은 대지를 내다보십시오. 그 위에 사는 모든 동물을 헤아려 보십시오. 만물이 그분께 복종하고, 만물이 그분께 속했는데도, 그대는 그분을 가난하다 멸시하시겠습니까! 정신을 차리고 보십시오! 그대가 지체 없이 보증인으로 받아들이는 이 은행가보다 그분을 덜 정직한 분으로 평가함으로써 그분을 모욕하지 마십시오. 결코 죽지 않는 이 보증을 신뢰하십시오. 누구도 해지할 수 없는 이 보이지 않는 계약을 신뢰하십시오. 이자를 요구하지 마십시오. 오히려 흥정하지 말고 희사하십시오. 그러면 분명 그대는 보게 될 것입니다. 하느님께서 더 많은 것으로 돌려주실 것이라는 사실을 말입니다.

---

41 루가 6장 38절 : "남에게 주어라. 그러면 너희도 받을 것이다. 말에다 누르고 흔들어 넘치도록 후하게 담아서 너희에게 안겨주실 것이다. 너희가 남에게 되어 주는 분량만큼 너희도 받을 것이다."

▌대금업자의 근심들

5. 내가 그대에게 해괴한 이야기를 한다고 생각한다면, 나는 당장이라도 하느님께서 자기 재산을 가난한 사람들에게 나눠준 신자들에게 백배로 되갚아주신다는 증거를 제시할 수 있습니다. 베드로는 물었습니다.

> "보시다시피 저희는 모든 것을 버리고 주님을 따랐습니다.
> 그러니 저희는 무엇을 받게 되겠습니까?" (마태오 19:27)

그러자 예수께서는 이렇게 대답하셨습니다.

> "나는 분명히 말한다. 나를 따르려고 제 집이나 형제나 자매나 부모나 아내나 자식이나 토지를 버린 사람은 백 배의 상을 받을 것이며, 또 영원한 생명을 얻을 것이다."
> (마태오 19:29)

보십시오, 그분의 너그러우심을! 느끼십시오, 그분의 선하심을! 우리의 비열한 고리대금업자들은 죽도록 자신들의 재산을 배가시키려 합니다. 하지만 하느님께서는 자기 형제를 압제하지 않는 사람에게 기꺼이 백배로 갚아주십니다. 그러므로 하느님의 충고를 따르십시오. 그러면 안전한 이자를 받을 것입니다. 어찌하여 근심 걱정에 시달리고 있습니까? 나는 당신의 죄에 대해 말하지 않습니다. 고리대금업자는 날을 헤아리고, 달을 계산하며, 원금에 집착하고, 이자를 바라지만, 지불 만기일이 우박 피해를 입은 곡식처럼 아무 소득 없이 다가올까 봐 두려워합니다. 그는 채무자의 모든 일상, 여행, 사소한 행동, 발걸음, 거래 행위 등 일거수일투족을 감시합니다. 어떤 채무자가 도둑이라도 맞게 되면, 알지 못하는 어떤 사건으로 파산하게 되면, 대금업자는 흥분하여 노발대발합니다. 보십시오. 주저앉아 온 몸을 비틀며 신음을 토하고 한숨짓는 사람을 말입니다. 그는 계약서를 펼쳐 보이며, 종이 쪼가리로 남은 이 금 때문에 울부짖습니다. 죽은 아들의 겉옷을 만지작거리듯 빚 문서를 놓지 못하고, 볼 때마다 엄청난 고통을 받습니다.

만약 엄청난 돈을 빌려주었다면, 그는 해안가에 머물며 바람의 변덕에 불안해합니다. 정박하는 뱃사람들마다 붙잡고 물어봅니다. 혹시 조난 소식이라도 들었는지, 그들의 항해가 재난으로 끝나지는 않았는지 말입니다. 일상이 되어버린 불안과 근심은 그 마음 안에 슬픈 흔적을 새겨놓습니다. 그에게 이렇게 충고해줍시다.

"내 친구여, 이 해로운 근심을 떨쳐버리십시오. 그대를 갉아먹는 희망을 포기하십시오. 그대의 자본이 끝없이 이자만을 쫓아다니게 하지 마십시오. 그대는 가난한 사람들에게서 소득과 새로운 부를 기대합니다. 그렇게 그대는, 가뭄으로 바짝 말라버린 불모의 땅에서 곡식을, 혹은 우박으로 초토화된 포도밭에서 포도주를, 불임의 여인에게서 자식을, 어린소녀에게서 젖을 요구하는 사람과 같습니다. 아무도 자연을 강요할 순 없습니다. 그런 시도를 한다면 그것은 헛되고 또 기괴한 일일 것입니다. 오직 하느님만이 전능하시고, 불가능한 일을 가능케 하시며, 기적과 이사(異事)를 일으키시는 분이십니다. 그분은 바위에서 물이 솟게 하시고, 하늘에서 만나를 비 뿌리듯 내리시며, 나뭇가지 하나를 던지게 하여 마라의 쓴 물을 단 물로 바꾸셨습니다. 그분은 또한 엘리자벳의 불임의 태를 여시어 요한을 낳게 하셨고, 한나에게는 사무엘을, 마리아에게는 동정녀에게서 태어난 첫 번째 아이를 주셨습니다. 이것이 바로 그분의 전능하신 손이 행하신 업적들, 유일무이한 업적입니다."

▎대금업자의 파렴치함

6. 금 혹은 동과 같이 움직이지 않는 물질에서 이익을 추구하지 마십시오. 가난한 사람으로 부자를 더욱 부유하게 만들지 마십시오. 자금을 요청하는 사람에게 이자를 붙이지 마십시오. 그의 부탁은 보다 점잖은 방식으로 그대에게 자선을 구하는 것임을 느끼지 못합니까? 우리 신앙의 규범 또한 여러 곳에서 고리대금을 금지합니다.

> "너희 가운데 누가 어렵게 사는 나의 백성에게 돈을 꾸어주게 되거든 그에게 채권자 행세를 하거나 이자를 받지 마라." (출애굽기 22:25)

자비의 고갈되지 않은 원천인 은총은 빚 탕감을 명령하고 있지 않습니까? 이 계명은 얼마나 선합니까!

> "되받을 생각을 말고 꾸어주어라." (마태오 6:35)

또 다른 곳에서 달란트 비유는, 자신은 일만 달란트나 되는 큰 빚을 탕감 받았으면서도 동료의 백 데나리온이라는 작은 빚도 탕감해 주지 않고 조금만 더 시간을 달라는 동료의 간청마저 냉혹하게 물리치고 그를 감옥에 가둬버린 무자비한 종을 엄하게 벌합니다. 우리 주님께서는 제자들에게 짧은 기도의 모범을 제시하고 우리에게 기도하는 법을 가르쳐주셨습니다. 그 기도는 "우리가 우리에게 빚진 자를 탕감해 주듯이, 우리의 빚을 탕감해주소서."[42]라고 기도할 때만, 하느님의 마음에 도달하여 그분의 자비를 입을 수 있음을 알려줍니다. 고리대금업자여, 그대는 뭐라고 기도하겠습니까? 언제나 받을 줄만 알지 줄 줄은 모르는 그대가 무슨 면목으로 하느님께 은총을 간청하겠습니까? 그대의 기도는 그분께 그대의 비인간성을 상기시켜줄 뿐이라는 것을 모른단 말입니까? 용서를 간청하기 위해 그대는 누구를 용서해 주었습니까? 그 무엇이 그대로 하여금 당당하게 자비를 운운할 수 있게 해주었단 말입니까? 아마 그대는 적선을 했을지도 모릅니다. 하지만 그 적선에 쓰인 돈을 그대는 어디서 얻었습니까? 잔인한 노략질, 고통, 눈물, 한숨이 아닙니까? 만약 가난한 사람이 그대의 적선이 어디서 왔는지 알게 된다면, 그는 분명 그것을 거절할 것입니다. 그것은 형제들의 살을 뜯어 먹는 것이고 이웃의 피를 핥아먹는 것이라 여길 것이기 때문입니다. 그는 이렇게 용기있는 말로 그대에게 말할 것입니다.

"내 형제들의 눈물로 내 갈증을 풀어주지 마십시오. 가난하고 비참한 동료들의 피로 반죽된 빵을 가난한 사람에게 주지 마십시오. 그대와 다를 바 없는 사람에게 불의하게 요구한 것을 다 탕감해주십시오. 그러면 그때 나는 그대에게 깊이 감사드리겠습니다. 만약 그대가 백 명의 가난한 사람을 만들어낸다면, 한 명의 가난한 사람을 위로해주는 것이 무슨 소용이 있겠습니까? 이 많은 고리대금업자들이 없다면, 아마 이토록 많은 가난한 사람도 없어질 것입니다. 그대의 패거리들을 해체해 버리십시오. 그러면 우리는 우리 스스로

---

42 마태오 6장 12절 : "우리가 우리에게 잘못한 이를 용서하듯이 우리의 잘못을 용서하시고"

모든 것을 해결해 나갈 수 있게 될 것입니다."

도처에서 고리대금업자들을 비판하지만, 아무도 이 상처로부터 우리를 치유해줄 수 없습니다. 법도, 예언자들도, 복음사가들도 말입니다. 거룩한 아모스 예언자는 외칩니다. "이 말을 들어라. 가난한 사람을 짓밟고 흙에 묻혀 사는 천더기의 숨통을 끊는 자들아, 겨우 한다는 소리가 '곡식을 팔아야 하겠는데 초하루 축제는 언제 지나지? 밀을 팔아야 하겠는데 안식일은 언제 지나지? 되는 작게, 추는 크게 만들고 가짜 저울로 속이며 등겨까지 팔아먹어야지. 힘없는 자, 빚돈에 종으로 삼고 미투리 한 켤레 값에 가난한 자, 종으로 부려먹어야지.' 하는 자들아."(아모스 8:4~6) 자식들이 태어나는 것을 보는 아버지의 기쁨도, 월말이 가까워오는 것을 보는 고리대금업자의 기쁨만은 못할 것입니다.

▎고리대금업자들의 야만성

7. 그들은 자신의 죄를 거룩한 이름으로 포장합니다. 자신들의 거래를, 그들은 사랑이라고 부릅니다. 잔인하고 피를 뿌리는 신들에게 '에브메니데스'[43]라는 거짓 이름을 붙여주는 그리스인들처럼 말입니다. 아, 사랑이라고요! 집을 폐허로 만들고, 재산을 다 탕진하게 만든 것은 높은 이자가 아닙니까? 자유인을 노예보다 더 처참하게 살게 만든 장본인이 누구입니까? 단 하루 친절하게 말하지만 그런 다음에는 사람들을 끝이 없는 고통 속에 몰아넣는 자가 누

---

43 Eumenides(Ευμενίδε) : '선행자', '친절과 호의와 아량을 베푸는 자'의 뜻이다. 그리스 사람들은 복수의 여신들인 에리니스(Ερινυς)들에게 이 이름을 붙여 그들의 분노를 누그러뜨리길 원했다.

구입니까? 새들은 사냥꾼이 엿보며 던져 놓은 곡식을 맛보고는, 계속해서 그 곡식을 쪼아 먹기 위해 그 장소를 찾아옵니다. 하지만 곧 덫에 걸려 다 죽고 맙니다. 이자로 돈을 빌리는 사람들도 며칠은 편안하게 살겠지만, 곧 조상 대대로 물려받은 집마저 다 날려버립니다.

측은한 마음은 그들의 단단하고 돌 같은 심장을 떠나 버립니다. 경매에 내놓은 집을 보고도 그들은 아무 감정도 없습니다. 오히려 그들은 그 거래를 성사시키려 동분서주합니다. 한시라도 빨리 돈을 손에 넣고 또 다른 희생양을 찾아 가기 위해서입니다. 골짜기에 그물을 쳐 토끼를 잡은 뒤, 다음 골짜기에 또 그물을 쳐놓는 식으로 온 산의 모든 짐승을 다 잡아갈 태세인 사냥꾼처럼 말입니다. 이런 강도들이 어떻게 하늘을 똑바로 쳐다볼 수 있겠습니까? 어떻게 감히 용서해달라고 간구할 수 있겠습니까? "우리가 우리에게 빚진 자를 탕감해 주듯이, 우리의 빚을 탕감해주소서." 구세주께서 우리에게 가르쳐주신 기도문을 자신의 기도에 추가하는 것만큼 비양심적인 것이 또 어디 있겠습니까? 아! 고리대금업으로 인해 망한 사람이 얼마입니까! 빚 독촉보다 차라리 죽음이 더 낫겠다고 생각하여 고아들을 그 고약한 계모인 가난의 품속에 남겨두고 강에 몸을 던진 사람은 또 얼마입니까! 우리의 철두철미한 고리대금업자들은 황폐해진 집에도 은혜를 베풀지 않기 때문입니다. 그들은 물려받은 것이라곤 밧줄 하나 밖에는 없을 상속자를 괴롭히고, 빵을 구걸하는 사람에게 금을 요구합니다. 그 희생자의 죽음에 대해 그들을 비난해도, 또 그들을 부끄럽게 하려고 그 파멸의 밧줄을 상기시켜주어도, 그들은 그 범죄에 대해 일말의 부끄러움도 없이 도도하기만 합니다. 그들의 악랄함은 오히려 그들로 하여금 이러한 비난조차 이해할 수 없는 것으로 여기게 만듭니다. "가련한 악마가 사악한 별에 태어나 그 자신의 운명대로 비참하게 죽었다면, 그것이 과연 우리의 잘못이란 말입니까?" 이렇게 우리의 고리대금업자들은 자신들의 완악함과 범죄를 정당화할 때는 마치 스스로 철학자요, 이집트 점성술사의 제사라도 된 듯 행동합니다.

하느님께서는 정의를 행하실 것입니다

8. 그들에게 대답합시다. 그의 사악한 별은 바로 그대입니다. 그의 서글픈 운명도 바로 그대입니다. 만약 그대가 그의 근심을 조금이라도 덜어주었더라면, 만약 그대가 그 빚의 절반이라도 탕감해주고 나머지에 대해서는 조금만이라도 시간을 주었더라면, 그가 이 고역 같은 인생을 그렇게 끔찍하게 끝내지는 않았을 것입니다. 그가 자기 목숨의 사형수가 되지는 않았을 것입니다. 부활의 날에, 그대는 그대가 죽음에 이르게 한 이 사람을 무슨 낯으로 보려 합니까? 그와 그대 모두가 그리스도의 심판대 앞에 소환될 것입니다. 그 심판대는 이자를 따지는 곳이 아닙니다. 그곳은 실존 그 자체를 심판하는 곳입니다. 결코 불의와 부정을 용납하지 않으시는 심판관께서 그대에게 이렇게 책망하실 때 그대는 무엇이라 대답하렵니까?

> "너는 율법과 예언자와 복음의 계명을 알고 있지 않았느냐? 그리고 너는 그 모두가 한 목소리로 사랑과 인간성을 호소하는 것을 듣지 않았느냐? '같은 동족에게 변리를 놓지 못한다. 돈 변리든 장리 변리든 그 밖에 무슨 변리든 놓지 못한다.' (신명기 23:20) '돈놀이하지 않으며, 뇌물을 받고 무죄

한 자를 해치지 않는 사람. 이렇게 사는 사람은 영원히 흔들리지 아니하리라.' (시편 15:5) '너희 가운데 누가 어렵게 사는 나의 백성에게 돈을 꾸어주게 되거든 그에게 채권자 행세를 하거나 이자를 받지 마라.'"(출애굽기 22:25)

마태오 복음경은 한 비유 이야기에서 하느님의 진노에 대해 이렇게 말합니다.

"'이 몹쓸 종아, 네가 애걸하기에 나는 그 많은 빚을 탕감해 주지 않았느냐? 그렇다면 내가 너에게 자비를 베푼 것처럼 너도 네 동료에게 자비를 베풀었어야 할 것이 아니냐?' 하며 몹시 노하여 그 빚을 다 갚을 때까지 그를 형리에게 넘겼다. '너희가 진심으로 형제들을 서로 용서하지 않으면 하늘에 계신 내 아버지께서도 너희에게 이와 같이 하실 것이다.(마태오 18:32~34)'"

그러면 뒤늦은 후회가 그대를 덮칠 것입니다. 하지만 아무리 통곡하고 탄식해도 그대를 형벌에서 구해내지는 못할 것입니다. 그대의 돈이 날아와 그대를 구해주지도 못할 것이고, 그대의 은도 그대를 변호하러 오지 않을 것입니다. 그대의 이자는 아마도 쓸개보다 더 쓰디쓸 것입니다.

나는 그대를 두렵게 하려고 이런 말을 하는 것이 아닙니다. 다만 이 절대적인 심판의 현실을, 그것을 겪기 전에 미리 깨우쳐주고자 할 뿐입니다. 지혜롭고 선견지명이 있는 모든 사람은 그것에 대비해야 합니다.

임박한 정의

9. 하지만 하느님의 선고를 기다리면서, 내 말을 듣고 있는 이들의 유익을 위해서, 나는 최근 한 고리대금업자에게 일어난 일에 대해 얘기해주고자 합니다. 그대들 대부분 이 이야기가 무엇과 관련된 것인지 금방 알게 될 터이니, 한번 들어보십시오.

그 영혼을 존중하기 위해 내가 여기서 이름을 밝힐 수 없는 어떤 사람이 우리 도성에 살고 있었습니다. 그의 직업은 고리대금업이었고, 그의 집에는 그 이자가 축적되었습니다. 탐욕에 사로잡힌 그는 그 어떤 소비에도 인색했습니다. 탐욕스러운 자들이 다 그렇듯이, 그는 늘 배고프게 먹었고, 계절과 상관없이 몇 년 동안이나 늘 같은 옷을 입고 다녔으며, 자식들도 거지처럼 살게 했고, 동전 세 닢이 아까워 목욕탕조차 가는 법이 없었습니다. 그는 수입을 증대시키기 위해 수많은 술책을 고안해냈습니다. 자식도, 노예도, 은행가도, 봉인도, 자물쇠도 그 돈을 안전하게 지켜줄지 믿을 수 없게 되자, 그는 자신의 금을 벽을 뚫어 만든 구멍 속에 넣고 다시 회벽으로 발라 아무도 알아볼 수 없게 감쪽같이 숨겨 두었습니다. 게다가 그 비밀 창고를 끊임없이 옮겼습니다. 그래서 결국은 있을 수 있는 모든 경솔함을 방지하기에 이르렀습니다. 그런데 어느 날 그는 그 보화가 있는 곳을 그 누구에게도 말해주지 않은 채 갑자기 죽고 말았습니다. 생전에 그가 그의 모든 보화를 장사지냈던 것처럼, 사람들은 그를 장사지냈습니다. 이 유산으로 그 어떤 사람보다 더욱 큰 부를 누리리라 생각한 자녀들은, 여기저기 그 보화들을 찾아보았고, 종들에게 묻고 탐문하고, 집 안 땅바닥을 다 파보기도 하고, 벽을 허물어 보기도, 일가친척의 집을 다 뒤져보기도 했습니다. 한 마디로,

그들은 천지를 다 뒤져보았지만 한 푼도 발견하지 못했습니다. 오늘 그들은 집도 거처도 없이 비참하게 살면서, 그 아버지의 미친 짓을 저주하고 있습니다.

친애하는 대금업자들이여, 그대들의 동료, 그대들의 친구에게 일어난 이 일을 보십시오. 천하의 재력가였던 그는 마땅한 죽음을 당했습니다. 그 많은 노고와 결핍의 삶으로 인생을 소진한 뒤, 그는 영원한 형벌을 유산으로 받게 되었고, 자식들에게는 비참한 가난을 남겨주었습니다.

그대들은 그 많은 수고를 하며 쌓고 있는 것이 과연 누구를 위한 것인지 모르고 있습니다. 그대들은 수많은 사건, 수많은 중상에 노출되어 있습니다. 도둑과 해적이 땅과 바다에 들끓고 있습니다. 그러므로 금화 한 닢 지키지 못한 채 죄만 짓게 되지 않도록 하십시오. 그대들은 나를 두고 "아! 이 사람은 정말 참을 수가 없군." 이렇게 말합니다. 그대들을 말뚝에 못 박고 있는 나는 그대들이 뭐라고 이를 갈며 중얼거릴지 알고 있습니다. "그는 가난한 사람들, 도움을 받는 사람들에게 해를 끼치려 하는군. 그렇다면, 우리도 더 이상은 돈을 꾸어주지 않겠어. 그렇게 된다면 이 불행한 사람들은 어떻게 살아갈 수 있게 될까?" 그대들의 말은 그대들의 행동과 부합됩니다. 그대들의 대답은 어둠을 몰고 오는 부에 눈이 멀어버린 사람들에게, 자신에게 하는 말이 무슨 말인지 이해할 만큼의 명석함도 갖추지 못한 사람에게 너무 자연스러운 것입니다. 그들은 충고를 거꾸로 듣습니다. 내가 설교하니, 그들은 더 이상 빚을 꾸어주지 않겠다고 으름장을 놓습니다. 불평하면서 가난한 사람들에게 대문을 닫아버리겠다고 경고합니다. 그런데, 나는 그대들에게 그 무엇보다도 먼저 나눠주라고 권면하고 있습니다. 그리고 첨언하길, 빌려주라고 말합니다. 빌려주는 것도 자선의 일종입니다. 하지만 하느님의 말씀이 요구하듯이, 이자, 특별히 높은 이자가 없다는 조건하에서 말입니다. 빌려주지 않는 사람이나, 이자를 받고 빌려주는 사람이나 다 똑같은 형벌이 기다립니다. 전자는 이기주의에 사로잡혀 있고, 후자는 부정직합니다. 하지만 그들은 어떤 형태의 자선도 유보하겠다고 말함으로써, 극단에서 극단으로 옮겨갑니다. 이것은 참으로 정의에 대한 철면피한 도전이고, 어리석은 반항입니다. 그것은 또한 하느님께 반역하여 일어서는 전쟁입니다! 그들은 선언합니다. 고리대금을 할 수 없다면, 차라리 아무것도 주지 않겠다고 말입니다.

10. 나는 이 설교에서 고리대금업자들을 충분히 비판했습니다. 나는 심판자의 양심으로 그들의 범죄를 나열했습니다. 하느님께서 그들에게 회개의 마음을 불어넣어주시길 빕니다! 아무 생각 없이 돈을 빌려, 고리대금의 미끼를 무는 경솔한 사람들에 대해서는 아무 것도 말하지 않겠습니다. 이미 우리의 거룩한 주교 바실리오스께서, 비열한 고리대금업자뿐만 아니라 무모하게 빚을 얻는 자들에 대해서도 충분하게 경고했다고 생각되기 때문입니다.

성 요한 크리소스토모스

성 요한 크리소스토모스

안티오키아의 성 요한 크리소스토모스처럼 기구한 운명도 없을 것입니다. 그는 유복한 가정에서 태어났습니다. 그의 청년기는 모든 점에서 성공적이었습니다. 하지만 그는 수도 생활을 위해 이것들을 포기하고 헛된 세상에서 떠납니다. 하지만 사랑은 다시 그를 사람들에게로 돌아가게 합니다. 완숙한 나이가 되었을 때 그는 안티오키아에서 거의 12년 동안 아주 활발하게 활동합니다. 그 영과 마음의 가장 빛나는 자질은 이 수도사를 동방 그리스도교의 가장 높은 권위에 올려놓습니다. 그는 콘스탄티노플의 총대주교가 됩니다.

이때부터 그의 시련이 시작됩니다. 왕정은 그가 조용하고 협조적이기를 원했지만, 요한 크리소스토모스는 복음의 요구들이 쩌렁쩌렁 울려 퍼지게 했습니다. 4세기에 그는 사도들의 정신을 되살려내기를 원했던 개혁가였습니다. 이 양심의 외침을 잠재울 방법이 없었던 에브도키아 황후는 그를 깨버리고 맙니다. 하지만 백성들은 여전히 그 시대 최고의 찬사와 갈채를 받던 이 설교자를, 복음의 가르침을 웅변술에 희생시키지 않을 줄 알았던 이 위대한 설교자를 신뢰했습니다. 그리스의 학교가 그에게 수사학을 가르쳐주었다면, 복음은 그에게 지상의 영광의 헛됨을 가르쳐주었고, 그래서 니싸의 그레고리오스나, 나지안조스의 그레고리오스보다 더 철저하게 그리스도인으로 남아있을 수 있게 해주었습니다.

성 대 바실리오스처럼, 황금의 입(크리소스토모스) 성 요한도 그 시대의 사회적 재앙을 비판했습니다. 안티오키아 뿐만 아니라 콘스탄티노플에서도 그는 작은 자들, 가난한 자들의 친구였고 변호자였습니다. 무엇보다도 그는 '교회 안에서 가난한 자들이 차지하는 엄청난 존귀함과 가치'를 복음의 가장 주된 강조점 중 하나로 여기고 지키려 했습니다.

성 요한 크리소스토모스는 누가 어떻게 말했건 간에 사적인 소유를 정죄하지 않았습니다. 하지만 모든 재물의 공유는 그에게 가장 이상적인 것이었습니다. 그에게서는 '사람'이 "모든 사적 소유의 기반을 형성하는 이 얼음장 같은 말, 즉 '내 것', '네 것'"을 대체했습니다. 주교는 너무도 현실적이었기에 사적 소유를 하나의 사회적 필요로 여기지 않을 수 없었습니다. 게다가 그는 악한 방법으로 획득한 재물의 기원에 대해 어떤 암시도 하지 않습니다. 부는 가난만큼이나 사람들이 그것을 자유롭게 사용하는 방법에 따라 다르게 나타난다는 것입니다.

성 대 바실리오스처럼, 성 요한 크리소스토모스도 부를 위탁물로 간주했습니다. 부는 그것을 소유한 사람을 지배하지 않을 때, 또 이

옷의 가난을 도려낼줄 때 정당합니다. 부자에게 성 요한은 모든 부를 포기하라고 요구하지 않습니다. 그것은 완전을 요구하는 것이기 때문입니다. 다만 자신의 부를 가난한 사람들과 나누는 데 사용하라고 요구합니다.

> "하느님께서 그대늘에게 지붕을 주신 것은 그대들이 비를 피할 수 있게 하려는 것이지, 가난한 사람은 굶어죽고 있는데 그것을 금으로 장식하라고 그러신 것이 아닙니다. 또 의복을 주신 것도 그대들을 덮어주고 가리게 하려는 것이지, 헐벗은 그리스도는 추위에 죽어가고 있는데 사치스럽게 치장이나 하라고 그러신 것이 아닙니다. 집을 주신 것도 혼자만 살라고 그러신 것이 아니라 다른 사람들을 환대하라고 주신 것이며, 땅을 주신 것도, 그 소득의 대부분을 창녀와 춤꾼과 광대와 플롯과 기타 연주자를 거느리기 위해 사용하라고 그러신 것이 아니라, 배고프고 목마른 이들의 고통을 덜어주라고 그러신 것입니다."

성 요한은 복음을 전혀 받아들이지 않는 악한 부자들의 이교적 풍습을 비판합니다. 그는 특별히 두 가지 큰 사회적 재앙을 공격합니다. 도무지 절제를 모르는 사치와 탐욕이 그것입니다. 그의 말은 피를 토하는 절규입니다.

> "노새들이 금은보화를 운송하고 있는 동안, 그리스도께서는 그대의 대문 앞에서 굶어죽어 갑니다."

고리대금업에 대한 그의 비판은 까빠도키아 세 교부들의 비판 못지않게 신랄하고 엄혹합니다. 고리대금업자들은 "가난을 강탈하고, 사랑을 팔아버리는 자"라는 것입니다.

성 요한 크리소스토모스는 라자로의 모습을 통해서 가난한 이의 초상을 부자의 눈 앞에 보여줍니다. 그는 387년 안티오키아에서 바로 이 라자로의 이야기를 주제로 하여 일련의 설교를 행했습니다. 그는 어떤 경우에도 가난한 이들에게 폭동이나 복수를 설교하지 않았습니다. 가난한 이들은 사랑의 가치를 우리에게 가르쳐주는 '하느님의 성사'입니다. 그는 부자들이 가난한 이들을 비난하기 위해 제시하는 논거를 검토합니다. 그들은 꾀나 부리고, 거짓말을 일삼으며, 게으른 자라고 말합니다! 하지만 성 요한은 이렇게 말합니다.

"먼저 그들에게 나눠주십시오. 그런 다음 그들을 고치십시오."

또 이런 말도 합니다.

"가난한 이들은 결코 부자들만큼 범죄를 저지르지 않습니다."

"그리스도를 다만 그대의 노예들 가운데 하나로라도 여기십시오. 그대의 노예들과 마찬가지로 그분도 배고픔과 생존의 필요와 감옥과 헐벗음에서 자유롭게 하십시오. 이 말이 그대들의 등골을 오싹하게 만듭니까? 하지만 그렇게 하지 않는 것이야말로 이 공포보다 더욱 끔찍한 공포를 가져올 것입니다."

이런 말들은 그 어떤 해설도 필요 없이 이 탁월한 사도의 영혼이 어떠한가를 말해주고 있습니다. 이러한 선포가 이제 더 이상 시의적절치 않다고 말할 사람이 누구겠습니까?

가난한 라자로와 부자의 비유[14]
첫 번째 설교

9. 만약 짐승보다 더 야만적인 존재가 되지 않으려거든, 식탁에서 곧바로 침대로 갈 것이 아니라 기도하러 가십시오. 다양한 사람들이 새롭고 낯선 생활방식을 도입하려 한다고 비판하면서 내 말을 욕되게 할 것임을 나는 잘 알고 있습니다. 하지만 나는 현재 우리 가운데 만연해 있는 이 사악한 관습을 더욱 강력하게 성토하겠습니다. 그래서 우리는 식탁에서 일어나자마자 침대로 달려가 잠을 청할 것이 아니라 기도하고 성경을 묵상해야 한다는 것입니다. 그리

---

44 Εἰς τὸν πτωχὸν Λάζαρον καὶ τὸν πλούσιον, PG, 48, 963~992쪽. 거지 라자로 비유에 대한 일곱 편의 설교 가운데, 첫 번째 설교의 일부만을 번역해 올린다. 왜냐하면 이곳에서 가난의 주제가 가장 강렬하게 피력되고 있기 때문이다. 차후에 이 일곱 편의 설교가 다 번역되어 나올 수 있기를 희망한다.

크리소스토모스

성 요한 크리소스토모스

스도께서 몸소 이것을 분명히 보여주셨습니다. 사막에서 그분을 따르던 수없이 많은 무리를 배불리신 뒤 그리스도께서는 휴식하고 잠을 청하라고 그들을 돌려보내지 않으셨습니다. 오히려 그분께서는 그들 모두를 그 거룩한 말씀의 경청에로 초대하셨습니다. 그분께서는 그들을 포만감과 만취로 질식시키지 않으셨습니다. 그들에게 필요한 것을 만족시켜주신 뒤 그분께서는 영혼의 양식을 또한 취하라고 초대하셨던 것입니다. 우리도 똑같은 방식으로 행동합시다. 우리의 생명을 유지하는 데 필요한 만큼만 음식을 섭취하는 습관을 들입시다. 결코 우리 자신을 가득 채워 무겁게 해서는 안 될 것입니다.

우리가 존재하고 살아가는 것은 먹고 마시기 위해서가 아닙니다. 오히려 우리는 살기 위해 먹습니다. 먹기 위해 사는 것이 아니라 살기 위해 먹는 것, 이것이 원초적인 질서입니다. 하지만 우리는 우리의 탐식을 위해 모든 것을 겁니다. 마치 우리가 그것을 위해 이 세상에 온 것인 양 말입니다. 이제, 쾌락을 더욱 신랄하게 공격하고, 그것에 온 생을 거는 이들을 더욱 힘주어 고발하기 위해, 다시 라자로의 비유로 돌아갑시다. 배의 탐욕에 자신을 넘겨준 이들이 말로만이 아니라 실제적인 형벌을 통해 교정되고 벌을 받게 된다는 것을 그대들이 똑똑히 보게 될 때, 나의 훈계와 충고는 더욱 효과적일 것입니다. 부자는 매일 수많은 쾌락을 맛보며 호화로운 사치에 둘러싸여 온갖 악덕을 일삼으며 살았습니다. 하지만 그것은 스스로에게 가장 끔찍한 복수와 가장 뜨거운 화염을 준비하는 것일 뿐이었습니다. 하느님의 요지부동한 선고와 인정사정없는 형벌을 자신에게 불러오는 것일 뿐이었습니다.

라자로의 평화

　가난한 라자로는 대문 앞에 쓰러져 길게 누워있습니다. 하지만 그는 조금도 근심스런 표정이 아니었습니다. 입술에서 그 어떤 신성모독도 원망도 흘러나오지 않았습니다. 그는 다른 이들처럼 결코 이렇게 말하지 않았습니다. "이 모든 것의 의미는 무엇이란 말인가? 보라. 평생을 죄 속에서 완악하고 잔인하게 살아온 사람. 그럼에도 필요 이상으로 모든 것을 누리고 사는 사람, 그 어떤 고생도, 또 다른 많은 사람들이 겪게 마련인 그 어떤 사고도 겪지 않는 사람, 모든 기쁨의 가장 순결한 꽃을 얻은 사람! 하지만 나는 내게 꼭 필요한 최소한의 양식도 구할 곳을 알지 못하는구나! 가진 모든 것을 창녀와 아첨꾼과 난봉꾼에게 뿌리는 이 사람에게 모든 부가 흘러들어가는구나. 하지만 나는 여기서 행인의 모욕과 박해만 받고 있구나. 나는 굶어 죽게 될 거야! 과연 이것이 하느님의 섭리란 말인가? 인간사에 도대체 정의란 것이 있기나 한 것일까?" 그는 결코 그와 같은 말을 하지 않습니다. 증거가 있냐구요? 증거는 바로 천사들이 긴 행렬을 이루어 그를 이 세상에서 데려가서 아브라함의 품에 안겨주었다는 사실 그 자체입니다. 그것은 만약 그가 하느님을 모독했다면 결코 얻을 수 없었을 최고의 영예입니다! 보통은 그가 가난했다는 이유만으로 이 사람을 존경합니다. 하지만 나는 그가 아홉 가지의 형벌을 잘 참아냈다는 것을 그대들에게 보여주고 싶습니다. 그것은 그가 형벌을 받아 마땅해서가 아니라 더욱 아름다운 영광을 얻게 하기 위한 것이었습니다. 그리고 그는 실제로 그것을 얻었습니다.

▍라자로의 궁핍과 버림받음

  의심할 필요도 없이 가난은 하나의 혹독한 악입니다. 가난을 겪어야만 했던 사람이라면 누구나 그것을 잘 알 것입니다. 참된 지혜를 얻지 못하고 궁핍 가운데 사는 사람들이 겪는 이 형벌은 그 어떤 표현으로도 묘사할 수가 없습니다. 라자로는 가난만 겪어야 했던 것이 아닙니다. 질병이 거기에 보태졌습니다. 그것으로 인해 초래되는 그 모든 참기 어려운 불행과 함께 말입니다. 가장 처절하게 겪은 이 두 가지 재앙에 대해 그가 어떻게 증언하는지 보십시오. 먼저 그의 가난은 모든 형태의 가난을 능가하는 것이었습니다. 그는 부자의 식탁에서 떨어지는 음식 부스러기조차 얻어먹을 수 없었다고 말함으로써 그의 가난이 어떠했는가를 보여줍니다. 질병 또한 그 어떤 일도 할 수 없을 정도로 극심했습니다. 그래서 개들도 그 몸의 환부를 핥아먹었다고 그는 말합니다. 라자로는 아무 기력이 없어 그 개들조차도 쫓아낼 수 없었던 것입니다. 살아있으나 시체 같았던 그는 이 동물들이 자신에게 달려드는 것을 보고만 있어야 했고, 사지가 부러지고 마비되고 말라버려 그것들을 쫓아낼 힘조차 없었습니다. 보십시오. 가난과 질병이 동맹을 맺고 이 가련한 육신에 마지막 일격을 가하기 위해 공격해 오고 있는 모습을 말입니다! 이 고난들 중 하나만으로도 너무 괴롭고 참을 수 없을 지경일 텐데, 그는 이 두 가지 고난을 동시에 겪어내느라 새까맣게 타버리고 말았습니다! 우리는 질병에 시달리는 것도 모자라 거기다 삶에 필요한 최소한의 것조차 갖추지 못한 사람들을 봅니다. 어떤 사람들은 그보다 훨씬 더 비참한 가난 속에서 살아갑니다. 하지만 그들은 건강을 누리고 있어서 서로가 서로를 위로해 줄 수 있습니다. 그런데 라자로는 이 두 가지 고난과 동시에 싸워야 했습니다. 한꺼번에 이 두 가지 재난을 다 겪었던 사람이 있었다면 이름을 대 보실 수 있겠습니까? 물론 그럴 수 있을 것입니다. 하지만 그런 사람도 라자로가 처해 있었던 상황과는 비교할 수 없을 것이라고 나는 말하겠습니다. 만약 그 사람이 그 자신의 돌봄으로도, 또 타인의 돌봄으로도 자신의 불행을 덜어낼 수 없었다 해도, 적어도 광장에 나가 행인들의 자비라도 얻을 수 있었을 것입니다. 하지만 반대로 라자로는 그의 불행을 증언해 줄 사람 하나도 없는 철저한 고립과 버림받음 가운데서 더욱 혹독한 고통을 맛보고 있습니다. 그리고 이 버림받음이 더욱 고통스러운 것일 수밖에 없었던 까닭은 그가 바로 한 부잣집 대문 앞에 쓰러져 있었다는 사실 때문입니다. 만약 그가 후미진 곳, 혹은 사람이 살지 않는 곳에서 이 모든 비참을 겪고 또 이 끔찍한 잊힘을 참아내야 했다면, 그토록 처절한 고통을 겪지는 않았을 것입니다. 우리를 도와줄 사람이 하나도 없을 때 우리는 싫든 좋든 우리에게 닥친 일들을 견뎌내려고 용기를 냅니다. 하지만 실컷 마시고 즐기면서 인생을 보내는 무리들 가운데 힘없이 쓰러져 있다는 것, 이 불행한 사람에게 가장 하찮은 관심이라도 베풀고자 하는 사람이 단 하나도 없다는 것, 그것이야말로 그의 고통을 천배는 더 강렬하게 만들고, 그의 슬픔을 천배는 더 절망적인 것으로 만듭니다. 우리가 역경 가운데 있을 때, 우리를 도와줄 사람이 없다는 사실은 우리 곁에 있어도 손을 내밀지 않는 사람들의 무관심만큼 우리를 힘들게 하지는 않습니다. 라자로에게는 바로 이 고통이 새롭게 부가되었습니다. 아무도 그를 좋은 말로 위로하지도 않았고, 아무도 그를 선한 행위로 격려해주지도 않았으며, 이웃, 친구, 부모, 행인 그 누구도 그에게 다가오지 않았습니다. 부자의 집은 이토록 철저하게 타락해 있었던 것입니다.

▌또 다른 고통들

10. 하지만 이 모든 것에 또 다른 형벌이 추가됩니다. 라자로는 부유하고 행복하게 살아가는 사람을 눈 앞에서 매일 목격합니다. 나는 그가 그것을 부러워했고 질투했다고 말하고 싶지 않습니다. 하지만 나는 우리 모두가 본성적으로, 우리에게는 낯선 풍요롭고 행복한 생활이 있는 곳에서 우리의 고통을 더욱 예리하게 느끼게 된다는 것을 알고 있습니다. 게다가 부자에게는 가난한 사람의 마음을 더욱 후벼 팔 수밖에 없는 무언가가 있었습니다. 라자로가 자신의 불행을 더욱 쓰디쓰게 경험했던 것은 단지 그 자신의 비참이 부자의 행복과 비교되었기 때문이 아니라, 오히려 이 부자의 삶이 얼마나 잔인하고 비인간적인가를 늘 볼 수 있었기 때문입니다. 그는 만사에 형통했지만, 자신은 그 모든 덕과 그 모든 절제에도 불구하고 마지막 고통까지 남김없이 견뎌내야만 했습니다. 만약 그 부자가 의롭고 검소하고 존경받을 만하고 온갖 덕으로 치장한 사람이기만 했어도 라자로가 이렇게 불행해하지는 않았을 것입니다. 그러나 그와는 정반대로 이 부자는 죄악 가운데 살아갔고, 최악의 악덕을 고루 갖추었으며, 비인간성의 가장 완벽한 예을 보여주었고, 원수처럼 행동했으며, 수치심이나 동정심도 없이 마치 돌 옆을 지나가는 것처럼 무신경하게 가난한 라자로의 곁을 지나쳤습니다. 그

런데도 이 부자는 호사와 번영을 누렸습니다. 그러니 불쌍한 라자로의 영혼이 이런 광경을 늘상 보면서 어떤 생각들에 시달렸겠는지 상상해 보십시오. 아첨꾼과 빌붙어 사는 인간과 마차가 오르락내리락, 들어왔다 나갔다, 이리저리 흘러 다니며, 소란을 떨고, 취해서 춤추고, 온갖 추잡스러운 방탕의 삶에 흐느적거리는 것을 볼 때, 이 가련한 라자로가 어떤 감정을 느꼈을지 상상해 보십시오. 다른 사람의 행복한 삶의 증인이 되기 위해서 이 세상에 온 것인 양, 그는 늘 거기에 있었습니다. 그는 그 대문 앞에 널브러져, 그 자신의 모든 불행을 철저하게 느끼고 겪기에 결코 부족하지 않은 많은 세월 동안, 마치 항구를 코앞에 두고 난파된 것처럼, 흘러넘치는 샘을 곁에 두고도 끔찍한 갈증에 목이 타들어가는 사람처럼, 거기 그렇게 있었던 것입니다.

  이와 같은 고통의 원인에 또 다른 고통이 더해졌으니, 그것은 바로 그가 자신과 같은 또 다른 라자로를 볼 수도 없었다는 것입니다. 비록 우리가 수천수만의 시련을 겪는다 해도 우리는 라자로를 보면서 스스로 위로하고 용기를 얻을 수 있습니다. 이야기 속에서건 현실 속에서건 우리처럼 비참하게 사는 또 다른 사람들을 만난다는 것은, 그것만으로 참으로 큰 위안이 아닐 수 없습니다. 하지만 라자로는 자신의 고통에 견줄 만한 고통을 겪고 있는 사람을 볼 수 없었고, 그에 앞서 그런 고통을 겪은 사람이 있었다는 것조차도 알지 못했습니다. 그것만으로도 그의 영혼을 더욱 그늘지게 하기에 충분한 것이었습니다. 나는 또한 그가 부활의 신념도 가질 수 없었다는 것을 첨가하고자 합니다. 그는 이생의 삶이 모든 상황의 유일한 척도라고 믿었습니다. 그는 은총의 시대 이전 사람들에 속해 있었기 때문입니다. 거룩한 계시의 지식, 부활의 찬란한 소망, 죄인들을 기다리는 저승의 형벌, 의로운 사람들에게 약속된 기쁨을 알게 된 지금도 우리는 종종 우리 마음이 극심한 절망에 빠져, 이 위대한 신념과 신앙도 우리를 다시 일으켜 세울 수 없는 지경에 도달하는데, 하물며 이 구원의 닻을 가질 수도 없었고 그래서 용기를 가질 수조차 없었던 라자로가 어떤 고통을 겪었을지에 대해 우리가 감히 생각이나 할 수 있겠습니까? 아직 복음, 진리의 시대가 오지 않았기 때문에, 그는 이런 것들을 생각조차 할 수 없었던 것입니다. 이게 전부가 아닙니다. 그의 이름은 몰인정한 사람들의 조롱거리였을 뿐입니다.

대부분의 사람들은 그들 중 어떤 사람이 지속적인 배고픔이나 질병이나 극심한 가난에 처한 것을 보게 되면, 그들에 대해 나쁜 생각을 품는 경향이 있습니다. 그가 겪는 불행으로 그의 삶을 평가하고, 그가 그렇게 불행한 것은 그의 죄 때문이라고 속단해 버리기 일쑤입니다. 사람들은 이렇게 말합니다. 분명 어리석은 말이지만 적지 않은 사람들이 이렇게 말합니다. "만약 그가 하느님의 사랑을 받았다면, 하느님께서는 결코 그런 가난, 그런 불행 속에 떨어지도록 허락하지 않으셨을 거야."라고 말입니다. 의인 욥과 성 바울로에게 일어난 일을 보십시오. 욥에게 사람들은 말했습니다.

> "누가 자네에게 말을 건네려 한다면, 자네는 귀찮게 여기겠지. 그렇다고 입을 다물고만 있을 수도 없는 일일세. 여보게, 자네는 많은 사람을 지도하였고 손에 맥이 풀린 사람에게 용기를 주었었네. 자네의 말은 쓰러지는 사람을 일으켰고 흔들리는 무릎에 힘을 주었었지. 그런데 자네가 이 지경을 당하자 기가 꺾이고 매를 좀 맞았다고 이렇듯 허둥대다니, 될 말인가? 자신만만하던 자네의 경건은 어찌 되

었고 자네의 희망이던 그 흠없는 생활은 어찌 되었는가? 곰곰이 생각해 보게. 죄없이 망한 이가 어디 있으며 마음을 바로 쓰고 비명에 죽은 이가 어디 있는가?"(욥기 4:2~7)

이 말들이 무슨 의미입니까? 그것은 바로 "만약 자네가 뭔가 선한 일을 했다면, 그렇게 고통을 받지는 않았을 게야. 자네가 오늘 겪고 있는 것은 자네의 잘못과 죄에 대한 형벌일세."라고 말하는 것입니다. 이 비난은 그 어떤 것보다 더욱 고통스럽게 욥의 마음을 갈기갈기 찢었습니다. 비정한 사람들은 성 바울로에 대해서도 똑같이 생각했습니다. 독사 한 마리가 그를 물고 그 손에 매달려 있는 것을 보았을 때, 사람들은 그를 흉악범으로, 그들에게 닥친 불행의 원인으로 여겼습니다. 그래서 그들은 "이 사람은 분명히 살인자다. 바다에서는 살아 나왔지만 정의의 여신이 그대로 살려두지는 않을 것이다."(사도행전 28:4)라고 말했던 것입니다. 이런 생각이 종종 이성에 앞서 우리 자신을 흔들곤 합니다. 하지만 라자로의 주제로 다시 돌아와 말하자면 비록 그의 조각배는 끝없이 몰려오는 이 물결에 의해 공격받았지만, 그는 결코 침몰하도록 내버려두지 않았습니다. 오히려 그는, 비록 뜨거운 화염 속에 누워있었지만, 참된 지혜 안에서, 신비로운 이슬의 끊임없는 분출 속에서 스스로를 시원하게 적실 수 있었습니다.

▌속된 자의 거짓된 계산

11. 그는 속된 사람처럼 생각하지는 않았습니다. 그는 "만약 이 부자가 죽어 저승에서 벌을 받고 고통당한다면, 하나는 여전히 하나겠지. 하지만 그가 여기서처럼 그곳에서도 똑같은 특권을 누린다

면, 그것은 일 더하기 일이 영이 되는 것이지."라고 말하지 않습니다. 우리 가운데 대부분이 이리저리 이런 생각을 퍼뜨리고 있지 않습니까? 서커스와 극장 울타리에서나 할 법한 말을 교회로까지 끌어들이고 있지는 않습니까? 나는 얼굴이 다 붉어집니다. 그대들에게 이런 말을 해야 한다는 것 자체가 부끄럽습니다. 하지만 그대들을 이 어리석은 농담이나 주고받는 습관에서 고쳐주기 위해, 그로부터 초래된 결과인 수치와 죄로부터 고쳐주기 위해 이것을 말해야만 합니다. 종종 우리는 웃음거리를 위해 이런 말을 하곤 합니다. 그럴 수 있습니다! 하지만 우리의 생활 습관 속에 농담을 가장한 어떤 사악한 가르침이 스며들게 하는 것은 분명 악마의 계략입니다. 군중은 이런 말을 가게와 공공장소에서 나누고 심지어는 집에까지 계속해서 실어 나릅니다. 그것은 최후의 불경에서 나온 것이고, 상식이 결여된 것입니다. 그것은 우스꽝스럽고 어리석고 유치한 일입니다. 악한 자들이 죽어서 벌을 받느냐고 질문하는 것은 그들이 자신의 악행에 대해 모든 형벌을 받게 될 것이라는 사실을 굳게 믿기를 주저하는 것입니다. 그것은 회의론자, 신앙심이 없는 자들이나 하는 짓입니다. 반면 그들이 어느 날 의인이 받는 것과 똑같은 보상을 받게 될 것이라고 상상하는 것은 미친 생각의 극치입니다. "만약 부자가 이 세상을 떠나 저승에 가서 벌을 받는다면, 하나는 여전히 하나겠지."라고 말하는 것은 무슨 뜻입니까? 그 부자가 그 모든 재물을 누리며 살아온 햇수가 과연 몇 년이나 된다고 가정하고 싶으십니까? 백 년이라고 하면 되겠습니까? 차라리 이백 년 아니 삼백 년이라고 합시다. 아니 그보다 두 배는 된다고 합시다. 아니 그도 아니면, 물론 시편 저자가 "인생은 기껏해야 칠십 년, 근력이 좋아야 팔십 년"(시편 90:10)이라고 했으니, 불가능한 일이겠지만, 그대들이 원한다면, 천 년이라고 해봅시다. 그대들은 의인이 누릴 영원한 생명과 같이 끝도 제한도 없는 인생을 내게 보여줄 수 있습니까? 어떤 사람이 백 년을 살다가 하룻밤 커다란 쾌락을 가져다 준 꿈을 꾸었는데, 그 꿈으로 인해 백 년의 형벌을 받았다고 합시다. 그대들은 이런 경우를 두고도 "하나는 하나이다."라고 말할 수 있겠습니까? 이 하룻밤의 꿈이 백 년의 형벌과 등치될 수 있겠습니까? 불가능합니다! 그렇다면, 같은 방식으로 미래의 삶에 대해 생각해보십시오. 하룻밤의 꿈과 백 년은 이승의 삶과 저승의 삶에 비유할 수 있습니다. 아니 전자는 후자에 비할 수 없이 작은 것입니다. 물 한 방울과 드넓은 대양의 관계는 천년 동안 누리는 기쁨과 영원히 누리는 영광과 행복의 관계와도 같습니다. 저승에서의 삶은 끝이 없고, 그 어떤 제한도 없다는 것 말고 또 무슨 말이 더 필요하겠습니까? 꿈과 현실의 거리만큼이나 이생의 상태와 내생의 상태 사이에는 건널 수 없는 거리가 존재합니다.

부자는 그 양심 안에서 고문을 당합니다

게다가 저승에서 형벌을 받기 전에도, 악을 행하고 죄 가운데 산 사람들은 이 세상에서부터 이미 벌을 받습니다. "아무개의 식탁은 늘 진수성찬입니다. 그는 최고로 값비싼 옷만 입습니다. 그는 어디서나 일군의 손님으로 둘러싸여 있습니다. 내게 고지식하게 말하지 마십시오. 그는 광장에서도 늘 사람들 위에 있습니다."라고 어리석게 말하지 마십시오. 내게 이렇게 말하지 마십시오. 오히려 이 사람의 양심을 덮고 있는 가리개를 치워보십시오. 그 안에서 요동치는 죄악의 두려운 소용돌이, 끊임없는 두려움, 동요와 격정을 보게 될 것입니다. 그의 생각이 심판대 앞에 나서듯 양심의 존엄한 보좌 앞으로 올라가고, 양심은 결코 부패를 알지 못하는 심판관처럼 그 보좌에 앉을 것이며, 후회는 마치 사형 집행하는 망나니처럼 칼춤을 추면서 이 영혼을 고문하고 갈기갈기 찢을 것이니, 그 영혼이 계속 끔찍한 비명을 질러 대는 것을 보게 될 것입니다. 아무도 그것을 알지 못합니다. 오직 하느님만이 그것을 다 보고 계십니다. 간음을 저지른 자는, 비록 그가 백만장자라 할지라도, 모든 고발자를 다 제거했다 할지라도, 그 영혼의 비밀스러운 방에서 끊임없이 자기 자신을 고발하게 될 것입니다. 그는 찰나의 쾌락을 즐겼겠지만, 그 형벌은 영원합니다. 두려움, 공포, 의심, 불안이 사방에서 몰려와 괴롭히는 그 좁고 어두운 길이 무서워 그는 덜덜 떱니다. 그는 어둠을 무서워합니다. 그는 종도, 악의 동맹자도, 그가 범한 여인도, 그가 명예를 떨어뜨린 남편도 다 믿지 못합니다. 그는 냉혹한 고발자처럼 어디든 쉴 새 없이 쫓아다니는 후회와 회한 때문에 끊임없이 이리저리 서성댑니다. 그 자신의 심판으로 정죄됨으로써 그는 단 한 순간도 쉼을 얻을 수 없습니다. 침대에서도 식탁에서도 밖에서나 집에서나 밤낮으로 심지어 꿈속에서까지 그는 불의의 유령을 봅니다. 그는 땅위에서 신음하며 두려워하는 카인의 삶을 삽니다. 아무도 그 사람 안에서 일어나는 일을 알지 못합니다. 하지만 그는 마음속에 점점 더 강렬해지는 화마를 안고 있습니다. 노략질을 행한 자들, 사기를 쳐 이득을 취한 자들, 술 취함에 빠져 사는 자들, 한 마디로 죄 속에서 살아가는 자들이 또한 겪게 되는 형벌이 이와 같습니다. 그 누구도 양심의 이 심판을 왜곡할 수 없습니다. 덕을 실천하지 않을 때조차도 우리는 그것을 실천하지 않는 것 때문에 고통받습니다. 또한 우리가 악덕에 우리 자신을 넘겨줄 때조차도, 그것이 우리에게 제공해주는 찰나의 향락이 그치는 그 순간 고통을 느낍니다. 그러므로 이 땅에서 죄의 삶을 살아가는 부자들에 대해 말할 때, 또한 하늘에서 완벽한 행복을 누리는 의인들에 대해 말할 때, 결코 "하나는 하나이다."라거나 "둘은 영이다."라고 말하지 마십시오. 의인들에게는 영원한 삶만큼이나 이 땅에서의 삶도 기쁨이 넘치는 샘입니다. 하지만 불의와 속임수로 일생을 보내는 사람들은 이미 지금 여기서부터 형벌을 받습니다. 여기서 그들은 그들을 기다리고 있을 형벌을 알게 됨으로써, 사람들이 그들을 좋게 평가하지 않는다는 서글픈 생각 때문에, 또한 그들의 영혼을 망쳐버리는 죄의 타락 때문에 고통을 받습니다. 이어서 이 세상을 떠나게 될 때, 그들은 더욱 두렵고 떨리는 고통을 겪게 될 것입니다.

반대로 의인들은 셀 수 없고 끔찍하기 짝이 없는 불행 한 가운데서도 순결하고 고요하며 변함없는 환희를 누립니다. 그들은 지극히 숭고한 희망을 양식으로 삼으며, 그 다음에는 라자로에게 주어졌던 것과 같은 영원하고 무한한 복락이 그들에게 주어질 것입니다. 이 라자로가 종기투성이로 불행하게 살지 않았느냐고 내게 반박할 생각은 하지 마십시오. 그 몸의 상처 이면에 그는 땅에서 나는 금보다 더욱 고귀한 영혼을 숨기고 있었다는 것을 생각하십시오. 아니 더 정확히 말하자면, 나는 그의 영혼 못지않게 그의 몸에 대해 말해야 합니다. 그 육신의 가치와 힘은 혈기왕성함과 토실토실 살찐 몸에 있지 않고, 오히려 그토록 많고 잔인한 고통들을 참고 견뎌낼 수 있었던 강인함에 있습니다. 몸에 그러한 상처를 지닌 사람은 우리가 두려워하고 혐오해야 할 사람이 아닙니다. 우리가 역겨워해야 할 사람은 사실 자신의 영혼을 수많은 종기가 갉아먹게 하면서도 그것을 조금도 개의치 않는 사람입니다. 부자가 바로 그런 사람이었습니다. 그는 마음 깊은 곳까지 그 악덕의 부스럼으로 온통 뒤덮여 있었던 사람입니다. 개들은 라자로의 종기를 핥았지만, 악마들은 부자의 죄악을 핥았습니다. 라자로가 물질적 양식이 없어 굶주렸던 것처럼, 부자 또한 모든 덕의 결핍 속에서 살았던 것입니다.

▎복된 사람은 덕 가운데 사는 사람입니다

12. 이 모든 것을 잘 이해하고 지혜롭게 판단합시다. 그리고 더 이상 "하느님께서 그를 사랑하셨다면, 그를 가난 속에 넘기지는 않았을 것"이라고 말하지 맙시다. 사실 그것은 하느님의 사랑이 지니는 가장 중요한 특징 중 하나입니다. 왜냐하면 "주님께서는 사랑하시는 자를 견책하시고 아들로 여기시는 자에게 매를 드신다."(히브리 12:6)고 기록되어 있기 때문입니다. 또 다른 곳에서는 이런 구절을 읽을 수 있습니다.

> "아들아, 네가 주님을 섬기려면 스스로 시련에 대비하여라.
> 네 마음을 곧게 가져 동요하지 말며 역경에 처해서도 당황
> 하지 말아라." (집회서 2:1~2)

그러므로 이런 헛된 견해들, 백성들 사이에서 회자되는 소문을 물리칩시다! [45] 그러므로 이런 속된 말은 결코 내뱉지 마십시오. 다

---

[45] 에페소 5장 4절 : "추잡한 말과 어리석은 이야기나 점잖지 못한 농담 따위도 하지 마십시오. 성도들에게는 어울리지 않습니다."

른 사람들이 그렇게 말하는 것을 듣게 될 때는 그런 경솔한 말에 귀를 막고, 용감하게 그것을 물리치고, 그들의 불경한 언어를 강하게 제지합시다. 봅시다. 만약 대로에서 행인을 강탈하고, 농부의 수확을 노략질하며, 동굴과 지하에 금은보화를 숨겨놓고, 가축 떼까지 그 안에 가둬두며, 강탈한 값비싼 옷과 수많은 노예을 쌓아놓은 강도단의 두목을 알고 있다면, 그대들은 그렇게 쌓아놓은 재부 때문에 그를 행복한 사람으로 여기겠습니까, 아니면 그를 기다리고 있는 형벌 때문에 그를 백배는 더 불쌍한 사람이라고 선언하겠습니까? 하지만 그는 아직 잡히지도 않았고, 심판관의 손에 넘겨지지도 않았으며, 감옥에 갇히지도 않았고, 고발당하지도 않았으며, 심판관의 선고도 아직 받지 않았습니다. 그렇기는커녕 오히려 매일 축제와 술판을 벌이고 그가 쌓아올린 모든 것으로 흥청대고 있습니다. 그럼에도 불구하고, 그대들은 지금 보고 있는 현실이 아니라 장차 있을 것에 따라서 그가 행복하지 않다고 판단합니다. 즉 그들이 처할 불행으로 인해 그가 불행하다고 선언합니다.

이러한 생각을 부자와 탐욕스런 자들에게 적용하십시오. 그들은 어떤 의미에서 강도들입니다. 그들 또한 왕래가 잦은 길목을 지키고 있다가 행인을 강탈하여, 그렇게 빼앗은 재물을 동굴이나 지하 은밀한 곳에 쌓아놓습니다. 현재 그들의 번영을 보고 그를 행복하다고 여기지 않기를 바랍니다. 차라리 그 미래를 보아, 그들에게 내려질 놀라운 심판과 피할 수 없는 형벌과 그들의 영원한 몫이 될 바깥의 짙은 어둠을 보고, 그들을 불행한 사람이라고 부르십시오. 강도들은 인간의 정의의 손을 피할 수는 있습니다. 우리는 그것을 잘 알고 있습니다. 그럼에도 불구하고 우리는 그들의 삶과 그들의 끔찍한 번영을 우리에게서 멀리, 심지어 우리의 원수에게서도 멀리 쫓아내리라 다짐합니다. 분명한 것은 하느님의 통치 아래서는 결코 이런 일이 벌어지지 않으리라는 것입니다. 왜냐하면 그 누구도 그분의 정당한 선고를 피할 수 없을 것이기 때문입니다. 거짓과 강탈로 살아가는 자들은 모두 예외 없이 이 소멸되지 않고 무한한 복수를 당하게 될 것입니다. 그리고 그것은 이미 복음경에 나오는 부자를 쳤습니다. 나의 사랑하는 형제자매들이여, 이 모든 생각을 깊이 묵상하여, 풍요를 누리고 있는 사람이 아니라 덕을 실천하는 사람을 참으로 행복한 사람으로 여기는 법을 배워갑시다. 또 가난하게 사는 사람이 아니라 불의에 자신을 넘겨준 사람이야말로 참으로 불행한 사람이라고 선언하는 법을 배워갑시다. 현재만 보지 말고 미래를 내다봅시다. 사람들이 입은 옷이나 겉치장이 아니라 그 양심을 꿰뚫어봅시다. 선한 행실이 주는 덕과 기쁨을 추구합시다. 부자들과 가난한 사람들이여, 라자로를 본받기 위해 노력합시다. 그는 단지 한두 가지 공격을 참아낸 것이 아닙니다. 그는 가난, 질병, 소외, 그를 도와줄 수 있는 사람들에게서 버림받음과 같이 거의 모든 것을 참아내고 이겨냈습니다. 그는 그를 모든 불행에서 건져줄 수 있었던 부자의 집에서 누구 하나 최소한의 위로라도 건네주는 사람 없이 고통을 당했습니다. 그는 그를 혐오하는 사람이 온갖 향락을 누리는 것을 보았습니다. 불의한 삶을 살아감에도 불구하고 그 어떤 재앙의 표식도 되지 않고 말입니다. 그는 다른 라자로를 볼 수도 없었고, 부활 교리에서 흘러나오는 그 어떤 가르침을 통해 용기를 얻을 수도 없었습니다. 내가 요약한 이 모든 불행과 비참에다가 속물근성을 가진 사람들이 그에 대해 내뱉는 악평을 추가해 보십시오. 그리고 마지막으로 그가 그런 불행 속에서 살아온 것이 하루 이

틀도 아닌 그의 평생이었지만 반대로 부자는 평생 그 모든 복을 누렸습니다. 라자로는 영혼의 그토록 위대한 힘을 가지고 한꺼번에 몰려온 이 모든 시련들을 겪어냈는데, 그대들이 그중 단 한 가지를 그가 겪은 것의 절반 만큼도 이겨낼 수 없다면 그것이 용서받을 수 있겠습니까? 그대들은 라자로처럼 그렇게 많고 또 그렇게 커다란 불행을 건너야 했던 사람을 내게 보여줄 수 없을 것입니다. 그런 까닭에 그리스도께서는 이 의로운 사람의 예를 온 세상에 제시하셨던 것입니다. 그래서 만약 우리가 어떤 역경에 처하더라도, 그가 겪은 이 엄청난 슬픔과 고통을 생각해내고, 그의 지혜와 인내로부터 용기와 위로를 얻게 하십니다. 온 세상의 스승인 라자로는 고통 받는 모든 이들의 눈앞에 언제나 현존합니다. 자신을 모든 이들에게 보여줍니다. 하지만 그는 그 불행에 있어서 모든 이들을 능가합니다. 이 모든 가르침에 대해 그토록 사람을 사랑하시는 하느님께 감사드리면서, 이 만남에서 귀한 열매를 수확합시다. 거룩한 모임에서나, 우리의 거처에서나, 공공의 장소에서나, 모든 곳에서 라자로를 우리의 기억 안에 간직합시다. 이 비유가 우리에게 제공해주는 풍요로운 교훈을 이해하기 위해 공을 들입시다. 그리하여 용기 있는 발로 이승의 삶의 비참을 딛고 일어나 장차 올 복락을 획득합시다. 우리 주 예수 그리스도의 은총을 통하여 우리 모두가 그 복락에 합당한 사람이 될 수 있도록 합시다.

  영광과 영예와 흠숭을 성부와 성령과 함께 그분께 이제와 항상 또 세세토록 돌리나이다. 아멘.

"부자를 두려워 말라"는 다윗의 말과 자선에 대하여[46]
두 번째 설교

"누가 부자 되었다 해도, 그 집이 영광을 누린다 해도 너는 시새우지 마라. 죽으면 재산을 가져가지 못하고, 명예도 따라 내려가지 못한다." (시편 49:16~17)

1. 작지만 잘 익은 열매, 그대들이 방금 들은 설교가 바로 그것입니다. 줄은 가늘지만 그 울림은 대단합니다. 말씀은 간결하지만 그 사상은 풍요롭습니다. 온 백성에게 들려진 그 찬사는 그의 덕성에 날개를 달아주었고, 그 신심에 열정을 불어넣어주었습니다. 연사는 우리 영혼을 경작하시는 분께 찬미를 드렸습니다. 그는 사도

---

46 Εἰς τὸ "Μὴ φοβοῦ, ὅταν πλουτήσῃ ἄνθρωπος" καὶ περὶ ἐλεημοσύνης, PG, 55, 512~518.

들의 명령대로 그분께 찬양의 노래와 시가를 바쳤습니다. 그의 강연은 주님께 영광 돌리는 것으로 끝이 났습니다. 그가 재빨리 식탁을 치울 수 있었던 것은, 그가 궁핍해서가 아니라 겸손하기 때문이었습니다. 그가 침묵에 들어간 것은 더 이상 말할 것이 없어서가 아닙니다. 오히려 그는 우리 앞에서 물러나길 원했고, 우리에게 양보하여 그대들을 말로써 가르치게 하였습니다. 그러므로 폭풍처럼 우리를 공격해왔던 그 모든 혼란에서 우리 모두 벗어났으니, 이제 강물에 들어가 우리 몸을 정화하듯이, 성경 읽기에 흠뻑 빠져서 우리 자신을 정화합시다. 폭풍우를 벗어난 항해사는 이렇게 하는 습관이 있습니다. 드넓은 바다를 항해하다 평화로운 항구에 도달하면, 그들은 닻을 말아 올리고, 노를 정돈해 놓은 다음 배에서 나와, 목욕탕, 축제, 재충전, 달콤한 수면, 쾌락을 즐깁니다. 이렇게 휴식함으로써 그들의 몸은 더욱 강인해지고 또 다른 항해를 위해 담금질됩니다.

▌성경이 제공해주는 좋은 것들

그러므로 우리도 뱃사람처럼 합시다. 우리도 지나간 시련과 우리를 덮쳤던 풍랑에서 벗어났습니다. 이제 성경 읽기에 전념합시다. 마치 고요한 항구를 향하듯 우리 영혼도 그것을 향하게 합시다. 보십시오. 파도 없이 잔잔한 항구, 결코 무너뜨릴 수 없는 성벽, 견고한 망루, 그 누구도 빼앗아 갈 수 없는 영광, 그 무엇도 뚫을 수 없는 무장, 그 어떤 것도 깰 수 없는 고요, 지속되는 기쁨을 말입니다. 모든 유익과 선을 다 열거해보십시오. 거룩한 성경이 그 모든 것을 다 모아 놓습니다. 성경은 낙담을 쫓아버리고, 영혼의 고요를 지켜주며, 가난한 사람을 온갖 풍요를 누리는 부자보다 더욱 풍요롭게 만들어줍니다. 또한 성경은 부자에게 견고함을 주고, 죄인에게는 의로움을, 의인에게는 강력한 도움을 줍니다. 그것은 모든 악을 흩어버리고, 모든 선한 것을 이끌어옵니다. 그것은 부패와 타락을 쫓아버리고, 그대들을 다시 덕으로 인도하며, 단지 덕으로 인도할 뿐만 아니라 그 덕 안에 뿌리내리게 해서 영원토록 그 안에 머물게 해줍니다. 그것은 영적인 치료제요, 신성하고 형언할 수 없는 기쁨으로서, 정념을 소멸시킵니다. 거룩한 성경은 죄악의 가시덤불을 뽑아버려, 밭을 깨끗하게 만들며, 그 위에 믿음의 씨앗을 뿌립니다. 그리고 그것으로 열매를 맺게 하고 그 열매에 훌륭한 맛을 줍니다. 그러므로 이토록 위대한 선을 소홀히 여기지 마십시오. 모임을 게을리 하지 말고 끊임없이 모임으로 달려가 우리에게 필요한 치료와 처방을 받읍시다. 그 누구라도 부자를 보고 질투심과 부러움으로 상처받지 않도록 하십시오. 또 가난에 짓밟히지 않도록 하십시오. 그래서 언제나 만사의 참된 본질을 꿰뚫어 보고, 그림자가 아니라 진리만을 껴안을 수 있도록 하십시오. 때때로 그림자가 몸보다 더욱 큰 것 같아도 그것은 여전히 그림자일 뿐입니다. 그림자는 진짜로 그렇게 큰 것이 아니라 그렇게 보일 뿐이며, 또 그것이 그렇게 크게 보이는 것은 태양 빛이 우리에게서 멀어지고 있기 때문입니다. 뜨거운 태양이 우리 머리 위로 그 햇살을 내리쬐는 정오에는 그림자가 아주 짧아져서, 실제 우리의 삶 속에서 보는 것과 비교해 볼 때 전체적으로 더 작아 보입니다. 그러므로 우리가 덕에서 멀리 떨어져 있는 한, 인생의 만사가 대단해보이지만, 성경의 찬란한 빛 안에 머물게 되면, 그 모든 것이 얼마나 하찮고, 짧으며, 비참한 것인지, 또 얼마나 취약하고 허망한 것인지 드러납니다. 그 모든 것이 강물처럼 결국 다 흘러가 버릴 것이라는 것을 너무도 쉽게 이해하게 됩니다.

그래서 예언자는 지혜로부터 오는 교훈을 주면서, 불행해 하는 연약한 영혼들, 땅을 기어 다니는 이 가련한 영들, 부의 화려함에 포로가 되어 부자들을 보면 두려워하고 부러워하는 이들을 나무라고 있는 것입니다. 우리로 하여금 이 두려움에서 벗어나 거만한 이 금은보화를 무시할 수 있게 하려고, 그는 이렇게 말합니다.

> "누가 부자 되었다 해도, 그 집이 영광을 누린다 해도 너는 시새우지 마라. 죽으면 재산을 가져가지 못하고, 명예도 따라 내려가지 못한다." (시편 49:16~17)

이 표현의 아주 절묘한 선택과 이 모든 단어를 살아있게 하는 완벽한 명료함을 주목하십시오. 그는 "그가 영광을 누린다 해도"라고 말하지 않고 "그 집이 영광을 누린다 해도"라고 말합니다. 이렇게 하여 한 개인의 영광이 집의 영광과 같은 것이 아님을 보여줍니다.

사람의 영광

그렇다면 사람의 영광은 무엇이고, 집의 영광은 또 무엇입니까? 여기서 진리 대신에 허황된 꿈을 좇지 않게 하려면, 이것을 정확히 구별하는 것이 대단히 중요합니다. 집의 영광이란 무엇입니까? 그것은 주랑, 산책길, 금빛 장식의 대리석, 돌을 박아 만든 포장도로, 목초지, 정원, 많은 노예, 멋들어진 마차입니다. 이 모든 것들은 사람과 하등 관계가 없습니다. 그렇다면 사람의 영광은 무엇입니까? 그것은 믿음의 순결함, 하느님에 대한 열정, 친절함, 온유함, 절제,

끊임없는 기도, 자선을 행하는 관대함, 정결, 소박함, 그 밖의 모든 덕입니다. 그러므로 이러한 구별이 행해졌다는 것은 바로 이 모든 외적 풍요를 지닌 사람이 그것으로부터 얻을 영광이 하나도 없다는 것을 증명하는 것입니다. 경탄을 자아내는 저택, 아름다운 정원, 드넓은 목초지, 수많은 노예 혹은 값비싼 의복을 소유한 사람을, 사람들은 결코 명성있는 사람으로 보지 않을 것이라는 말입니다. 그 안에 배어 있는 영광은 사실 그 모든 것을 만들어낸 일꾼에게 돌아가는 것이지, 그것을 소유하고 획득한 사람의 것이 아닙니다. 그와는 정반대로 그 모든 것은 그것을 소유한 자의 타락을 증명해 줄 뿐입니다.

2. 소위 복이라 불리는 이 모든 것의 소유는 그 소유자에게 영광을 주기는커녕 오히려 그 명성을 현저하게 감소시킬 뿐입니다. 실제로 부로 명성을 삼으려는 자들, 그 부를 늘어놓는 자를, 사람들은 보통 인간성이라고는 도무지 찾아볼 수 없는 잔인한 존재, 비열한 미치광이들로 여깁니다. 왜냐하면 이 모든 물질적 복은 사람의 영광에 아무런 기여도 할 수 없는, 단지 집의 영광일 뿐이기 때문입니다. 하지만 순결과 절제와 온유와 검소 속에서 살아가고, 온전히 하느님께 봉사하는 데 헌신한 사람을, 우리는 우러러보고, 찬양하고, 찬미합니다. 바로 이러한 덕들이 사람의 영광을 구성하는 것이기 때문입니다.

우스꽝스러운 교만

이 진리를 잘 깨달았다면, 이제부터 그런 물질적 복을 소유한 부자를 행복한 사람으로 여기지 마십시오. 그대들은 마차에 올라 앉은 사람을 봅니다. 치켜뜬 그의 눈썹은 구름에 가 닿을 것만 같습니다. 물론 이것은 실제 그렇다는 말이 아닙니다. 그것은 불가능합니다. 하지만 나는 그의 교만한 생각, 아니 그의 아무 생각 없음을 빗대어 이렇게 말한 것입니다. 그를 영광에 휩싸인 사람, 존귀한 사람, 위대한 사람이라고 말하지 마십시오. 그대들을 숭고하게 만드는 것은 그대들의 수레를 끄는 나귀가 아니라 그대들의 덕의 완전함입니다. 그것이 그대들을 하늘로 높여줍니다. 그대들은 말을 탄 사람을 봅니다. 그를 호위하는 수많은 하급 장교들은 백성들을 밀쳐내며 길을 터줍니다. 그런 광경을 본다고 해서, 그 사람을 행복한 사람이라고 말하지 마십시오. 오히려 그 영혼의 깊은 곳을 꿰뚫어 살피고, 그 영혼의 아름다움에 따라 판단하도록 하십시오. 지금 그대들이 보는 모든 것은 정말 우스꽝스러움의 절정입니다. 말해보십시오. 아니 왜 그대는 공공장소에서 군중을 밀쳐내는 것입니까? 왜 그대는 광장에서 마주치는 사람들을 다 쫓아내는 것입니까? 그대 자신도 사람이면서 왜 사람을 피하는 것입니까? 이 허영은 무엇을 의미합니까? 이 교만은 또 무엇입니까? 도성에 들어서기만 해도 모든 사람들이 줄행랑을 쳐야 할 정도이니, 그대가 늑대나 사자라도 된단 말입니까? 그것도 아니면 무엇이란 말입니까? 늑대는 결코 다른 늑대를 쫓아내지 않고, 사자도 다른 사자를 쫓아버리지 않습니다. 그들은 함께 모여 다닙니다. 그들은 본성이 그들 모두에게 공통으로 제공해 주는 것을 존중할 줄 압니다. 공통된 본성을 넘어서서 온유와 겸손을 실천하고 평등을 존중할 수많은 동기를 가진 그대가 맹수들보다 더 잔인하다니 그것이 어디에서 온 것이란 말입니까? 기껏 이성도 없는 동물 위에 올라타기 위해, 이성을 가진 존재인 사람들을 멸시하는 것입니까? 그대의 하느님 주님께서는 사람을 하늘로 옮기셨습니다. 그런데 그대는 공공장소에서 그와 함께 아파할 수 없단 말입니까? 그분께서는 사람을 같은 보좌에 앉히셨는데, 그대는 사람을 도성에서 쫓아낸단 말입니까?

사치는 도둑질을 불러옵니다

말을 장식하고 있는 금 재갈은 무엇을 의미합니까? 이성도 없고 화려함을 느끼지도 못하는 이 동물을 필요 이상으로 장식하는 그대, 배고픔 때문에 비쩍 말라버린 그리스도를 보고도 필요한 음식을 내주지 않은 그대는 이 낭비에 대해 뭐라 변명할 것이며, 그대가 얻을 용서란 무엇이겠습니까? 실상 금 재갈을 물리는 것과 납 재갈을 물리는 말에게 무슨 차이가 있겠습니까? 이것은 또 무슨 의미입니까? 그대는 사람이면서 사람과의 교제를 꺼리고, 도성 한 가운데서 홀로 고독을 즐깁니다. 그대의 주님께서는 세리들과 함께 잡수셨고, 창녀와 함께 대화하셨으며, 강도들과 함께 십자가에 달리셨고, 사람들과 사귀셨는데도, 그대는 사치와 교만에 정신이 나가 그대를 사람이라 불리게 해주는 그 모든 미덕을 다 잃어버렸다는 사실을 깨닫지도 못하고 있는 것은 아닙니까? 불같은 탐욕과 잔인함과 야만성으로 인해 고통 받고 있는 이들에 대한 우리의 혐오가 어디에서 오는 것인지 똑바로 보십시오. 말에게 금 재갈을 물리고, 노예에게 금목걸이를 걸어줄 때, 금을 돌 속에 박아 넣을 때, 금으로 된 옷과 금으로 된 어깨띠와 금으로 장식된 신발을 신고 다닐 때, 또한 고아들을 홀딱

벗겨 먹고, 과부들을 발가벗기면서도, 그대의 타락한 욕망을 만족시키고 그대의 만족을 모르는 탐욕을 충족시키며, 그 무엇보다도 게걸스러운 짐승 즉 욕망을 먹이기 위해서는 그 모든 필요 물자를 동원할 때, 그대는 만인의 원수가 되고, 헛된 일을 도모하며, 그 어떤 선한 결과로도 이끌지 못하는 길을 걸어갑니다. 그대의 누예인 야만인을 치장하기 위해 금을 제공해 주는 것이 무슨 의미가 있겠으며, 그대의 영혼에 어떤 소득, 어떤 유익함이 있을 것이란 말입니까? 그대의 몸에는 어떤 이익이 있겠으며, 그대의 집에는 무슨 소득이 있겠습니까? 그러한 풍속은 정반대의 결과를 낳을 뿐입니다. 격에 넘치는 화려함, 이성이 용납할 수 없는 낭비, 허영을 위한 물질은 부패를 낳는 가르침, 낭비와 붕괴의 계기, 영혼의 흑사병, 수많은 불행과 악으로 이끄는 길일뿐입니다. 은으로 돋보이고 금으로 빛나는 침상들, 금으로 주조된 의자와 평상들, 연일 터져 나오는 박장대소들, 이 모든 것이 풍속을 개선하는 데 무슨 소용이 있겠으며, 그대를 아니 그대의 아내나 그대의 하인들을 조금이라도 더 훌륭하게 만들어주는 데 무슨 소용이 있겠습니까? 그것은 차라리 도둑을 만들어내고, 벽을 타고 넘는 무리를 일으키는 것은 아닙니까? 또 그것은 노예를 도망치게 만드는 것은 아닙니까? 사실 그들은 어디를 보나 돈으로 빛나는 것을 보게 되고, 그래서 그들의 병든 마음은 자연스럽게 도둑질할 생각을 품게 됩니다. 왜냐하면 자유인인 당신도, 출신성분의 고귀함으로 인해 거만을 떠는 당신도, 공공의 장소에 금화가 빛나고 있다면, 자연스럽게 사악한 욕망으로 이끌려가게 마련이니, 하물며 그대의 종들에게는 더욱 더 그럴 것이기 때문입니다. 이렇게 말하는 것은 도망친 노예나 그와 같은 범죄를 저지른 자를 두둔하고자 함이 아닙니다. 다만 그들의 병에 양식을 먹여 더욱 키우지 말라고 권고하기 위한 것입니다. 그러면 사람들은 "그렇다면 우리의 보화는 어디에 두란 말입니까? 그것을 땅에 묻어두란 말입니까?"하고 내게 말할 것입니다. 결코 그렇게 하라고 할 수는 없습니다. 다만 그대들이 내 대답을 듣고 싶어 한다면, 도망이나 치려 하는 종을 정직하고 충실한 종으로 만드는 방법을 알려드리겠습니다.

▎가난한 사람들은 가장 확실하게 보물들을 지키는 사람입니다

3. 부는 도망자입니다. 오늘은 이 사람에게 내일은 저 사람에게로 갑니다. 부는 혼자서만 도망치지 않고 다른 것도 도망자로 만듭니다. 부를 지키는 자들까지 도망치게 만듭니다. 심지어는 노예를 지키는 사람까지 도망치게 만듭니다. 그렇다면 어떻게 해야 이 도망자를 붙들어 놓을 수 있겠습니까? 여기서 우리는 지금껏 다른 도망자를 붙잡아 놓는데 사용한 방법과는 전혀 다른 방법을 찾아야 합니다. 다른 도망자를 붙잡아 놓으면 그대로 머물러 있습니다. 하지만 부(富)라는 도망자는 붙잡아 놓을 수록 도망칩니다. 하지만 반대로 이곳저곳으로 보내버리면 그것은 머물러 있습니다. 내가 말하고 있는 것이 좀 이상하게 들릴 수도 있을 것입니다. 농부들이 하는 행동을 보십시오! 만약 그들이 낟알을 집 안에 쌓아두기만 한다면, 날벌레와 좀벌레가 달라붙어 다 버리게 될 것입니다. 그러나 반대로 그것을 밭에 나가 여기저기 뿌리면, 그것을 다 보존할 수 있을 뿐만 아니라 몇 배로 불릴 수 있습니다. 부도 마찬가지입니다. 만약 상자에 갇혀있거나, 문과 빗장으로 막아 두었거나, 땅속에 묻어

두었다면, 그것은 금방 다 새어 나가고 말 것입니다. 하지만 반대로 경작지에 씨를 뿌리는 농부처럼 그대가 가진 금을 배고픈 사람들의 배를 불려주기 위해 내어준다면, 그것은 새어 나가지 않을 뿐만 아니라 이런 방법을 통해 더 많은 것을 낳게 될 것입니다.

이 진리를 깨달았다면, 부를 종에게 맡기지 마십시오. 오히려 그것이 필요한 수많은 손에게 넘겨주십시오. 과부의 손, 고아의 손, 불구자의 손, 감옥에 갇힌 자의 손에 말입니다. 그대의 부는 그것을 붙잡고 있는 그 수많은 손에서 결코 벗어날 수 없을 것입니다. 아니 그 손에 꽉 쥐여 언제나 머물러 있고 또 불어날 것입니다. 하지만 내게 이렇게 말하겠지요. "그러면 내 자식에게는 무엇을 남겨주란 말입니까?" 나는 결코 그대들에게 모든 것을 다 나눠주라고 강요하지 않습니다. 하지만 모든 것을 다 나눠준다면, 그대는 분명 그것을 통해서 자식들의 행운을 보장하게 될 것입니다. 왜냐하면 그대는 자식들에게 재물 대신에 자비로우신 하느님의 호의를, 자선으로부터 오는 행운을, 수많은 보호자와 후원자를 남겨주게 될 것이기 때문입니다. 사실, 비록 우리에게 그 어떤 악을 행하지 않았다 해도 우리는 인색한 사람을 혐오합니다. 마찬가지로 비록 우리 자신이 그 수혜자가 되지 않는다 해도 우리 모두는 자선을 행하는 사람을 존경하고 사랑하며 그래서 그의 자식도 사랑합니다. 그러므로 이 아름다운 광경, 즉 그대의 자식이 수많은 영혼으로부터 사랑받을 것이라는 사실을 생각하십시오. 궁핍한 이들을 구호하는 데 사용된 금으로 인해 모든 사람들이 이렇게 말하게 될 것입니다. "이 아이는 그 선한 사람의 아들, 지극히 자비로운 그 사람의 아들이다."라고 말입니다. 하지만 그대는 어떻습니까? 그대가 하는 일이라고는 감각이 없는 것들을 아름답게 꾸미는 일입니다. 돌은 무감각합니다. 그런데 그 돌을 수많은 금으로 두릅니다. 그런데 반대로 여기 배고 픔에 죽어가고 있는 감각이 살아있는 존재가 있는데도, 그대는 그에게 꼭 필요한 양식을 함께 나누지 않습니다. 그럴진대, 두려운 심판대가 나타날 때, 불의 강을 우리의 눈으로 보게 될 때, 우리의 행위에 대한 셈을 요구받을 때, 그대는 그와 같은 무심함, 망상, 잔인함과 야만성에 대해 뭐라고 대답할 것입니까? 그 어떤 핑계가 정당성을 얻을 수 있겠습니까?

의롭다 함을 얻을 수 없습니다

각 사람은 그 자신의 목적과 이유를 가집니다. 농부에게 물어보면, 그는 왜 소에게 멍에를 씌우는지, 왜 고랑을 파는지, 왜 쟁기를 끄는지 말해 줄 것입니다. 장사꾼에게 물어보면, 왜 선적을 하는지, 왜 일꾼을 고용하는지, 왜 돈을 예치하는지 말해 줄 것입니다. 건축가, 구두장이, 금속장이, 제빵사 등 그 직종이 무엇이든 모든 장인들도 제각각 자신의 목적과 이유를 말할 것입니다. 그렇다면 침대를 금으로 뒤덮고, 말과 돌을 금으로 치장하며, 우리가 보듯 얼굴에 온갖 화장을 바르고 다니는 그대는, 사람들이 그 목적과 이유를 물어볼 때, 뭐라고 말하겠습니까? 어떤 방법으로 그 질문에 응대하겠습니까? 그대가 누워 자는 그 금빛 찬란한 침대에서라면 잠이 더욱 달콤하기라도 하단 말입니까? 그대는 그런 견해를 지지하지는 않을 것 아닙니까? 오히려 그와는 반대로, 이상하게 보일지 모르겠지만, 그런 수면이 더 편치 않다고 말해야 하는 것 아니겠습니까? 불안과 걱정이 더 클 테니 말입니다. 아니면 금이 어떤 물질을 더 튼

튼하게 해주기라도 한단 말입니까? 결코 그렇지 않습니다. 말의 강인함이 이런 방식으로 만들어진 재갈에서 나온단 말입니까? 아니면 노예의 선량함이 그의 금 목줄에 기인한단 말입니까? 실상은 그와는 정반대입니다. 그런데 어찌하여 그대는 금과 은을 사용함에 있어서 이토록 해괴한 짓을 하는 것입니까? 그대는 분명 이렇게 말할 것입니다. "이렇게 해서 나의 명성을 드높이려는 것입니다."라고 말입니다. 하지만 그대는 이 설교의 첫 부분을 듣지 않았습니까? 부는 결코 사람의 영광을 구성하지 않습니다. 오히려 정반대입니다. 그것은 사람에게 불명예와 비난과 고발과 조롱만 가져다줍니다. 그로부터 질투와 수많은 악이 나옵니다. 부를 유지할수록, 비판은 끝이 없을 것입니다. 이 화려하고 빛나는 저택은 그 소유주가 죽고 난 다음까지도 혹독하게 그를 비난하는 고발자로 남을 것입니다. 육신은 땅에 묻혀 썩겠지만, 눈에 보이는 그 화려한 건물은 그대의 탐욕에 대한 쓰디쓴 기억이 육신과 함께 묻혀버리는 것을 결코 허락하지 않습니다. 지나가는 사람마다 그 건물의 높이와 넓이와 웅장함을 보고는, 혼자 혹은 서로 이렇게 말합니다. "이 집을 짓느라 얼마나 많은 눈물이 뿌려졌을까? 얼마나 많은 고아가 누릴 것을 빼앗겨야 했을까? 얼마나 많은 과부가 불의의 희생양이 되었을까? 얼마나 많은 일꾼이 삯도 제대로 받지 못하고 고역에 시달렸을까?" 이것이 바로 그대에게 일어날 일이 그대의 기대와는 전혀 반대일 수밖에 없는 이유입니다. 그대는 살아있는 동안 그 모든 것을 누림으로써 영광을 받고자 하지만, 실상은 죽은 다음에조차 고발과 비난을 피해갈 수 없습니다. 견고한 기둥처럼 그대의 집은 그대의 이름을 만천하에 알릴 것이고, 그래서 그대가 살아있을 때는 단 한 번도 본적

없는 사람들에게 수많은 모욕의 대상이 될 것입니다.

▍모든 것은 모든 이의 공유물입니다

4. 그러니 어찌해야 하겠습니까! 재물의 차고 넘침은 우리에게 아무런 유익도 주지 못하니, 사랑하는 이들이여, 이제 피합시다, 이 질병을 피합시다. 가장 어리석은 짐승보다 더 사나운 그런 존재가 되지 맙시다. 그 짐승에게도 땅이며 샘이며 초지며 산이며 나무며 그 모두가 공유물입니다. 그들은 결코 남보다 더 가지는 법이 없습니다. 그런데 그 어떤 짐승보다 더 순한 사람인 그대는 야생의 짐승보다 더 사납게 되었습니다. 그대는 수천 아니 수만의 가난한 사람들이 누려야 할 것을 그대의 집 안에 쌓아놓고 있습니다. 우리 모두가 공유하는 것은 본성만이 아닙니다. 본성과 함께 다른 많은 것도 실상 우리 모두의 공유물입니다. 하늘은 우리 모두의 것입니다. 태양과 달과 별, 공기와 바다, 불과 물과 땅, 생명과 죽음, 성장과 노화, 질병과 건강, 양식과 의복의 필요성, 이 모든 것을 우리는 공유합니다.

영에 속한 것 또한 우리 모두가 공유합니다. 같은 거룩한 식탁, 주님의 몸과 존귀한 피, 왕권의 약속, 정의와 성화와 구속(救贖), 형언할 수 없는 복락들, "눈으로 본 적이 없고 귀로 들은 적이 없으며 아무도 상상조차 하지 못한 일"(I 고린토 2:9)이 다 우리 모두의 것입니다. 그러니 본성, 은총, 약속, 계명 등과 같은 공통의 끈으로 재결합된 우리가 물질적 부에 대해 그렇게 지나치게 탐욕을 낸다는 것, 동등한 권리를 지켜낼 수 없다는 것, 사나운 맹수보다 더욱 잔인하다는 것, 이 모든 것이 참으로 어리석은 일이 아닐 수 없습니다. 재물이라는 것은 실상 짧은 시간이 지난 다음에는 다 버리고 떠나야 하는 것인데도 말입니다. 죽음은 우리를 그것과 떼어놓은 다음 우리를 영원한 형벌로 이끌 것이니, 우리는 그 재물을 떠나지 않을 수 없고, 더 나아가 어쩌면 그 재물로 인해 우리 영혼의 구원이 위태로울 수도 있습니다. 이 재앙을 피합시다. 기꺼이 자선을 행합시다. 우리로 하여금 저 높은 곳에 전적인 신뢰를 두게 하고, 우리를 형벌에서 건져내줄 이 자선, 모든 덕의 여왕인 이 자선을 실천합시다. 하늘에는 자선으로 호위를 받는 사람을 막을 수 있는 것은 아무 것도 없습니다. 그 날개는 가볍고, 하늘에 쌓아둔 신용은 막대하니, 자선을 실천하는 사람은 하늘 임금의 보좌 앞까지 나아갈 것이고, 먹이시고 살리시는 하느님 곁으로 두려움 없이 인도될 것입니다. 성경은 "하느님께서 너의 기도와 자선을 받아들이시고 너를 기억하고 계신다."(사도행전 10:4)고 말합니다. 우리 자신을 그 높은 곳으로 들어 올리고 이 사악한 탐욕과 이 향락과 이 무익한 교만에서 벗어나는 것을 그 누가 가로막을 수 있습니까? 필요 이상 가진 것을 쓸모 있게 사용합시다. 이 막대한 재물을 사용합시다. 그것을 심판자의 오른팔에 맡겨 안전하게 지킵시다. 그러면 그분은 마지막 심판 때에 그 모든 것을 기억하시고, 우리에게 호의와 자비를 베푸실 것입니다. 비록 우리가 죄로 뒤덮여 있다 해도, 그분이 우리를 용서하실 것이며, 우리를 의롭게 해주실 것입니다. 우리 모두 우리 주 예수 그리스도의 은총과 선하심을 통하여 자비의 결과를 누릴 수 있도록 합시다.

영광과 나라가 이제와 항상 또 세세토록 그분의 것이나이다. 아멘.

부자 젊은이에 대하여[47]

한번은 어떤 사람이 예수께 와서 "선생님, 제가 무슨 선한 일을 해야 영원한 생명을 얻겠습니까?" 하고 물었다.
(마태오 19:16)

1. 어떤 사람들은 이 젊은이를 욕하면서 그는 이중적인 마음으로 단지 예수 그리스도를 시험해보기 위해 그를 찾아왔다고 말합니다. 나 또한 그가 인색하고 돈에 대한 욕망에 사로잡힌 사람이었다고 믿습니다. 또 실제로 예수 그리스도께서는 우리에게 그것을 보여주셨습니다. 하지만 여기서 그가 어떤 속셈을 가지고 행동한다고 말하지는 못하겠습니다. 우리가 알지 못하는 것, 의심이 가는 것을 받아들이는 것은 언제나 위험하기 때문입니다. 특별히 범죄와 관련된 판단에 있어서는 더더욱 그럴 것입니다. 게다가 성 마르코는 "예

---

47 『마태오복음 설교』 설교 63, : 19장 16~19절. PG, 58, 603~610.

수께서 길을 떠나시는데 어떤 사람이 달려와서 그 앞에 무릎을 꿇고 … 예수께서는 그를 유심히 바라보시고 대견해 하시며 이렇게 말씀하셨다."(마르코 10:17~21)라고 전함으로써 미리 이러한 견해를 타파합니다. 하지만 내 형제들이여, 부가 사람들에게 행하는 이 폭정은 놀랍습니다. 이 사례가 그 대표적인 증거입니다. 우리가 그 어떤 덕을 소유했더라도, 이 한 가지 욕망이 나머지 모든 것을 황폐하게 만듭니다. 그래서 성 바울로가 돈을 "모든 악의 뿌리"(I 디모테오 6:10)라고 말한 것은 너무나도 지당한 말씀입니다. 하지만 예수 그리스도께서는 왜 이 부자 젊은이에게 이렇게 대답했을까요?

오직 하느님만이 선하시다

> "'부모를 공경하여라.' 그리고 '네 이웃을 네 몸같이 사랑하여라.' 하는 계명이다." 하고 대답하셨다. (마태오 19:19)

이 젊은이는 예수 그리스도를 단지 한 사람, 유대인들 중에 있는 보통의 선생들 가운데 한 명쯤으로 보았습니다. 그래서 예수께서도 그에게 마치 자신이 그저 단순한 한 사람인 것처럼 대답하신 것입니다. "우리는 우리가 알고 있는 것을 말하고, 우리의 눈으로 본 것을 증언하는 것이다."(요한 3:11)라거나 "나 자신의 일을 내 입으로 증언한다면 그것은 참된 증언이 못 된다."(요한 5:31)라고 말씀하실 때, 우리는 자주 그분께서 질문하는 이들의 상태에 따라 그에 맞게 대답하시는 것을 봅니다. 그러므로 "선하신 분은 오직 하느님 한 분뿐이시다."라고 말씀하셨다 해서, 그것이 그분 자신은 선하지 않다고 말씀하신 것으로 이해해서는 안 됩니다. 하느님께서 우리를 이런 생각으로부터 지켜주십니다. 그분은 결코 "왜 나를 선하다고 하느냐? 나는 그렇지 않다. 선하신 분은 오직 하느님뿐이시다. 즉 사람들 가운데 선한 자는 아무도 없다."고 말씀하신 것이 아닙니다. 그분께서 그렇게 말씀하신 것은 사람들 가운데 선한 자는 아무도 없다는 것을 확증하기 위해서가 아니라, 단지 사람들이 가진 선함과 하느님의 선함은 다르다는 것을 보여주기 위해서입니다. 그분께서 "선하신 분은 오직 내 아버지 한 분 뿐이시다."라고 말씀하시지 않고 "선하신 분은 오직 하느님 한 분뿐이시다."라고 말씀하신 것은, 바로 그분 자신이 본래 어떤 분이신지, 즉 그분이 하느님의 아들이심을 이 젊은이에게 드러내지 않으셨음을 보여주기 위한 것입니다.

구세주께서는 다른 곳에서 이렇게도 말씀하십니다. "너희는 악하면서도 자기 자녀에게 좋은 것을 줄 줄 안다."(마태오 7:11) 여기서도 그분은 그들을 "악하다"고 부릅니다. 하지만 이것은 사람의 본성 그 자체를 한꺼번에 다 정죄하려는 의도가 아닙니다. 왜냐하면 분명히 그분은 "너희는 악하면서도"라고 하셨지 "모든 사람이 다 악하면서도"라고 하시지 않았기 때문입니다. 또한 그것은 하느님의 선하심과 비교할 때 그들이 악하다는 것입니다. 그래서 바로 "하물며 하늘에 계신 너희의 아버지께서야 구하는 사람에게 더 좋은 것을 주시지 않겠느냐?"(마태오 7:11)라는 말씀을 추가하신 것입니다. 그대들은 아마도 왜 예수 그리스도께서 이 젊은이에게 이토록 강한 어조로 말씀하신 것이냐, 또 그의 대답에서 어떤 소득을 얻고자 하신 것이냐 하고 물어볼 것입니다. 그분께서는 먼저 그를 조금씩 하느님에 대한 지식으로 고양시키길 원하셨습니다. 또 어떤 달콤한 아첨의 말도 섞지 않아야 하며, 또 하느님 한 분께만 몰두하기 위해 이 땅의 모든 것에 대해 무념 무욕해야 함을 가르쳐 주시려 했던 것입니다. 그분께서는, 장차 누릴 복락만을 열망해야 하며 참으로 선하시고 모든 복의 원천이신 분을 알아야 함을 그에게 설득하십니다. 그리하여 그에게 합당한 영광을 돌려주시려 했던 것입니다. "이 땅에서 그 누구도 스승이라 부르지 말라."(마태오 23:9)라고 제자들에게 명령하실 때도, 그분께서는 제자들이 그분을 다른 모든 사람들로부터 구별하고, 그분이야말로 만물의 기원이며 원리이심을 똑바로 알게 해주시려 했던 것입니다.

젊은이의 충심

형제들이여, 예수께 다가온 이 젊은이는 그 당시 보기 드문 놀라운 태도를 보여주고 있음을 알아차려야 합니다. 구세주께 접근해 온 거의 모든 사람은 혹은 그분을 시험하기 위해, 혹은 그분에게서 자신이나 자신의 친인척 및 이웃의 질병을 치유받기 위해 그분께로 왔습니다. 반대로 이 젊은이는 훨씬 칭송받을 만한 목적을 가지고, 영원한 생명을 얻을 수 있는 방법을 배우겠다는 일념을 가지고 그분을 찾아왔습니다. 그는 아주 훌륭하고 기름진 땅, 하지만 아직은 가시덤불로 뒤덮인 그런 밭과 같았습니다. 그래서 예수 그리스도께서 귀한 씨앗을 뿌리자마자 곧 질식해 죽어버릴 그런 상태였습니다. 그는 "제가 무엇을 해야 영원한 생명을 얻겠습니까?"(마태오 19:16)라고 여쭘으로써 순종할 준비가 되어 있음을 웅변합니다. 하느님의 아들께서 그에게 명령하는 것이면 무엇이든 순종할 준비가 되어 있다는 듯 말입니다. 만약 그가 그분을 시험하기 위해 어떤 숨겨진 속셈을 가지고 예수 그리스도께 아뢰었다면, 복음사도는 그분께서 율법학자들을 향해 쏟아 부으신 방식으로 그에게도 말씀하셨을 것임을 결코 모르지 않았을 것입니다. 설사 복음사도가 그에 대해 어떤 말을 하지 않았을지라도, 예수 그리스도께서는 분명 이 젊은이를 질책하시거나 혹은 넌지시 그의 속셈을 드러냄으로써, 그가 지금 아뢰고 있는 분을 속일 수 있을 것이라는 망상, 결국 그 자신의 멸망만을 초래하게 될 그런 망상을 갖지 못하게 하셨을 것입니다.

게다가 그가 만약 시험하기 위해서 구세주께 아뢰었다면, 예수 그리스도의 대답은 그를 되돌아서게 했던 이 깊은 슬픔을 야기하지는 않았을 것입니다. 복음경 안에서 우리는 바리사이파 사람들이 그렇게 슬퍼하며 예수의 곁을 떠났다는 이야기를 보지 못합니다. 그들은 모두 창피 당했다는 것에 대한 격분과 분노를 보여주었을 뿐입니다. 하지만 반대로 이 젊은이는 슬픔과 낙담에 휩싸여 돌아갔습니다. 그것은 그가 가면과 거짓의 영으로 그분께 아뢰지 않았고, 다만 연약한 영의 소유자였음을 보여줍니다. 한편으로 그는 진정 영원한 생명을 갈구했습니다. 하지만 다른 한편으로 그는 매우 위험한 욕망에 사로잡혀 있었습니다. 그런 까닭에 예수 그리스도께서 "네가 생명의 나라로 들어가려거든 계명을 지켜라."(마태오 19:17)라고 대답하셨을 때, 그는 어떤 가식도 시험하려는 의도도 없이 "어느 계명입니까?"(마태오 19:18)하고 다시 여쭈었던 것입니다. 그는 아마도 예수 그리스도께서 십계명과는 다른 새로운 계명을 주실 것이고, 그 계명을 실천함으로써 그토록 염원했던 새롭고 복된 생명을 얻으리라 믿었을 것입니다. 그러자 예수께서 대답하십니다.

"살인하지 마라. 간음하지 마라. 도둑질하지 마라. 거짓 증

언하지 마라. 부모를 공경하여라. 그리고 네 이웃을 네 몸 같이 사랑하여라." (마르코 10:18~19)

예수 그리스도께서 그에게 이 율법의 계명을 제시하셨을 때, 이 젊은이는 즉시 대답합니다.

"저는 그 모든 것을 다 지켰습니다." 그리고 다시 이렇게 묻습니다. "그런데 아직도 무엇을 더 해야 되겠습니까?" (마태오 19:20)

이 말은 그가 영원한 생명을 소유하기를 얼마나 간절하게 원했는지를 잘 보여줍니다. 하지만 예수 그리스도께서 그에게 말씀하신 이 계명을 다 지켰다고 그 스스로 믿고 있다는 사실에서, 그토록 원해왔던 것을 얻기에는 아직 부족한 무엇이 그에게 있음이 드러납니다.

▎보상

2. 그러자 예수 그리스도께서 어떻게 하십니까? 그분께서는 그가 그토록 간절하게 묻는 것에 대해 대답을 거절할 수 없었습니다. 게다가 그분께서는 그에게 제시할 그분의 생각이 그에게는 너무도 어렵고 힘겹게 보일 것임을 예지하셨습니다. 그래서 그분께서는 그에게 보상을 언급하시며 대답을 이어가십니다.

"네가 완전한 사람이 되려거든 가서 너의 재산을 다 팔아 가난한 사람들에게 나누어주어라. 그러면 하늘에서 보화를 얻게 될 것이다. 그러니 내가 시키는 대로 하고 나서 나를 따라오너라." (마태오 19:21)

형제들이여, 보십시오. 예수 그리스도께서는 일을 제안하실 때 언제나 잊지 않고 그 대가와 상급을 함께 제시하십니다. 젊은이가 그분을 시험하려는 의도로 다가왔다면 결코 그렇게 하지 않으셨을 것입니다. 이렇게 그에게 제안하신 다음 그분께서는 모든 것을 그의 자유에 맡기십니다. 다만 그분의 충고가 그에게 너무 어렵게만 느껴지지 않도록 이 노고로 인해 그가 받게 될 보상을 또한 빼놓지 않고 언급하십니다.

> "그러면 하늘에서 보화를 얻게 될 것이다. 그러니 내가 시키는 대로 하고 나서 나를 따라오너라." (마태오 19:21)

그런데 여기서 중요한 것은 '예수 그리스도를 따르는 영광' 그 자체가 이미 하나의 위대한 보상이라는 사실입니다.

> "하늘에서 보화를 얻게 될 것이다." (마태오 19:21)

젊은이는 이 땅의 부를 매우 높게 평가했지만, 예수 그리스도께서는 그에게 이 모든 부를 떠나라고 충고하심으로써, 그에게서 아무 것도 박탈하지 않으신 것과 동시에 결국 그가 가난한 이들에게 나눠준 것 이상으로 받게 될 것이며 하늘이 땅 위에 있듯 그의 몫이 될 부요함이 그가 포기한 것보다 월등할 것임을 보장해주십니다. 그분께서는 "보화"라는 단어를 사용하심으로써 그에게 약속된 복이 엄청나고 안정적이며 결코 소멸되지 않는 것이라는 사실을 표현하십니다. 그러므로 부를 멸시하는 것만으로는 충분치 않습니다. 그에 더하여 가난한 이들을 구호해야 합니다. 하지만 모든 일에 있어서 예수 그리스도를 따라야 합니다. 다시 말해 그분께서 우리에게 명하시는 모든 것을 틀림없이 실행해야 하고, 그 어떤 것이든 겪어내고, 매순간 죽을 준비가 되어 있어야 합니다. 그분께서 직접 이렇게 말씀하십니다.

> "나를 따르려는 사람은 누구든지 자기를 버리고 매일 제 십
> 자가를 지고 따라야 한다." (루가 9:23)

자기의 피와 생명을 주는 것은 재물을 가난한 이들에게 주는 것 이상이기 때문입니다. 그리고 이렇게 이 땅의 재물에 대한 포기를 통해서 비로소 하느님께 자신의 피와 생명을 바칠 수 있는 상태에 들어서게 되기 때문입니다.

▌탐욕은 부와 함께 더 증대됩니다

> "그 젊은이는 재산이 많았기 때문에 이 말씀을 듣고 풀이
> 죽어 떠나갔다." (마태오 19:22)

복음경은 여기서 그가 그렇게 떠나간 것이 아무 이유 없어서가 아니라 바로 "재산이 많았기 때문"임을 지적합니다. 재물을 적게 소유한 사람의 탐욕과 너무 많은 부에 질식된 이의 탐욕 사이에는 적지 않은 차이가 있습니다. 이 막대한 부는 그것을 소유한 사람으로 하여금 더욱 더 탐욕스럽고 인색하게 만듭니다. 나는 이 진실을 골백번 말했고 앞으로 계속 반복하여 강조할 것입니다. 부가 증가할수록 우리는 더욱더 그것을 사랑하게 됩니다. 말하자면 부유해질수록, 더욱 강렬하게 그 부를 열망하게 되고, 더 많은 것이 필요하다고 생각할 것이기에, 더욱 더 가난해진다는 말입니다. 그러므로 이 젊은이에게서 이 욕망의 제국과 압제가 어떤 것인지 생각해 보십시오. 그는 뜨거운 마음으로 예수 그리스도께 다가갔습니다. 하지만 하느님의 아들께서 그 모든 부를 포기하라고 그에게 말씀하시

자, 그는 이 말씀에 놀라고 당황하여 단 한 마디 대답도 할 수 없었습니다. 그는 슬픈 침묵에 잠겼습니다. 그는 치명적인 근심에 낙담하고 절망하여 돌아갔습니다. 형제들이여, 이에 대해 예수 그리스도께서는 뭐라 말씀하십니까?

> "나는 분명히 말한다. 부자는 하늘나라에 들어가기가 어렵다." (마태오 19:23)

"부자"라는 단어로 지칭된 것은 일반적인 의미로 재물을 소유한 사람이 아니라 그것의 노예가 된 사람입니다. 부자들이 하늘나라에 들어가기 어렵다면, 탐욕스러운 사람은 어떻게 되겠습니까? 재물을 가난한 사람들에게 주지 않는 것만으로도 멸망에 이르기에 충분한 것이라면, 타인의 재물을 탐내고 빼앗는 것은 얼마나 더 큰 형벌을 받겠습니까? 하지만 제자들이라곤 다 가난한 자들뿐이고 그 자신도 아무 것이든 소유한 것이 없었던 예수 그리스도께서 "부자가 하늘나라에 들어가는 것은 어렵다."라고 말씀하신 또 다른 이유가 있습니다. 그것은 바로 제자들에게 그들 자신의 가난을 부끄러워하지 말라고 권고하기 위한 것입니다. 아무 것도 소유하지 말라고 그들에게 명하셨던 이 금지를 정당화하길 바라셨던 듯, 먼저 부자가 하늘에 들어가는 것이 "어렵다"고 말씀하신 후, 그분께서는 하나의 비유를 통해서 이것이 심지어는 "불가능하다"고까지 말합니다.

▎하느님께는 모든 것이 가능합니다

> "거듭 말하지만 부자가 하느님 나라에 들어가는 것보다는 낙타가 바늘귀로 빠져 나가는 것이 더 쉬울 것이다."
> (마태오 19:24)

이 비유는 자신의 부를 그리스도의 정신을 가지고 사용하는 부자는 큰 보상을 기대해도 좋다는 것을 우리에게 보여줍니다. 하지만 예수 그리스도께서는 그 다음 말씀을 통해서 이것은 오직 하느님만이 하실 수 있음을, 부자는 그 자신의 부에 대한 집착을 끊기 위해서 매우 강력한 은총을 필요로 함을 보여주십니다. 제자들은 이 말씀에 심히 놀랍니다.

> "제자들이 이 말씀을 듣고 깜짝 놀라서 '그러면 구원받을 사람이 어디 있겠습니까?' 하고 물었다. 예수께서는 그들을 똑바로 보시며 '그것은 사람의 힘으로 할 수 없는 일이다. 그러나 하느님께서는 무슨 일이든 하실 수 있다.' 하고 말씀하셨다." (마태오 19:25~26)

제자들은 가난했음에도 불구하고 왜 이 말씀에 놀랐을까요? 그들은 왜 당황했을까요? 그것은 분명 그들이 그 많은 사람들의 멸망에 대해 가졌을 연민, 사람들의 구원에 대한 열정, 온 땅을 위협하고 있는 이 재앙을 보면서 느꼈을 자애로움, 벌써부터 그들의 마음을 움직였을 이 평화의 정신 때문이었을 것입니다. 부를 사랑하는 이들에게 선포하신 예수 그리스도의 이 선언은 그들을 하여금 온 세상을 향해 전율하게 만들었고, 이 두려움이 그들을 너무도 강렬하게 사로잡아서 그분께서는 그들을 위로하지 않을 수 없었습니다. 그래서 그분께서는 그들을 바라보며 이렇게 말씀하십니다. "그것은 사람의 힘으로 할 수 없는 일이다. 그러나 하느님께서는 무슨 일이든 하실 수 있다." 복음사도가 주목했던 예수 그리스도의 이 시선은 아주 온유하고 호의적인 시선이었습니다. 그 시선으로 예수 그리스도께서는, 그들 마음속의 모든 동요를 흩으심으로써, 슬픔에 젖은 제자들을 위로하셨고, 두려움에 떨던 그들을 안심시키셨습니다. 이 전능하신 "눈길"로 위로하신 다음 그분께서는 이 말씀을 통해서 하느님의 권능과 힘이 얼마나 위대한지 생각하게 하시고, 또 이에 대한 신뢰를 불어넣어줌으로써 다시 그들을 일으키십니다.

3. 형제들이여, 어떻게 "사람에겐 할 수 없는 일이 하느님께는 가능한지" 알고 싶다면, 내가 그것을 설명해 드리겠습니다. 예수 그리스도께서 이런 말씀을 하신 것은 결코 여러분을 낙담케 하려는 것도, 이 덕의 실천이 불가능한 것이니 그 앞에 절망하여 쓰러지게 하려는 것도 아닙니다. 오히려 그것은 그분의 위대함을 생각하고 용기를 내어 그 실천에 뛰어들게 하기 위한 것입니다. 그토록 힘겨운 투쟁 속에서 그대들을 버티게 해줄 하느님의 은총을 호소하게 하려는 것입니다. 그리하여 그 은총에 힘입어 영원한 생명을 얻게 하려는 것입니다. 그렇다면 이것이 어떻게 가능할까요? 재물에 대한 모든 집착을 포기하고, 부를 멸시하고, 그토록 저열한 욕망을 발로 짓밟아 버리십시오. 그 다음 말씀을 통해서 우리는 예수 그리스도께서 하신 말씀이 하느님이 모든 것을 행하시니 너희들은 아무것도 하지 말라는 의미가 아니라, 오히려 그것이 위대하고 어려운 일일수록 더더욱 힘써 일하라고 격려하고 촉구하기 위한 말씀임을 알게 됩니다. 왜냐하면 성 베드로가 그분께 "보시다시피 저희는 모든 것을 버리고 주님을 따랐습니다. 그러니 저희는 무엇을 받게 되겠습니까?"라고 질문했을 때 그분께서는 그에게 "나는 분명히 말한다. 너희는 나를 따랐으니 새 세상이 와서 사람의 아들이 영광스러운 옥좌에 앉을 때에 너희도 열두 옥좌에 앉아 이스라엘 열두 지파

를 심판하게 될 것이다."(마태오 19:27~28)라고 대답하셨기 때문입니다. 그들에게 어떤 보상이 준비되어있는지 말씀하신 다음, 이렇게 결론을 내리십니다.

> "나를 따르려고 제 집이나 형제나 자매나 부모나 아내나 자식이나 토지를 버린 사람은 백 배의 상을 받을 것이며, 또 영원한 생명을 얻을 것이다." (마태오 19:29)

이렇게 이전에는 불가능하게만 보였던 것을 하느님께서는 가능하게 하심을 우리는 봅니다.

포기는 점진적일 수 있습니다

아마도 그대들은 내게 이렇게 말할 것입니다. 어떻게 해야 우리가 이 부를 포기할 수 있겠습니까? 돈에 대한 사랑에 사로잡힌 사람이 어떻게 그토록 강력한 욕망에서 벗어날 수 있겠습니까? 필요 이상 가진 것을 잘라내는 것으로부터 시작한다면 그렇게 할 수 있습니다. 이렇게 하여 좀 더 멀리까지 나아갈 수 있고, 예수 그리스도께서 여기서 명하신 것들을 더욱 충실하게 실천할 수 있습니다. 만약 이 포기가 그대에게 너무 어렵게 느껴진다면, 단번에 그대의 모든 재산을 포기하겠다고 섣불리 나서지 마십시오. 그대가 할 수 있는 것으로부터 시작하십시오. 이렇게 하여 한 계단씩 올라간다면, 하늘까지 이어주는 거룩한 사다리를 만들 수 있을 것입니다. 하지만 그와 반대로 항상 더 많은 재물을 쌓아놓을 궁리만 한다면, 마실수록 질병을 더욱 악화시키고 더욱 성나게 할 뿐인 음료를 마시면서 그것을 많이 마시면 병을 고칠 수 있다고 철석같이 믿고 있는 어리석은 병자와 같습니다. 그래서 탐욕스러운 자는 부를 증대시키면 그 욕망이 잠잠해질 것이라고 믿지만 오히려 그 욕망은 더욱 불타오르고 더욱 강렬해질 뿐입니다. 돈에 대한 이토록 강렬한 갈증은, 먼저 새로운 것을 얻고자 하는 바람을 잘라내는 것이 아니라면 그 어떤 것으로도 치유될 수 없습니다. 마치 열병은 물을 마시는 것이 아니라 오히려 물을 마시지 않는 것을 통해서 잠잠해지는 것처럼 말입니다.

하지만 그대는 이것조차도 할 수 없어서 또 다른 방법을 묻습니다. 가장 간단한 방법은, 돈에 대한 이 갈증을 만족시킬수록 그 갈증은 더욱 커질 뿐이고 그대의 탐욕은 그대의 재산에 비례하여 증가할 것이지만 부자가 되려는 마음을 포기한 순간 모든 악의 원인이 멈추게 될 것이라는 이 참된 이치를 확신하는 것입니다. 그러므로 더 이상은 부자가 되려는 마음을 갖지 마십시오. 그렇지 않으면 늘 아직 가지지 못한 것을 가지고 싶어함으로써 그대의 질병을 더욱 치유할 수 없는 상태로 만들 뿐입니다. 그리고 또 이 욕망에 사로잡혀, 아니 돈에 대한 이 광기에 사로잡혀 그 모든 사람보다 더욱 불행한 자가 되고 말 것입니다. 말해보십시오. 먹고 마시길 간절히 원하지만 그것을 소유하지 못한 사람과 배고픔도 목마름도 없는 사람 중 누가 더 비참해 보입니까? 후자가 더 행복하고 전자는 비참하다는 것이 명약관화하지 않습니까? 결코 잠재울 수 없는 극단적인 굶주림과 갈증만큼 끔직한 불행은 없을 것입니다. 그것은 예수 그리스도께서 악한 부자의 이야기를 통해서 우리에게 보여주신 지옥의 모습에서 너무나 잘 드러납니다. 그 지옥에서 악한 부자는 갈증으로 목이 불타지만 단 한 방울의 물도 구할 수 없었습니다.

그러므로 재물을 멸시하기 시작하는 사람은 이렇게 커다란 악의 질주를 멈춥니다. 하지만 늘 더 많은 것을 쌓기 원하는 사람은 그 악을 점점 더 키웁니다. 그 금고에 만 달란트를 가졌을지라도 그만큼을 더 가지려 할 것입니다. 또 그것을 소유한 다음에는 그 두 배의 재물을 바라게 될 것입니다. 그의 탐욕은 계속 증가하기 때문에 그는 산과 대지와 바다를 모두 금으로 바꿀 수 있기를 바랄 것입니다. 이 욕망, 아니 이 광기는 그 끝이 없어서 그 영혼 안에 결코 해소할 수 없는 갈증을 타오르게 하리라는 것은 자명합니다. 하지만 재물에 대한 열망이 그것을 만족시킴을 통해서가 아니라 오히려 그것을 멈춤을 통해서 치유되어야 한다는 것을 더 잘 이해하고 싶다면, 나의 질문에 한번 대답해 보십시오. "새처럼 하늘을 날고 싶은 욕구가 생긴다면, 어떻게 해야 그 욕망을 잠재울 수 있겠습니까?" 날기 위해 날개를 달아주어야 할까요, 아니면 이처럼 우스꽝스럽고 해괴한 생각을 머릿속에서 쫓아버려야 할까요? 아마도 그대들은 후자의 방법을 선택할 것입니다. 이러한 경우 최우선적으로 치유해야 할 것은 영혼과 이성이기 때문입니다. 그런데, 만약 그대들이 사람이 나는 것은 완전히 불가능하다고 말한다면, 나는 그대들에게 이렇게 답하겠습니다. 탐욕에 한계를 정하는 것은 그것보다 더 불가능한 일이라고 말입니다. 사실 부를 증대시킴으로써 탐욕을 치유하려는 것에 비하면 차라리 사람이 공중을 나는 것이 훨씬 더 용이할 것입니다. 우리의 욕망이 가능한 것들만을 향하고 있다면, 그것을 만족시킴으로써 잠재우는 것이 꼭 불가능하지만은 않을 것입니다. 하지만 그 욕망이 불가능한 꿈에 집착하고 있다면, 이 악을 그 뿌리로부터 잘라버리거나 그것을 깨버리지 않는 한, 우리는 결코 평화를 누릴 수 없을 것입니다.

형제들이여, 그러므로 이토록 무익한 근심과 걱정을 껴안지 맙시다. 우리를 한 순간도 쉬지 못하게 만드는, 돈에 대한 이 불안한 욕망을 완전히 포기합시다. 전혀 다른 또 하나의 세상을, 아무 걱정할 필요도 없고 진정 행복하게 만들어주는 복이 있는 그 세상만을 생각합시다. 하늘에 있는 보화만을 열망합시다. 그 보화를 얻는 것은 결코 고생스럽지 않습니다. 그것의 소유는 모든 복 중에서도 큰 복입니다. 이 거래는 결코 손해를 보지도 망하지도 않습니다. 우리는 우리 자신만을 잘 살피면 됩니다. 우리가 이 땅에서 보는 모든 것을 멸시하기만 하면 됩니다. 이 땅의 부에 집착하는 사람, 그것의 노예가 된 사람은 필수적으로 하늘의 부를 잃고 말 것입니다.

탐욕은 고통의 원천입니다

4. 형제들이여, 이 진리를 늘 염두에 두십시오. 그대들에게서 이 탐욕을 멀리 쫓아내십시오. 돈을 사랑하는 것이 하늘에서의 복락은 주지 못하더라도 적어도 이 땅에서는 기쁨을 준다고 감히 말할 사람이 그대들 가운데는 없을 줄로 압니다. 만약 그것이 사실이라면, 눈에 보이는 이 재물이 그렇게 악한 것은 아닐 수도 있지 않겠습니까? 하지만 재물이라는 것은 외적으로라도 결코 복이 아닙니다. 그것은 오랜 고통 끝에 결국 지옥의 고통으로 인도합니다. 이렇게 그것은 이 땅에서만이 아니라 저승에서도 우리를 불행하게 만듭니다. 왜냐하면 탐욕은 모든 악의 원천이기 때문입니다. 그것은 가족을 황폐하게 만들고, 세상을 온통 분열과 전쟁으로 가득 채우며, 심지어 사람들을 자살하게 만듭니다. 하지만 사람들을 이런 극단적

인 상황에 빠뜨리기 전에라도, 그것은 모르는 사이에 영혼을 해쳐 아주 수치스러운 저열함으로 끌어내립니다. 그것은 모든 사람이 본성적으로 가지고 있는 관대함을 질식시키고, 그렇게 관대한 사람을 소심하고 비겁하고 기만적인 사람, 거짓말쟁이, 도둑, 험담가 등 모든 악덕의 노예로 만들어 버리고 맙니다.

하지만 그대가 엄청난 부자라면, 그대는 이 금빛 찬란함으로, 저택의 웅장함으로, 수많은 하인과 하녀로, 모든 사람이 보여주는 존경으로, 그대를 한 번이라도 보고 싶어 안달하는 사람들의 부러움으로 더욱 더 빛이 날 것입니다. 그러므로 이토록 심각한 환부에 어떤 치료제를 발라주어야 할까요? 그것은 탐욕이 그대의 영혼을 얼마나 우울하게 만드는지, 그 영혼을 얼마나 맹목적이게 하는지, 얼마나 지독한 어둠으로 그 영혼을 덮어버리는지, 그대를 얼마나 외롭게 만드는지, 또한 그대를 얼마나 혼란스럽게 하는지 떠올려 보는 것입니다. 그럼에도 불구하고 만약 사람들이 그것을 누리고 지켜나가겠다고 말한다면, 이 얼마 안 되는 재물로 인해 우리가 얼마나 엄청난 불행을 얻게 되는지, 그것을 지키기 위해서는 또 얼마나 고생해야 하는지, 그것을 즐길 때는 또 어떤 재앙을 감수해야 하는지를 기억하는 것입니다. 왜냐하면 큰 문제없이 유복하게 재물을 소유하고 누리며 살아왔다 할지라도, 결국 죽음은 이 모든 재물로부터 우리를 떼어내고, 그것들을 우리의 원수들의 손에 넘겨줄 것이기 때문입니다. 죽음은 우리가 가진 모든 것을 빼앗고, 우리를 따르는 하녀 한 명도 없는 곳, 이 땅에서 우리를 둘러싸고 있던 이 모든 화려함을 더 이상 볼 수 없는 곳에 우리를 던져버릴 것이기 때문입니다. 그래서 우리 영혼에는 이 모든 거짓 재물이 더 이상 남아있지 않고, 잃어버렸어야 할 것을 얻음으로 인해 생겨난 깊은 상처만 남게 될 것입니다.

그러므로 화려하게 차려입고 수많은 하인과 호위병을 거느린 부자를 보거든, 그의 겉모습을 넘어 그 마음 속, 그 양심의 바닥까지 들어가 보십시오. 그러면 하느님의 눈에는 그 양심이 완전히 썩어 버리고, 진흙과 쓰레기로 가득 찼음을 발견하게 될 것입니다. 성 바울로와 성 베드로를 기억하십시오. 세례자 성 요한과 예언자 엘리야를 기억하십시오. 아니 머리 둘 곳조차 없었던 하느님의 아들 바로 그분을 기억하십시오. 이 거룩한 모범을 본받으십시오. 그들을 가장 충실하게 뒤따르고자 했던 이들을 본받으십시오. 그대 안에 있는 이 형언할 수 없는 보화, 이 거룩한 사람들 안에 간직된 이 보화를 존귀하게 여기십시오.

만약 그대가 세상 사람의 외적인 화려함에 현혹된다면, 그래서 그대의 믿음이 조금이라도 동요된다면, "부자가 하늘나라에 들어가는 것은 불가능하다."고 하신 예수 그리스도의 이 두려운 말씀을 들으십시오. 원한다면, 하늘을, 금과 은으로 된 산을, 금으로 된 땅과 바다와 온 세상을 잃어버린다고 생각해보십시오. 이 모든 것을 잃어버리는 것도 그대가 잃어버리게 될 것에 비하면 아무것도 아닙니다.

▌한 줌의 흙으로 영원을

그대의 욕망이 바라는 만큼 만족시켜 보십시오. 땅 위에 땅을 더하고, 집 위에 집을 더해보십시오. 스무 채로도 부족하다면, 백 채를 가져보십시오. 천 명의 하인, 이천 명의 시종을 거느려보십시오.

금과 은으로 뒤덮인 침대와 방과 저택을 소유해 보십시오. 그것으로도 만족이 안 된다면, 온 세상을 가져보십시오. 땅 위에 있는 모든 사람을 종으로 거느려 보십시오. 땅과 바다의 주인이 되어 보십시오. 만백성이 그대에게 복종하고, 모든 도성이 그대에게 굴복하며, 모든 강과 계곡이 그대를 위해 흐르게 해보십시오. 이 모든 것을 다 가졌다 해도, 만약 그대가 하늘을 잃은 대가로 이 모든 것을 쌓아올렸다면, 그대는 분명 그 누구보다도 가난하고 비참한 사람일 것이라고 나는 감히 말하겠습니다. 다 지나가고야 말 부를 두고도, 원하는 만큼 그것을 얻지 못할 때, 그토록 큰 괴로움을 겪는다면, 영원한 복을 잃어버리게 될 때, 그 고통이 얼마나 더 크겠습니까?

그러므로 세상에서 위대하다는 자들이 이 모든 것들을 차고 넘치도록 소유했으니 행복하다고 말하지 마십시오. 오히려 하늘을 조그마한 땅덩어리와 한 줌도 안 되는 재물로 바꿔버린 그들이야말로 가장 불쌍한 사람들이라고 말하십시오. 그들은 자신의 왕국을 한 평의 쓰레기장과 바꿔버리고도, 마치 이 두엄 더미가 자신의 왕관보다 더 값진 것이라도 되는 듯, 이 어이없는 교환을 영광스럽게 생각하는 왕과 같습니다. 분명 금은보화 더미와 퇴비장의 한 줌 두엄은 별 차이가 없습니다. 차라리 후자가 전자보다 어떤 면에서는 더 가치 있습니다. 퇴비는 유용하기 때문입니다. 퇴비는 땅에 뿌려져 그것을 기름지게 만듭니다. 하지만 땅 속에 숨겨놓은 금은 어디에 쓰겠습니까? 그것은 아무짝에도 쓸모가 없습니다. 그것이 쓸모없을 뿐이라면 좋겠습니다. 왜냐하면 그것은 쓸모 있는 곳에 사용되기는커녕, 그것을 소유한 사람들을 멸망하게 하고 불의 심판으로 내몰기 때문입니다.

바로 그것으로부터 무한정의 악이 발생합니다. 그래서 이방인들은 "탐욕은 모든 악덕의 요새이고 성채이다."라고 말했습니다. 복된 바울로는 더욱 강력한 표현을 사용하여, "돈을 사랑하는 것이 모든 악의 뿌리입니다."(I 디모테오 6:10)라고 말했습니다.

형제들이여, 이것을 늘 염두에 둡시다. 앞으로는 이렇게 화려한 저택, 이렇게 넓은 영지를 가지려 하지 맙시다. 우리 마음속에 자리 잡을 가치조차 없는 그런 욕망을 물리칩시다. 그와는 반대로 하느님 곁에서 신뢰받고 자유를 누리는 하느님의 거룩한 사람들, 하늘의 복락만을 소유한 사람들, 예수 그리스도에 대한 사랑으로 스스로 가난해져서, 그들을 참으로 부유하게 만드는 보화를 그들의 가난 속에서 발견하는 그런 거룩한 사람들에 대한 거룩한 부러움을 지닙니다. 이렇게 이 땅에서 그들을 본받으려 함으로써, 우리는 그들과 함께 우리 주 예수 그리스도의 자비와 은총을 통하여 영원한 복락을 소유하게 될 것입니다.

영광과 영예와 나라가 성부와 성령과 함께 그분께 이제와 항상 또 세세토록 있나이다. 아멘.

부와 가난의 두가지 기원[48]

고린토인들에게 보낸 첫째 편지 13:8 설교의 일부

가난한 이들만 부자들이 필요한 것이 아닙니다. 부자들 또한 가난한 이들이 필요합니다. 그것은 가난한 이들이 부자들을 필요로 하는 것 그 이상입니다.

5. 이 진리를 보다 분명하게 이해하려면, 두 도시를 떠올려 보십시오. 하나는 가난한 이들의 도시이고, 또 하나는 부자들의 도시입니다. 너무 철저하게 구별해 놓아서, 부자들의 도시에는 가난한 이들이 하나도 없고, 가난한 이들의 도시에는 부자들이 전혀 없다고 생각해 봅시다. 이제 이 두 도시 중에 스스로 자족할 수 있는 도시는 무엇일지 봅시다. 만약 그것이 가난한 이들의 도시라고 생각한

---

48 『Ⅰ 고린토 설교』, 설교 34 : 13장 8절, PG, 61, 292~296.

다면, 부자들은 그들을 필요로 한다는 사실이 입증될 것입니다. 부자들의 도시에는 장인도, 건축가도, 대장장이도, 밧줄 제조업자, 제빵사, 농부, 주물업자, 제화공 등 어떤 일꾼도 존재하지 않습니다. 부자들 중 그 누가 이런 직종에 종사하려 하겠습니까? 부자가 된 장인들조차 이 고된 노동을 감수하려 하지 않을 것이기 때문입니다. 그렇다면 이 도시는 어떻게 존속할 수 있겠습니까? 부자들은 돈을 주고 가난한 이들에게 이 모든 것을 살 수 있다고 말할 것입니다. 이렇게 해서 이미 가난한 이들의 노동을 필요로 한다면, 그들은 그들 자신만으로는 자족할 수 없습니다. 누가 집을 지을 것입니까? 그것도 돈 주고 살 것입니까? 하지만 그것은 있을 수 없는 일입니다. 그러므로 장인을 불러야 할 것이고, 애초에 확립된 법을 어겨야 할 것입니다. 이 도시에는 절대 가난한 사람을 불러와서는 안 된다고 했기 때문입니다. 하지만 보시다시피 그들의 의지와는 달리 이 도시에 가난한 사람들을 불러들여야 할 필요가 발생합니다. 이로부터 가난한 사람이 없는 도시는 지속될 수 없다는 것이 분명해집니다. 만약 어떤 도시가 그들을 받아들이지 않는다면, 그것은 더 이상 도시로 남을 수 없고 곧 망해버릴 것입니다. 이렇게 도시를 계속 보존해줄 가난한 사람들을 그 품에 불러오지 않는다면, 그 어떤 도시도 자기 힘만으로 존속할 수 없습니다.

반면 가난한 이들의 도시를 봅시다. 이 도시도 마찬가지로, 부자들이 없음으로 인해서 결핍 속에 쇠약해져 버릴 것입니다. 먼저 부가 무엇인지 그 정의를 확립해 봅시다. 부는 무엇입니까? 금, 은, 보석, 비단과 보석과 금박으로 만들어진 옷이라고 합시다. 이제 부가 무엇인지 알게 되었으니, 철저하게 가난한 이들로만 구성된 도시를 세우려 한다면, 그것들을 가난한 이들의 도시에서 다 몰아내 봅시다. 내가 말한 금도 옷도 주민들에게는 전혀 등장하지 않습니다. 심지어 꿈속에서도 볼 수 없습니다. 그렇다고 해서 이 도시가 결핍 속에 있습니까? 절대 그렇지 않습니다. 집을 지어야 한다면, 금도 은도 진주도 필요하지 않습니다. 필요한 것은 손의 노동입니다. 아무 손이 아니라 못이 박힌 손, 굵은 손가락, 강한 팔, 들보와 돌이 필요합니다. 옷감을 짜야 할 때도 금이나 은이 필요한 것이 아니라 손이 필요하고 여인들의 기술과 노동이 필요합니다. 땅을 경작하고 파야 한다면, 과연 부자들이 필요할까요, 가난한 이들이 필요할까요? 생각해 볼 것도 없이 가난한 사람들일 것입니다. 철이나 그 밖의 다른 금속을 만들어내려면, 특히나 사람들이 필요합니다. 이 도시를 망하게 할 때가 아니라면, 부자들이 필요한 때는 과연 언제이겠습니까? 부자들이 한 번 이 도시에 발을 들여놓아, 금과 보석에 대한 탐욕이 이 지혜로운 사람들을 지배하게 될 때, (여기서 나는 잉여의 것을 추구하지 않는 이들을 지혜로운 사람이라고 부르고자 합니다.) 그래서 그들 모두가 게으름과 향락에 젖어들게 될 때, 모든 것을 잃게 될 것이기 때문입니다. 하지만 "부가 쓸모없는 것이라면 하느님께서 우리에게 왜 그것을 주신 것입니까?"라고 그대들은 물을 것입니다. 우리에게 부를 주신 분은 하느님이라는 것을 그대들은 어디서 인용한 것입니까? 그러면 성경을 인용하며 말할 것입니다. "은도 나의 것이요, 금도 나의 것이다."(하깨 2:8) 그리고 "나는 내가 원하는 자에게 그것을 줄 것이다."라고 말입니다.

무례하게 보일지 몰라도, 나는 여기서 박장대소로 그렇게 말하는 사람들을 비웃겠습니다. 왜냐하면 그들은 왕의 식탁에 초대되어 왕의 음식은 물론 손에 잡히는 것 모두를 먹어 치우는 어린 아이들과 같습니다. 이렇게 그들은 자신의 생각을 성경의 사상과 혼합해 버립니다. "은도 나의 것이요, 금도 나의 것이다."라는 말씀은 분명 예언서에 나옵니다. 하지만 "나는 내가 원하는 자에게 그것을 줄 것이다."라는 말은 그 안에 있지 않습니다. 이 말은 이 가련한 사람들에 의해 고의적으로 도입된 것입니다. 자 그럼 예언자 하깨가 그렇게 말한 이유를 봅시다. 그가 종종 유대인들에게 바빌로니아에서 돌아온 후 예전 것만큼이나 아름다운 성전을 그들에게 보여주겠노라 약속했지만, 어떤 사람들은 그의 말을 믿지 않았고, 이미 재와 먼지로 돌아가 버린 성전이 다시 예전의 위용을 갖추고 나타나는 것은 거의 불가능에 가까운 일이라고 생각했습니다. 그래서 그는 그들의 불신앙을 흩어버리기 위해 하느님의 이름으로 이렇게 말한 것입니다. "너희들은 무엇을 두려워 하느냐? 왜 너희들은 믿지 않느냐? 은도 나의 것이요, 금도 나의 것이다. 나의 성전을 건축한다고 해서, 내가 이자를 물고 돈을 빌려야 할 필요는 없다." 그리고 이렇게 추가합니다.

> "지금 짓는 이 성전이 예전의 성전보다 더 영화로울 것이다." (하깨 2:9)

그러므로 왕의 옷에 거미줄을 혼합하지 마십시오. 만약 왕의 옷에 조잡한 옷감을 섞는 자가 발각된다면 그는 최고의 형벌을 받지 않겠습니까? 하물며 영적인 것에 관해서라면 그것은 더더욱 결코 작은 잘못일 수 없습니다. 이 덧붙임과 삭제함에 대해 뭐라고 말해야 할까요? 점 하나만 바꾸어도 가르침이 달라지고, 그래서 종종 어리석은 의미를 낳게 됩니다.

6. 그러면 부자들은 어디서 옵니까? 그대들은 이렇게 말할 것입니다. 이에 대해서 성경은 이렇게 말합니다. "길, 흉, 생, 사와 빈부, 이 모든 것은 주님께로부터 온다."(집회서 11:14)고 말입니다. 우리에게 이렇게 반론하는 이들에게 우리는 다시 묻습니다. 그렇다면 모든 부와 가난이 다 주님에게서 온단 말입니까? 누가 감히 그렇게 말할 수 있습니까? 종종 부를 가져다주는 것은 노략질, 파헤쳐진 무덤, 속임수, 그 밖의 악행들이라는 것, 그리고 그러한 부를 소유한 사람은 살 가치조차 없다는 것을 우리는 압니다. 내게 대답해 보십시오. 이러한 부도 하느님에게서 왔다고 말하겠습니까? 결코 그렇지 않습니다. 그렇다면 그것은 어디서 옵니까? 바로 죄로부터 옵니다. 자신의 인격을 명예롭지 못하게 넘겨줘 버리는 창녀들은 그를 통해 부를 얻습니다. 자신의 미모를 팔아먹는 젊은 소년들도 그 부끄러운 짓의 대가로 금을 가집니다. 무덤을 파헤치고 도둑질 하는 사람들도 불의한 부를 쌓습니다. 벽을 뚫고 들어가는 도둑도 마찬가지입니다. 그런데도 이러한 부가 주님에게서 온 것입니까? 그러면 그대들은 또 이렇게 말할 것입니다. "그렇다면 성경의 이 말씀에 대해서는 뭐라고 답변하시겠습니까?" 먼저 가난이 하느님에게서 온 것이 아니라는 것을 아십시오. 그런 다음에 다시 이 문제로 돌아옵시다. 사실, 탕자가 자신의 재산을 창녀들, 마법사들과 어울리느라 다 탕진해 버리고, 또 다른 욕망으로 인해 완전히 망해서 빈털터리가 되었을 때, 그가 그렇게 된 것은 하느님 때문이 아니라 그 자신의 방탕과 낭비 때문이라는 것은 너무도 분명하지 않습니까? 또 만약 어떤 사람이 게으름이나 어리석음으로 인해 가난하게 되었을 때, 혹은 너무도 위험하고 불의한 사업에 뛰어들었다가 그렇게 되

었을 때, 이 모든 경우 가난에 떨어지게 된 것이 하느님 때문이 아니라는 것은 너무도 명백하지 않습니까? 그렇다면 성경이 거짓을 말하고 있는 것일까요? 그렇지 않습니다. 문제는 그에 합당한 정성과 신중함을 가지고 이 말씀들을 검토하지 않은 어리석음입니다. 만약 우리가 성경은 결코 거짓을 말하지 않는다고 고백한다면, 또 모든 부가 다 하느님에게서 오는 것은 아니라는 것을 증명했다면, 어려움은 성경을 깊이 생각하지 않고 읽는 이들의 연약한 정신에서 기인합니다. 그들의 비난으로부터 성경의 진리를 지켜냈으니, 이제 그들을 돌려보내고 성경을 경솔하게 읽은 것에 대해 벌해야 하겠지만, 나는 그들을 용서하겠습니다. 그들이 계속해서 혼란 속에 머물지 않도록, 나는 먼저 이 말씀을 하신 분이 누구인지, 또 이 말씀을 어떤 시대에 누구에게 하신 것인지를 일깨워줌으로써 그들에게 해결책을 제시해주고자 합니다.

사실 하느님께서는 모두에게 다 같은 방식으로 말씀하시지 않습니다. 우리도 어린아이와 어른에게 똑같은 방식으로 말하지 않는 것처럼 말입니다. 그렇다면 이 말씀은 언제, 누가, 누구에게 하신 것일까요? 구약 시대에, 솔로몬을 통해서, 감각적인 것밖에는 몰랐고 그래서 그것을 통해서만 하느님의 권능을 평가할 줄 알았던 유대인들에게 이 말씀이 전해졌습니다. 그들은 이렇게 말하곤 했던 사람들입니다.

> "바위를 치자 물이 솟구쳤기로 물이 흘러서 강물이 되었기로 자기 백성에게 빵을 주실 수야, 고기를 마련하실 수야 있을까보냐?" (시편 78:20)

"선생님, 우리에게 기적을 보여주셨으면 합니다."
(마태오 12:38)

"우리 조상들은 광야에서 만나를 먹었습니다." (요한 6:31)

사도 바울로는 그들을 이렇게 평가했습니다.

"그들은 자기네 뱃속을 하느님으로 삼고 자기네 수치를 오히려 자랑으로 생각하며 세상 일에만 마음을 쓰는 자들입니다." (필립비 3:19)

그들은 하느님을 이렇게 알고 있었기 때문에 예언자는 그들에게 하느님께서는 또한 부자들도 가난한 자들도 만드실 수 있다고 말한 것입니다. 하느님께서 항상 그렇게 하신다는 말이 아니라, 그가 원하시는 때라면 그렇게 하실 수도 있다는 말입니다. 비록 그렇게 하신 적이 없지만 "그가 한번 호령하시면, 강은 마르고 바다는 그 바닥이 드러난다."(나훔 1:4)는 것입니다. 그렇다면 예언자가 이 말씀으로 의미한 것은 무엇일까요? 그는 하느님께서 언제나 그렇게 하시는 것이 아니라 그렇게 하실 수 있다는 것을 말하고자 한 것입니다. 그렇다면 그분께서 주시는 부와 가난은 어떤 것입니까? 믿음의 족장들을 기억해 보십시오. 그러면 하느님께서 주시는 부가 무엇인지 알게 될 것입니다. 아브라함에게 부를 주신 것은 하느님이십니다. 욥도 마찬가지입니다. 그는 "우리가 하느님에게서 좋은 것을 받았는데 나쁜 것이라고 하여 어찌 거절할 수 있단 말이오?"(욥기 2:10)라고 고백했습니다. 야곱이 누린 부의 원천 또한 하느님이십니다. 하느님으로부터 온 가난 또한 칭송받아 마땅합니다. 하느님께서는 부자들에게 이 가난을 가르치십니다.

"네가 완전한 사람이 되려거든 가서 너의 재산을 다 팔아 가난한 사람들에게 나누어주어라. 내가 시키는 대로 하고 나서 나를 따라오너라." (마태오 19:21)

또 다른 곳에서는 제자들에게 이렇게 말씀하셨습니다.

"길을 떠날 때 아무것도 지니지 마라. 지팡이나 식량 자루나 빵이나 돈은 물론, 여벌 내의도 가지고 다니지 마라." (루가 9:3)

그러므로 부를 쌓는 것은 살인과 강탈과 그 밖의 모든 악행을 통한 것일 수도 있음을 밝혔으니, 하느님께서 모든 부를 주신다는 말은 더 이상 하지 마십시오.

그러면 이제 우리의 이야기를 첫 번째 문제로 가져가 봅시다. 부가 아무 쓸모가 없는 것이라면 왜 창조된 것입니까? 이 질문에 우리는 어떻게 대답해야 하겠습니까? 이렇게 축적한 부는 쓸모없는 것이지만, 하느님에게서 온 부는 매우 유익하다고 말합시다. 부자들의 행위를 살펴보면 그대들은 이것을 잘 이해할 수 있게 될 것입니다. 아브라함은 타인을 위해서 그것이 필요한 모든 이들을 위해서 부를 소유했기 때문입니다. 그의 집에 세 사람이 도착했을 때, 그는 그들이 사람이라고 믿고, 송아지를 잡고 밀가루 세 주발을 반죽하였습니다. 정오가 되면 언제나 문지방에 기대고 앉아 있었습니다. 모든 사람을 위해 자신의 재산을 사용할 준비가 되어 있는 그의 친절과 후함을 보십시오. 아주 늙은 나이임에도 불구하고 손수 대접하고 자기 재산을 베푸는 그를 보십시오. 그는 외국인들의 항구였고, 뭔가 필요한 것이 있는 이들의 피난처였습니다. 아무 것도 자기 자신의 고유한 소유로 여기지 않았습니다.

심지어 자기 아들조차도 자기 것으로 여기지 않았습니다. 그래서 하느님께서 명하시자 그 아들을 제물로 바쳤습니다. 그는 그 아들과 함께 자기 자신을 바쳤던 것입니다. 또 조카를 구해야 했을 때는 그의 집안 모두가 신속하게 나섰습니다. 그는 대가를 바라고 그랬던 것이 아니라 인간애로, 인성에 따라 그렇게 했던 것입니다. 그가 구해준 사람들이 그에게 약탈한 재산을 나눠주자, 그는 옷 한 벌, 신발 끈 하나까지 모든 것을 거부했습니다.

7. 복된 의인 욥 또한 마찬가지입니다. 그는 이렇게 말했습니다.

"나는 길손을 노숙시킨 일이 없고 길 가는 사람 앞에서 문을 닫아건 일이 없었네." (욥기 31:32)

"나는 소경에게는 눈이었고 절뚝발이에게는 다리였었지. 거지들은 나를 아버지로 여겼으며 낯선 사람들도 나에게 와서 억울함을 호소하였네." (욥기 29:15~16)

약자가 그에게 와서 호소할 때, 그들의 희망이 꺾이는 법 없었고, 가난한 자가 그의 집에 와서 허기진 배로 나가는 법이 없었습니다. 모든 것을 일일이 다 열거할 수 없을 만큼 그는 필요한 사람이 있으면 언제든 자신의 재산을 나눠주었습니다.

이제 하느님께서 만들어 주시지 않은 부자들이 어떤지, 그들이 재산을 어떻게 사용하는지 보시겠습니까? 라자로에게 식탁에서 떨어지는 부스러기조차 허락하지 않았던 부자를 보십시오. 가난한 농부의 포도밭을 빼앗은 아합을 보십시오. 그와 똑같은 악행을 저지른 게하지를 비롯한 악인들을 보십시오. 정당하게 부를 소유한 사람, 즉 하느님으로부터 부를 받은 사람들은 그것을 그 계명에 합당하게 사용합니다. 하지만 부를 수확하면서 하느님께 죄를 지은 사람들은 그것을 사용하면서도 하느님께 죄를 짓습니다. 그 부를 창녀들과 불량배들과 놀아나느라 탕진하고, 또 그것을 파묻고 파내기를 반복하며, 가난한 사람들에게는 한 푼도 적선하지 않습니다.

그러면 그대들은, 어찌하여 하느님께서는 그런 사람들이 부자가 되는 것을 허용하십니까? 하고 물을 것입니다. 왜냐하면 그분은 참 을성이 많으시고, 또 그대들을 회개로 이끄시길 원하시며, 지옥을 준비해 놓으셨고, 온 세상을 심판할 날을 정해 놓으셨기 때문입니다. 만약 하느님께서 부자들을 즉각 처단하신다면, 자캐오는 회개할 시간을 가질 수 없었을 것이고, 그가 빼앗은 사람들에게 네 배로 돌려주고도 그의 재산의 절반을 얹어줄 수도 없었을 것입니다. 또한 적절한 때가 오기도 전에 그가 제거되었다면 마태오도 회개하여 사도가 될 시간을 갖지 못했을 것입니다. 그 밖에도 많은 예가 있습니다. 그래서 하느님께서는 기다리시면서 그들 모두를 참회로 부르시는 것입니다. 그런데도 만약 그들이 이것을 거부하고 죄 속에 있기를 고집한다면, 그들은 분명 사도 바울로의 이 말씀을 듣게 될 것입니다.

> "그러고도 마음이 완고해서 회개할 생각도 하지 않으니 이런 자는 하느님의 공정한 심판이 내릴 진노의 날에 자기가 받을 벌을 쌓아올리고 있는 것입니다." (로마 2:5)

이 진노를 피합시다. 하늘의 부로 부자가 됩시다. 찬양받아 마땅한 가난을 추구합시다. 이렇게 하면 우리는 하늘의 복락에 이르게 될 것입니다. 우리 모두 우리 주 예수 그리스도의 친절과 후하게 주심을 통해서 천상의 보화를 얻을 수 있도록 합시다.

영광과 권세와 영예가 이제와 항상 또 세세토록 성부와 성령과 그분의 것이나이다. 아멘.

히포의
성 아우구스티누스

히포의 성 아우구스티누스

아우구스티누스는 그리 넉넉지 못한 가정에서 태어났습니다. 그래서 그는 부친 친구의 후원으로 공부를 할 수 있었습니다. 그는 세속에서, 결코 무시할 수 없는 많은 경력을 가지고 있었습니다. 키케로는 그에게 지혜의 가치를 가르쳐주었고, 썩어 없어질 재물을 경멸했던 플로티누스는 그가 어린 시절의 신앙을 되찾을 수 있도록 이끌어주었습니다.

고독과 광야의 가난 속에서 하느님을 찾기 위해, 모든 것을 버리고 포기했던 부자 젊은이, 성 대 안토니오스의 모범은 아우구스티누스의 회심에 강력한 영향을 끼쳤습니다. 세례를 받은 후, 그는 소유하고 있던 작은 토지를 팔아버리고 가정 집에서 몇몇 친구와 함께 가난하지만 공동체적인 삶을 살았습니다. 그는 히포의 대주교가 된 뒤에도 이런 삶의 방식을 이어갔습니다.

시민들에게 행한 히포의 설교에서 발견할 수 있는 성 아우구스티누스의 가르침은 스승인 밀라노의 성 암브로시오스와 까빠도키아의 교부들의 사유 세계와 통합니다. 그들 모두는 문자 그대로 실천된 복음으로부터 모든 가르침을 끌어냈습니다. 아마도 사치와 방탕과 고리대금업을 규탄하는 그의 어조는 콘스탄티노플의 성 요한 크리소스토모스만큼 격렬하지는 않습니다.

그의 설교는 이 세상 재물에 대한 선한 사용, 예수 그리스도에 의한 구속, 영원한 생명을 향해 나아가는 죄인으로서의 사람의 조건 등에 관한 폭넓은 가르침 안에 자리 잡습니다. 하느님께서는 의로운 사람에게나 죄인에게나, 선한 사람에게나 악한 사람에게나 재물을 주십니다. 중요한 것은 그것을 선하게 사용하는 것입니다. 그는 우리로 하여금 가치의 위계를 발견하게 해주고, 언제나 홀로 참된 복이신 하느님 그분만을 더 좋아함으로써, 썩어 없어질 재물을 그 본래의 자리에 놓게 해줍니다.

성 아우구스티누스는 악한 부자들과 함께 악한 빈자들 또한 고발합니다. 죄인은 자선을 통해 자신을 구원합니다. 자선을 베풀 때 사람들은 계산하고 주저합니다. 하지만 극장에서는 그것을 헤프게 낭비합니다. 히포의 주교는 그 자신이 설교한 대로, 비록 가난했지만 그 희망과 평화에 있어서는 누구보다도 부유한 사람으로 죽음을 맞이했습니다.

부자와 빈자[49]
설교 14

"당신은 가엾은 자들의 의지이시며 고아들의 도움이시옵니다." (시편 10:14)

▍누가 진짜 가난한 사람입니까

1. 우리는 방금 주님께 "당신은 가엾은 자들의 의지이시며 고아들의 도움이시옵니다."라고 노래했습니다. 가난한 자를 찾아봅시다. 고아를 찾아봅시다. 우리가 흔하게 수없이 볼 수 있고 그래서 그 존재를 손쉽게 확인할 수 있는 이들을 찾아보라고 권한다 해서 놀라지 마십시오. 어디든 가난한 사람와 고아로 가득 차 있지 않

---

49 Sermo XIV : De versu 14 Psalmi IX, Tibi derelictus est pauper, pupillo tu eris adjutor. PL, 38, 111~116.

습니까? 하고 말입니다. 그럼에도 불구하고 나는 가난한 사람 하나, 고아 하나를 찾아 헤맵니다.

먼저 그대들의 선한 관심으로, 우리가 보고 있는 것이 우리가 믿고 있는 것은 아님을 보여줍시다. 실제로, 우리가 "가난한 사람들"이라고 부르는 이들, 정말 가난한 이들, 그들을 위해 자선을 베풀어 주라고 하느님께서 명령했던 이들, "가난한 사람의 마음에 온정을 베풀면, 그 온정이 그대를 위해 주님께 기도할 것이다."라는 말씀이 위하고자 했던 사람들, 이 가난한 사람들은 계속 불어나고 있습니다. 하지만 우리는 '가난한' 이라는 이 단어를 더욱 고상한 의미로 들어야 합니다. 여기서 가난한 사람이란 "마음이 가난한 사람은 행복하다. 하늘나라가 그들의 것이다."(마태오 5:3)라고 선언할 때의 그 가난한 사람입니다. 그는 아무 소득도 없는 사람들에 속합니다. 그들은 매일 겨우 양식을 얻고, 다른 사람의 도움과 동정 없이는 살 수 없어 구걸하는 것조차 부끄러워하지 않습니다. 만약 "가난한 자는 당신께 의지합니다."라는 말씀이 이런 이들을 위한 것이라면 그렇지 않은 우리는 어떻게 해야 합니까? 우리 모든 그리스도인들은 하느님께 의지하지 않습니까? 만약 우리가 우리를 버리지 않으시는 분께 의지하지 않는다면 어디에 다른 희망을 가질 수 있단 말입니까?

▍부자들은 교만을 조심해야 합니다

2. 그러므로 가난한 사람으로 존재하는 법을, 하느님께 의지하는 법을 배우십시오. 오, 가난 속에 살아가는 내 형제들이여! 부유한 사람은 교만하기 십상입니다. 이 부 안에서, 우리가 저속하게 부

라 부르는 것 안에서, 이 가난에 반대되는 저속한 부 안에서, 교만이라는 악덕보다 더 두려워해야 하는 것은 아무 것도 없습니다. 부를 소유하지 않는 것, 그것은 대단한 수단을 소유하지 않는 것, 교만해지게 할 무언가를 가지지 않는 것, 결과적으로 교만하지 않다 하여 딱히 칭송받을 일이 없는 것입니다. 반면 교만에 빠지게 하는 어떤 것을 가지고 있어도 자신을 높이지 않는 사람은 사람들의 칭송을 받게 될 것입니다. 겸손하고, 자신을 높일만한 것을 가지고 있지 않은 가난한 사람을 무엇하러 찬양하겠습니까? 누가 오만한 가난뱅이를 좋아하겠습니까?

겸손한 부자를 찬양하십시오. 가난한 부자를 찬양하십시오. 디모테오에게 "이 세상에서 부자로 사는 사람들에게 명령하시오. 교만해지지 말며 믿을 수 없는 부귀에 희망을 두지 말고 오히려 하느님께 희망을 두라고 이르시오."(I 디모테오 6:17)라고 편지 썼던 사도 바울로가 보고 싶어 했던 사람이 바로 그들입니다. 내가 하고 싶었던 말도 바로 이것입니다. 그들에게 이 명령을 내리는 것 말입니다. 그들은 슬며시 교만을 불어넣어 주는 부를 가지고 있기 때문입니다. 그들이 겸손해지려면 분명 이 부에 맞서서 싸우지 않으면 안 됩니다. 자캐오를 본받아야 합니다. 자캐오는 거대한 부를 소유했었습니다. 그는 세리 중에서도 우두머리였습니다. 하지만 그는 자신의 죄를 자백했고 그 작은 키만큼이나 그 영혼 또한 소박했습니다. 그는 자신의 구원을 위해, 곧 십자가 나무에 매달리게 되실 분이 지나가는 것을 보기 위해 나무 위에 올라갑니다. 그러므로 부자들은 자캐오처럼 말하십시오. "주님, 저는 제 재산의 반을 가난한 사람들에게 나누어주렵니다."하고 말입니다. 그러나 오 자캐오여, 그대는 아직도 부유합니다. 그대는 여전히 부유합니다. 절반이나 주길 원하면서, 왜 나머지는 남겨놓은 것입니까? "제가 남을 속여먹은 것이 있다면 그 네 갑절은 갚아주기 위해서입니다."(루가 19:8)

▮ 가난한 사람들은 라자로의 삶을 보고 허영심을 가질 생각을 하지 마십시오

3. 하지만 나는 누더기를 걸치고 배고픔에 쓰러져 지친 걸인이 외치는 소리를 듣습니다. "하늘나라는 내 것입니다. 왜냐하면 나는 부자의 저택 앞에서 수많은 욕창에 뒤덮여 쓰러져 있고, 개들이 그 상처를 핥으며, 이 부자의 식탁에서 떨어지는 음식 부스러기로라도 허기를 달래게 해달라고 요구했던 라자로와 같기 때문입니다. 나는 그와 같습니다." 가난한 사람은 말합니다. "그러므로 하늘나라는 우리들의 것이지, 자색 비단 옷을 입고 매일 흥청대는 저 사람들의 것이 아닙니다." 가난한 사람이 욕창에 뒤덮여 그 문 앞에 누워있을 때, 부자의 모습이 그러했습니다. 보십시오. 그 둘의 결말이 어떠한지 말입니다. "얼마 뒤에 그 거지는 죽어서 천사들의 인도를 받아 아브라함의 품에 안기게 되었고 부자는 죽어서 땅에 묻히게 되었다."(루가 16:22) 가난한 사람은 아마 땅에 묻히지도 못했을 것입니다. 그런데 그 다음 어떻게 되었습니까? 지옥 불구덩이에 던져진 부자는 눈을 들어 생전에 그토록 혐오하고 경멸했던 이 가난한 사람이 아브라함의 품에서 평온을 누리는 것을 보게 됩니다. 빵 부스러기조차도 주기가 아까웠던 그였습니다. 그런 그에게 부자는 물 한 방울만이라도 달라고 간청합니다. 하지만 그는 재물을 사랑했었기

에, 자비를 얻지 못합니다. 그는 누구라도 그의 형제들을 구원해 주
길 바랐습니다. 그러나, 인정머리 없었고 너무 늦게야 자비심을 갖
게 된 이 사람은 결코 원하는 것을 얻지 못합니다.(루가 16:19~31)

▎**만약 가난한 자나 부자 모두가 겸손하다면,**
   그늘은 아브라함의 품이라고 하는 똑같은 복을 얻습니다

4. 가난한 사람이 되길 추구하면서, 가난한 사람과 부자를 구별
합시다. 또 다른 생각을 펼치려는 이유가 무엇일까요? 부자와 가난
한 사람을 구별하는 것은 쉽습니다. 그것은 겉으로 다 드러나기 때
문입니다.

가난한 사람이여, 내 말을 들어보십시오. 나는 그대가 질문한 것
에 대해 말하려 합니다. 그대 자신을 욕창을 뒤집어 쓴 거룩한 라자
로와 견주었을 때, 나는 그대가 그대의 교만으로 인해 이 거룩한 사
람과 같을 수 없게 되지는 않을까 두렵습니다. 그러므로 겸손하고
자비로운 부자를 멸시하지 말아야 합니다. 한 마디로 가난한 부자
들을 멸시하지 마십시오. 가난한 이여, 진정 가난해지십시오! 다시
말해 겸손해지십시오. 부자가 겸손해진다면, 가난한 사람은 더욱
겸손해져야 하지 않겠습니까? 가난한 사람은 스스로 교만을 떨 그
무엇도 가지지 않은 사람입니다. 부자에게는 싸워야 할 것이 많습
니다. 그러므로 내 말을 들어보십시오. 진정 가난해지십시오. 신실
해지십시오. 겸손해지십시오. 부잣집 대문 앞에 누워있던 거지처럼
누더기를 걸치고 온갖 욕창을 뒤집어 썼다고 해서, 이 가난으로 인
해 자신에게 영광을 돌린다면, 그대는 그가 가난했던 것만 생각하
지 다른 것은 생각하지 못하는 것입니다.

그대는 반박할 것입니다. "뭐라구요? 나는 지금 매우 진지합니다."

그렇다면, 성경을 읽어보십시오. 내가 무슨 말을 하는 것인지 이해하게 될 것입니다. 라자로는 가난했습니다. 하지만 그는 부자였던 사람의 품으로 인도되었습니다. 성경은 이렇게 기록하고 있습니다. "얼마 뒤에 그 거지는 죽어서 천사들의 인도를 받아" 어디로 갔습니까? 아브라함의 품에 안겼습니다. 다시 말해 아브라함이 있던 신비로운 곳으로 인도되었습니다. 모든 육적인 생각을 걷어내십시오. 마치 거지가 진짜 아브라함의 품에라도 안긴 것처럼 생각하지는 마십시오. 여기서 "품"이라고 한 것은 신비로운 곳을 표현하는 것입니다.

> "주여, 이웃 민족들이 당신께 끼친 모독, 그 모독을 일곱 갑절로 갚아 그들의 품에 안겨주소서." (시편 79:12)

"그들의 품에"라는 말이 무슨 말입니까? 그것은 "그들의 내적인 존재"를 의미합니다. 그렇다면 "그들의 품에 안겨 주십시오."라는 말은 무슨 의미겠습니까? "그들의 양심을 고통스럽게 하소서."라는 말 아니겠습니까? 그러므로 읽어 보십시오. 아니 읽지 못한다면 다른 사람이 읽는 것을 주의 깊게 들어 보십시오. 그리고 아브라함이 이 땅에서 매우 큰 부자였다는 것을 생각하십시오. 그에게는 금도 은도 종도 가축도 땅도 많았습니다. 이렇게 큰 부자였지만 그는 가난했습니다. 왜냐하면 겸손했기 때문입니다.

> "그가 주님을 믿으니, 주님께서 이를 보고 그를 의롭게 여기셨다." (창세기 15:6)

그는 자기 것이라 할 수 있는 그 어떤 공로가 아니라 하느님의 은총으로 의롭게 되었습니다. 그는 충성스러웠고, 선한 일을 했습니다. 그는 자기 아들을 제물로 바치라는 명령을 받았을 때도, 그 아들을 주신 분께 귀한 아들을 봉헌 제물로 드리는 것을 조금도 주저하지 않았습니다. 그는 하느님께 시험을 받았고 믿음의 모범으로 제시되었습니다. 의심할 것 없이 하느님은 그를 알아보셨습니다. 하지만 우리도 그를 알아보아야 합니다. 그는 자신의 선행에 대해 어깨를 으쓱대지 않았습니다. 왜냐하면 그는 부자였지만 또한 가난했기 때문입니다. 모든 것을 하느님께 받았다는 것을 알았기에, 자신의 선행에 으쓱대지 않았고 자신에게 영광 돌리지 않았습니다. 사도 바울로가 하신 말씀대로입니다.

> "만일 아브라함이 자기 공로로 하느님과 올바른 관계를 얻었다면 과연 자랑할 만도 합니다. 그러나 그는 하느님 앞에서 자랑할 것이 없었습니다." (로마 4:2)

┃ 가난한 자들의 무리 속에서도,
진짜 가난한 사람을 찾는 것은 아주 어렵습니다

5. 그대들은 보고 있습니다. 가난한 사람이 아무리 많아도, 우리는 가난한 사람을 찾아 나설 필요가 있습니다. 우리는 수많은 가난한 사람들 속에서 그를 찾아보지만 그를 찾기란 여간 힘든 것이 아닙니다. 나는 가난한 사람들을 만납니다. 하지만 아직도 가난한 사람을 찾고 있습니다. 그대 또한 마음이 가난한 사람을 추구하면서 동시에 만나는 모든 가난한 사람들에게 손을 펴십시오. 가난한 그

대는 "나는 라자로처럼 가난합니다."라고 말하지만, 겸손한 이 부자는 "나는 아브라함처럼 부유합니다."라고 말하지 않습니다. 이렇게 해서 그대는 스스로를 높이고, 이 부자는 자신을 낮춥니다. 어찌하여 그대는 이렇게 스스로 교만해지고, 또 그를 본받지 않습니까? 가난한 사람이 말합니다. 자신은 아브라함의 품에 안겼다고 말입니다. 가난한 사람을 맞이한 자가 부자라는 것을 그대는 보지 못합니까? 부자가 가난한 사람을 영접한 것을 보지 못합니까? 만약 부자들에 맞서 교만하게 자신을 높인다면, 만약 그대에게는 없는 겸손을 그들에게서 발견함에도 불구하고 그들이 하늘나라에 들어갈 것임을 부정한다면, 그대는 죽은 후에 아브라함이 "내게서 물러가라, 너는 나를 경멸했느니라."라고 그대에게 말할까 두렵지도 않습니까?

▎모든 부는 위험의 원인이고 결국 썩어 없어지고 맙니다

6. 우리의 부자들에게 사도의 견해를 전합시다. 그분은 우리에게 이렇게 경고합니다. "교만해지지 말며 믿을 수 없는 부귀에 희망을 두지 말고 오히려 하느님께 희망을 두라."(I 디모테오 6:17)고 말입니다. 부에는 거기서 발견할 수 있는 기쁨보다 훨씬 더 많은 위험들이 존재합니다. 사도 바울로는 가난했습니다. 그는 땅바닥에서 평온하게 잠잤고, 금은으로 장식된 화려한 침대보다 푹신하지 않은 이 잠자리를 더 편안하게 여겼습니다. 부자들의 근심을 생각해 보십시오. 그것들을 가난한 이들이 누리는 안전과 평화와 비교해 보십시오. 그러니 부자는 교만하여 스스로 높아지지 않는 법, 불확실

한 재물을 신뢰하지 않는 법, 이 세상의 것을 사용하지 않는 듯 사용하는 법, 모두가 길을 가는 여행자이고 소유한 부는 다만 여행 경비에 불과하다는 것을 아는 법을 배우도록 하십시오. 그리고 또 다른 여행자가 와서 그것을 사용하게 될 것이며, 그도 그것을 가져가지는 못할 것임을 알아차리십시오.

모든 사람은 이승에서 얻은 것을 전부 다 이승에 남겨놓고 떠날 것입니다.

"벌거벗고 세상에 태어난 몸, 알몸으로 돌아가리라."
(욥기 1:21)

주님께서 주시고, 주님께서 거두어 가십니다. 욥은 혼자서는 아무 것도 할 수 없었습니다. "가난한 사람은 모든 것을 하느님께 맡기기 때문입니다."

"주님께서 주셨던 것, 주님께서 도로 가져가시니 다만 주님의 이름을 찬양할지라." (욥기 1:21)

▍탐욕으로 가득 찬 가난한 사람은 부자보다 더 나쁩니다

7. 그러나 또 다른 가난한 사람은 이렇게 말합니다. "우리는 이 세상에 아무 것도 가지고 오지 않았고, 또한 아무 것도 이 세상에서 가져가지 않습니다. 만약 우리가 양식과 의복을 가지고 있다면 그것으로 만족합니다. 부자가 되길 원하는 사람은 유혹에 빠질 것이기 때문입니다. 사람을 멸망과 타락으로 몰고 갈 어리석고 해로운 수많은 욕망 속에 빠질 것이기 때문입니다." 왜냐하면 모든 악의 뿌

리는 탐욕이기 때문입니다. 이런 탐욕에 자신을 내어준 어떤 사람들은 신앙을 벗어나, 수많은 근심의 수렁에 빠져들었습니다.(1 디모테오 6:7~10) 길을 잃고 신앙을 벗어나 극심한 고통을 겪는 사람은 누구입니까? 그들은 바로 부자가 되려는 사람입니다.

이제 누더기를 걸친 이 궁핍한 사람이 뭐라고 대답하는지 봅시다. 그는 부자가 되길 원치 않을까요? 한번 시험해 봅시다. 그에게 물어봅시다. "그대는 부자가 되길 원치 않습니까?" 그는 거짓 없이 말합니다. 그 입술이 말하는 것을 나는 듣습니다. 하지만 나는 그의 양심에 다시 묻습니다. "그대는 진정 부자가 되길 원치 않습니까?" 만약 그가 그것을 원한다면, 그 또한 "유혹에 빠지고 올가미에 걸리고 어리석고도 해로운 온갖 욕심에 사로잡힐" 것입니다. 나는 "욕심"이라고 말했지, "부"라고 말하지는 않았습니다. 왜 그랬겠습니까? 그는 부자가 되길 열망하고 있기 때문입니다. 그래서 어떻게 됩니까? "유혹에 빠지고 올가미에 걸리고 어리석고도 해로운 온갖 욕심에 사로잡혀서 파멸의 구렁텅이에 떨어지게 됩니다." 그대가 어디에 빠져 있는지 보셨습니까? 이토록 위험한 욕망들이 그대 안에 있음을 내가 보여줄 때, 그대는 왜 항상 그대의 재물이 무가치하다고 말하는 것입니까?

이제 이 두 사람을 비교해보십시오. 하나는 부유하고, 다른 사람은 가난합니다. 하지만 부자는 이미 부자이기에 부자가 되길 열망하지 않습니다. 그는 그 부모 때문에, 혹은 그가 받은 재능과 유산을 통해 부자가 되었습니다. 그가 또한 불의를 통해서 부자가 되었다고 가정해 봅시다. 그는 더 이상 얻기를 원치 않습니다. 그는 한계를 그어 놓았고, 자신의 탐욕에 한도를 정해 놓았으며, 온 마음을 다해 신앙을 위해 싸웁니다.

| 다시 한 번, 가난한 자는 자신을 부자와 비교합니다

8. 하지만 그대는 그가 부자라고 말합니다. 나는 대답합니다. "그렇습니다. 그는 부자입니다." 그대는 더 나아가 그를 비난합니다. "그는 불의하게 부자가 되었습니다." 그러면 나는 그대에게 반박합니다. "만약 그가 불의한 재물을 가지고 친구를 사귄다면요!" 주님께서는 그가 말할 것을 알고 계셨습니다. 확실히 그분은 "세속의 재물로라도 친구를 사귀어라. 그러면 재물이 없어질 때에 너희는 영접을 받으며 영원한 집으로 들어갈 것이다."(루가 16:9)라는 이 계명을 주실 때 결코 실수하신 것이 아닙니다. 만약 부자가 이렇게 한다면? 그는 탐욕에 제동을 걸게 될 것이고, 신앙심을 단련하게 될 것입니다.

하지만 그대는, 그대는 아무 것도 가지지 않았지만, 부자가 되길 원합니다. 이렇게 그대는 유혹에 빠질 것입니다. 하지만 아마도 그대를 최악의 궁핍, 가장 깊은 비참 속에 빠뜨리게 될 것은, 그대가 살아가는 데 도움을 줄 보잘 것 없는 유산이 어떤 경쟁자의 모함으로 인해 빼앗기게 되었다는 것입니다. 나는 그대의 한숨 소리, 그대가 시대를 탓하는 소리를 듣습니다. 만약 할 수만 있다면, 그대가 그토록 비난했던 일이라도 할 태세입니다. 우리는 그런 예들을 많이 보지 않습니까? 그런 일들이 매일 수없이 일어나지 않습니까? 어제 재물을 잃고 한숨짓던 사람이 오늘 남의 재물을 빼앗아 더 큰 재물을 가지게 됩니다.

▌진짜 가난한 사람은, 가난하지만
동시에 부유하신 그리스도이십니다

마침내 우리는 진짜 가난한 사람, 신앙심 깊고 겸손하며 자신에게 어떤 신뢰도 두지 않는 가난한 사람, 참으로 가난한 사람, 부유하지만 우리를 위해 스스로 가난해진 사람을 발견했습니다. 부유하지만 우리를 위해 스스로 가난해진 이 부자를 보십시오. "모든 것은 그분을 통해 생겨났고 생겨난 것 중에 그분 없이 생긴 것은 하나도 없습니다."(요한 1:3) 금을 창조하는 것은 그것을 소유하는 것보다 더욱 위대합니다. 그대는 금과 은, 가축과 하인, 영지와 소득에 있어서 부유합니다. 하지만 그대는 이 모든 것을 창조할 수는 없었습니다. 보십시오, 이 부자를. "모든 것은 그분을 통해 생겨났고 생겨난 것 중에 그분 없이 생긴 것은 하나도 없습니다." 보십시오, 이 가난한 사람을. "그분은 사람이 되셔서 우리와 함께 계셨습니다."(요한 1:14) 어떻게 그분께서는 만들어지지 않으시고도 만드시는지, 어떻게 창조되지 않으시고도 창조하시는지, 어떻게 형성되지 않으시고도 형성하시는지, 어떻게 부동하시면서도 움직이는 모든 것을 만드시는지, 어떻게 영원하시면서도 시한적인 것들을 만드시는지를 그 누가 표현할 수 있겠습니까? 그 누가 그분의 부유함에 대해 합당한 생각을 가질 수 있겠습니까?

▌그리스도의 가난

그분의 가난에 대해 생각해 봅시다. 우리는 아마도 우리 자신의 가난을 통해서 그분의 가난을 조금은 이해할 수 있을 것입니다. 그분은 동정녀의 태에서 잉태되셨고, 어머니의 품에 안기셨습니다. 이 얼마나 놀라운 가난입니까! 그분은 아주 비좁은 곳에서 태어나셨습니다. 배내옷에 감싸여 마치 보잘 것 없는 짐승의 먹이처럼 구유에 뉘였습니다. 하늘과 땅의 주님, 천사들의 창조주, 유형무형한 만물의 조물주께서 어머니의 젖을 빨고, 우십니다. 그리고 자라나셔서, 그 위엄과 권능을 숨기시고 그 나이의 연약함을 다 견디셨습니다. 사람들은 그분을 잡아갔고, 멸시했고, 채찍질했으며, 조롱했고, 야유했고, 따귀를 때렸으며, 가시관을 씌웠고, 나무에 매달았으며, 창으로 찔렀습니다. 이 얼마나 놀라운 가난입니까! 보십시오. 내가 찾던 가난한 자들의 표상입니다. 보십시오, 이 가난한 분을. 모든 참된 가난한 사람들은 바로 그분의 지체입니다.

▎누가 고아입니까

10. 가난한 사람을 찾느라 고생했으니, 이제 속히 고아를 찾읍시다. 주 예수여, 나는 고아를 찾습니다. 그를 찾느라 나는 심히 고단합니다. 내가 그를 찾을 수 있도록 속히 내게 응답해주소서. 예수께서는 "이 세상 누구를 보고도 아버지라 부르지 마라."(마태오 23:9)라고 말씀하십니다. 이 땅에 있는 고아는 불멸하시는 아버지를 하늘에서 발견합니다. 그분은 선언하십니다. "이 세상 누구를 보고도 아버지라 부르지 마라." 보십시오. 우리가 찾은 고아를! 그는 지금 기도합니다. 그의 기도를 듣고 그를 본받읍시다. 그의 기도는 무엇입니까?

"내 부모가 나를 버리는 한이 있을지라도 주께서는 나를 거

두어주실 것입니다." (시편 27:10)

그러므로 만약 하늘나라가 그들의 것이기에 가난한 사람들이 복되다면(마태오 5:3), 가난한 사람이 그대들에게 자신을 맡긴다는 것은 참됩니다. 만약 내 아버지, 내 어머니가 나를 버렸지만 주님께서 나를 거두어 주셨다면, 그대들은 고아들의 의지가 될 것입니다.

두 종류의 부[50]
설교 36

"돈 있는 체해도 빈털터리가 있는가 하면 없는 체해도 돈 많은 사람이 있다. 돈으로는 제 목숨을 건지지만 가난하면 협박받을 일이 없다." (잠언 13:7~8)

▮ 성경 말씀의 제시

1. 여러분이 방금 들은 "돈 있는 체해도 빈털터리가 있는가 하면 없는 체해도 돈 많은 사람이 있다."라는 금언은 성경에서 인용한 경고의 말씀입니다. 성경을 통해서, 하느님께서는 우리에게 명하십니다. 여러분에게 그분의 말씀을 전하고, 여러분과 함께 그 의

---

50 Sermo XXXVI : De eo quod scriptum est in Proverbiis Salomonis. PL, 38, 215~221.

미를 탐구하라고 말입니다. 여기서 성경이 말하는 것이, 교만한 자들이 영광스럽게 생각하는 이 땅의 가시적인 부를 중요하게 여겨야 한다거나, 그것을 박탈당하는 것을 두려워해야 한다는 것이라고 상상하거나 믿지 말아야 합니다. 사람들은 말합니다. "빈털터리인데도 부자인 체하는 것이 사람에게 무슨 의미가 있는가?"라고 말입니다. 성경 말씀은 이 금언을 상기시키면서 규탄합니다. 이런 말에 감탄해서도 안 되고, 만약 여기서 부자가 시한적이고 지상적인 부를 의미하는 것이라면, 이 말이 칭송하고 있는 듯한 사람을 위대한 모범으로 본받아서도 안 됩니다. 성경은 "없는 체해도 돈 많은 사람이 있다."라고도 말합니다. 빈털터리이면서 돈 있는 체하는 사람을 비난하는 것은 일리가 있습니다. 그렇다면 없는 체해도 돈 많은 사람은 칭찬할 만한 것이지 않겠습니까? 그가 부자이기 때문이 아니라 겸손하기 때문에 우리는 그를 좋아할 수 있습니다.

교만은 부가 낳는 병입니다

2. 또한 이런 의미도 인정합시다. 성경이 겸손한 부자들에게 우리의 관심을 돌리길 원하는 것은 저속하지도 부적절하지도 무익하지도 않기 때문입니다. 사실 부 한가운데에 웅크리고 있는 교만 보다 더 두려워해야 할 것은 없습니다. 그래서 사도 바울로도 디모테오에게 이렇게 명했던 것입니다.

> "교만해지지 말라고 이 세상에서 부자로 사는 사람들에게 명령하시오." (I 디모테오 6:17)

부는 두려워해야 할 것이 아닙니다. 두려워해야 할 것은 바로 그 부가 낳는 질병, 그 엄청난 교만입니다. 부유하지만 결코 교만에 빠지지 않을 때, 영혼은 위대해집니다. 욕망이 아니라 멸시를 통해서 부를 이길 때 그 영혼은 그 자신의 부 이상으로 높여집니다. 그러므로 부자는 재물로써 자신을 평가하지 않을 때 위대합니다. 부유하다고 해서 스스로 위대하다고 믿는 것은 교만과 빈곤의 증표입니다. 피둥피둥 살은 쪘지만 그 마음은 거지라는 것입니다. 부풀어있지만 채워지지는 않았다는 것입니다. 보십시오. 두 가지의 극단을. 하나는 충만하고, 다른 하나는 부풀어 있습니다. 이 둘 모두 똑같이 커 보이지만, 모두 차 있는 것은 아닙니다. 그들을 눈으로만 보면 우리는 속게 되겠지만, 그 무게를 재어 본다면 금방 그 실체를 알게 됩니다. 가득 차 있는 것은 쉽게 움직이지 않지만, 부풀어 있기만 한 것은 눈 깜짝할 사이에 없어집니다.

▎이 세상에 속하지 않는 진짜 부자들 : 그리스도의 가난과 부요함

3. 사도는 "이 세상에서 부자로 사는 사람들에게 명령하시오."라고 말합니다. 마치 이 세상에 속하지 않는 부자들이 있는 것처럼 "이 세상에서"라고 말합니다. 그렇다면 이 세상에 속하지 않은 부자들은 누구입니까? "그분은 부요하셨지만 여러분을 위하여 가난하게 되셨습니다."(II 코린토 8:9)라고 기록된 분을 임금이요 대장으로 모시고 있는 사람들입니다. 만약 그분 혼자 그러시다면 그게 내게 무슨 소용이냐고 여러분은 말할 것입니다. 이어지는 말씀을 들어보십시오. "그분이 가난해지심으로써 여러분은 오히려 부요하게 되었습니다."(II 코린토 8:9) 그리스도의 이 가난이 우리에게 가져다주는 것은 분명 호사스러움이 아니라 의로움입니다. 하지만 그분은 어떻

게 가난해지셨습니까? 사멸할 자가 되심으로써 가난해지셨습니다. 그러므로 불멸이야말로 참된 부입니다. 거기에는 참된 넘침이 있고, 결핍이 존재하지 않기 때문입니다.

그러므로 그리스도께서 우리를 위해 사멸할 존재가 되지 않으셨다면 우리가 불멸의 존재가 되는 것은 불가능했듯이, "그분은 부요하셨지만 여러분을 위하여 가난하게 되셨습니다." 사도 바울로는 "그분은 부유하게 되신 후 가난해지셨습니다."라고 말하지 않고 "그분은 부요하셨지만 여러분을 위하여 가난하게 되셨습니다."라고 말합니다. 다시 말해 그분은 부요함을 잃지 않으시고 가난을 수용하신 것입니다. 속은 부요하지만 겉은 가난하시다는 말입니다. 신성은 그 부요 안에 숨겨져 있고, 인성은 그 가난 안에 드러납니다. 그분의 부요함을 관상해 보십시오.

> "한처음, 천지가 창조되기 전부터 말씀이 계셨다. 말씀은 하느님과 함께 계셨고 하느님과 똑같은 분이셨다. 말씀은 한처음 천지가 창조되기 전부터 하느님과 함께 계셨다." (요한 1:1~2)

만물을 창조하신 분보다 더 부요한 존재가 무엇이겠습니까? 어떤 부자도 금을 가질 수는 있어도 그것을 창조할 수는 없습니다. 그렇다면 그분의 부요함을 관상했으니, 이제 그분의 가난함을 보십시오.

> "말씀이 사람이 되셔서 우리와 함께 계셨다." (요한 1:14)

우리를 부요케 한 것은 바로 이 가난입니다. 우리 가운데 계시기 위해 육화하신 말씀의 몸에서 흘러나온 피로 인해, 우리의 범죄 때문에 생겨난 종양이 터졌고, 이 신성한 피 덕분에, 우리는 불의의 누더기를 벗어던지고 불멸의 의복을 입게 되었습니다.

❚ 모든 참된 신자들은 내적으로 부요합니다
　우리에게 겨울과 여름은 무엇입니까

4. 그러므로 모든 참된 신자들은 부요합니다. 그래서 그 누구도 낙담하지 않습니다. 비록 그가 누추한 집에 거한다 해도, 그는 그 양심 안에서 부요하고, 그 양심이 부요한 사람은 비단 옷을 걸친 부자보다 이 땅에서 훨씬 편히 잠듭니다. 그는 극심한 불안 때문에 잠 못 이루는 법이 없고, 그 마음은 죄악에 의해 갉아 먹히지 않습니다. 그대의 주 하느님의 가난이 가져다주는 이 부요함을 그대의 마음 안에 간직하십시오. 아니 오히려 그 부요함을 그분의 감시 아래 맡기십시오. 그분께서 주신 것을 그분께서 손수 지켜주시도록 맡김으로써 그대의 마음이 그것을 잃어버리는 일이 없도록 하십시오.

모든 참된 신자들은 부요합니다. 하지만 그들은 이 세상의 부자들이 아닙니다. 그들은 그 부요를 당장 알아차리지 못할 수도 있지만, 나중에는 다 보게 될 것입니다. 뿌리는 살아있습니다. 하지만 겨울 동안 푸른 가지들은 말라 죽어버린 나뭇가지처럼 보입니다. 그러면 죽은 나무나 살아있는 나무나 그 아름다운 잎사귀들을 다 잃어버리고, 풍성한 열매도 다 떨굽니다. 하지만 여름이 오면 그 차이가 드러납니다. 살아있는 나무는 잎사귀를 피워내고 열매로 뒤덮입니다. 반면 죽은 나무는 겨울처럼 여름에도 역시 메말라 있게 됩니다. 그러면 사람들은 살아있는 나무를 위해서는 창고를 짓지만, 죽은 나무는 도끼로 찍어 불 속에 던집니다. 우리에게 여름은 그리스도의 오심(임재)입니다. 그분께서 그 현존을 감추시면 그때가 바로 겨울이지만, 그분께서 나타나시면, 우리는 여름을 누립니다. 사도 바울로는 좋은 나무들, 즉 신자들에게 이 위로의 말씀을 전합니다.

"여러분은 이 세상에서는 이미 죽었습니다. 여러분의 참 생명은 그리스도와 함께 하느님 안에 있어서 보이지 않습니다." (골로사이 3:3)

그렇습니다. 우리는 죽은 자입니다. 하지만 그것은 겉보기에 그런 것이지 그 뿌리는 살아있습니다. 이제 그 여름이 어떻게 올지 보십시오.

"여러분의 생명이신 그리스도가 나타나실 때에 여러분도 그분과 함께 영광 속에 나타나게 될 것입니다." (골로사이 3:4)

보십시오. 이 세상의 부자와는 구별되는 참된 부자를.

▎그리스도께서는 이 세상의 부자들을 멸시하지 않으십니다
부의 부질없음과 위험

5. 그럼에도 이 세상 부자들이 멸시당하는 것은 아닙니다. 자신의 가난을 통해 우리를 부요케 하시기 위해, 부요하시지만 스스로 가난해지신 분에 의해서 그들 또한 구속받았습니다. 만약 그분께서 그들을 혐오하셨다면, 그분께서 그들을 성도들의 무리에 받아들이는 것을 거부하셨다면, 그 제자인 바울로도 우리가 이미 앞에서 언급한 바 있듯이 "이 세상에서 부자로 사는 사람들에게 명령하시오."(I 디모테오 6:17)라고 디모테오에게 지시하지는 않았을 것입니다.

믿음의 부자들 중에는 이 세상에서 부자로 사는 사람들이 있습니다. 그들에게 명령하십시오. 왜냐하면 그들 또한 가난하신 하느님의 지체가 되었기 때문입니다. 그들에게 명령하십시오. "교만해지지 말며 믿을 수 없는 부귀에 희망을 두지 말라"(I 디모테오 6:17)고 말입니다. 부를 누리며 사는 그들에게 가장 위험하고 두려운 것이 바로 이것이기 때문입니다.

부자가 교만해지는 것은 어디서 연유하는 것입니까? 그것은 그가 깨지기 쉬운 이 재물에 의지하고 있기 때문입니다. 그렇습니다. 만약 그가 재물의 취약함을 신중하게 살폈더라면, 그는 결코 자신을 높이지 않았을 것이고, 늘 두려움을 가졌을 것입니다. 부유해질수록 그는, 그 자신의 구원에 관해서건 이생의 삶에 관해서건 그 근심 또한 배가 될 것입니다. 가난한 사람들은 이생의 수많은 곤경 속에서도 얼마나 안정을 누리며 삽니까! 반면 부자들은 그들의 부로 인해 얼마나 쫓기듯 불안하게 삽니까! 얼마나 많은 사람들이 이미 많은 것을 가졌음에도 아직 가지지 못한 것들 때문에 후회하며 삽니까! 또 "재물을 땅에 쌓아두지 마라. 땅에서는 좀먹거나 녹이 슬어 못쓰게 되며 도둑이 뚫고 들어와 훔쳐간다. 그러므로 재물을 하늘에 쌓아두어라. 거기서는 좀먹거나 녹슬어 못쓰게 되는 일도 없고 도둑이 뚫고 들어와 훔쳐가지도 못한다."(마태오 6:19~20)라는 주님의 말씀을 따르지 않은 것 때문에 참회하는 사람은 또 얼마나 많습니까! 나는 그대들에게 그 부를 다 포기하고 내던져 버리라고 말하는 것이 아니라, 그것들을 다른 곳에 쌓아두라고 말하는 것입니다. 이 권면을 따르지 않아, 모든 것을 다 잃어버린 후에, 심지어는 그 부로 인해 자신까지도 멸망에 이르게 한 후에야, 비로소 후회하고 참회하는 사람이 얼마나 많습니까!

그러므로 "이 세상에서 부자로 사는 사람들에게 교만해지지 말며 믿을 수 없는 부귀에 희망을 두지 말라고 명령하십시오." 그러면 그들 안에서, 솔로몬의 잠언이 말한 것처럼 "부유하지만 자기를 낮추는 사람"을 보게 될 것입니다. 이것은 한시적인 부에 관해서도 마찬가지입니다. 그러므로 부자는 겸손하십시오. 부자인 것보다 그리스도인임에 더 긍지를 가지십시오. 교만해지지 마십시오. 스스로를 높이지 말고, 가난한 형제들에게 관심을 가지십시오. 가난한 이들의 형제라고 불리는 것을 싫어하지 마십시오. 그 어떤 부자도 그리스도보다 더 부유하지는 않을 것입니다. 하지만 그런 그리스도께서도 가난한 이들을 형제로 여기셨고, 그들을 위해서 자신의 피를 뿌리셨습니다.

부는 어디에 쓸모 있습니까

6. 그럼에도 불구하고, 부자들이 재물을 어떻게 사용해야 할지 모른다고 말할 핑계거리를 없애기 위해 사도 바울로는 디모테오에게 이러한 권면으로 그들을 이끌도록 초대합니다. "믿을 수 없는 부귀에 희망을 두지 마십시오."라고 권면하게 한 다음, 그들이 모든 희망을 다 잃어버렸다고 낙담하지 않도록 이렇게 덧붙입니다.

> "오히려 하느님께 희망을 두라고 이르시오. 하느님은 우리에게 모든 것을 풍성히 주셔서 즐기게 해주시는 분이십니다." (I 디모테오 6:17)

지상의 재물은 사용하기 위한 것이고, 영원한 복락은 누리기 위한 것입니다. 그러면 그들이 재물로 무엇을 해야 하겠습니까?

> "또 착한 일을 하며 선행을 풍부히 쌓고, 있는 것을 남에게
> 아낌없이 베풀고 기꺼이 나누어주라고 하시오."
> (I 디모테오 6:18)

그들의 부는 그들로 하여금 아낌없이 베풀고 기꺼이 나누이줄 수 있게 해줍니다. 가난한 사람은 그렇게 하고 싶어도 그럴 능력이 없습니다. 하지만 부자는 원하기만 한다면 할 수 있습니다.

> "남에게 아낌없이 베풀고 기꺼이 나누어주라고 하시오. 그
> 렇게 해서 자신들의 미래를 위하여 든든한 기초를 쌓아 참
> 된 생명을 얻을 수 있게 하라고 이르시오."
> (I 디모테오 6:18~19)

거짓 생명에 속아, 자색 비단옷을 입은 부자는 그 대문 앞에 누워 온갖 욕창에 뒤덮인 거지를 멸시했습니다. 하지만 개가 그 상처를 핥았던 이 불행한 사람은 아브라함의 품에 있는 영원한 보화를 준비했습니다. 비록 그는 아무런 생계 수단도 없었지만 반대로 경건하고 탁월한 의지를 가졌습니다. 자색 비단 옷을 입고 스스로 위대하다 여긴 이 부자는 죽었고, 지옥에 묻혔습니다. 그가 거기서 본 것은 무엇입니까? 영원한 목마름, 결코 꺼지지 않는 불입니다. 불은 자색 비단 옷을 대신했고, 이 뜨거운 불의 옷을 결코 벗을 수 없었습니다. 이생의 수많은 잔치에 저승의 굶주림이 이어졌습니다. 옛날 거지가 식탁에서 떨어진 빵 부스러기라도 먹게 해달라고 그에게 간청했듯이, 이제는 그가 손가락으로 물 한 방울 떨어뜨려 달라고 거지에게 간청합니다. 거지의 궁핍은 지나가는 것이었지만, 부자에

게 떨어진 형벌은 영원합니다. 그러므로 세상에서 부자로 살아가는 사람들은 사려 깊게 살고, 절대 교만해지지 마십시오. 아낌없이 베풀고 기꺼이 나눠주어, 미래를 위해 선한 행실로 보화를 쌓으십시오. 그때 그곳에서는 이 세상의 부자가 아니라 참된 부자들이 "참된 생명을 얻을 것"입니다.

내적인 복으로 부요한 사람은 어떤 사람입니까

7. 그러므로 사람들은 성경이 "돈 있는 체해도 빈털터리가 있다."고 말할 때, 그것이 누더기를 걸친 교만한 자들에 대해 말하고 있는 것이라고 믿을 수 있습니다. 교만한 부자도 참기가 어려운 법인데, 과연 그 누가 교만으로 가득 찬 가난한 자를 참아내겠습니까? 그러므로 부자이면서 겸손한 사람이 훨씬 더 낫습니다.

어쨌든 성경은 한 가지 유형의 부에 대해 말하고 있음을 보여줍니다. 하지만 곧이어 성경은 덧붙입니다. "돈으로는 제 영혼을 건지지만 가난하면 협박받을 일이 없다." 우리는 여기서 비록 어떤 종류의 가난인지는 알지 못하지만 한 종류의 가난한 사람과, 비록 그것이 어떤 것인지는 모르겠지만 또 다른 종류의 부로 정의된 한 종류의 부자를 보아야 합니다. 이 문제를 더욱 깊이 파고들어 가기 위해, 나는 관대한 마음을 가졌고, 용기에 차 있으며 그 신심으로 인해 칭찬할 만하고, 후하게 자선을 베푸는 사람들은 이 내적인 복들로 인해 그들 자신의 고유한 가치에 따라 부자라고 말하겠습니다. 하지만 "돈 있는 체해도 빈털터리가 있습니다."의 그들은 불의에 속한 자들이면서도 스스로 의롭다고 여깁니다. 우리가 여기서 듣고 있는 것은 바로 이런 종류의 부입니다. 성경은 그것에 대해 "부자는 돈으로는 제 영혼을 건진다."고 설명합니다. 내가 어떤 부유함에 대해 말하고 있는지 이해하길 바랍니다. 나는 말합니다. "돈 있는 체해도 빈털터리가 있는가 하면 없는 체해도 돈 많은 사람이 있다."에서 그대는 지상의 눈에 보이는 부귀를 생각합니다. 하지만 내가 말하고자 하는 것은 그것이 아닙니다. 내가 말하고자 하는 것은 "부자는 돈으로 제 영혼을 건진다."는 것입니다. 의로운 체하지만 죄인이기에 결국 자기 영혼을 건지지 못하는 사람이 바로 위선자처럼, "돈 있는 체해도 빈털터리"인 사람들입니다. 그들은 의인인 척하지만 그 양심의 은밀한 곳에는 정의의 금을 지니고 있지 않습니다. 또한 참으로 부유한 사람이 있습니다. 그들은 부유할수록 더욱 겸손한 사람들입니다. "마음이 가난한 사람은 행복하다. 하늘나라가 그들의 것이다."(마태오 5:3)라는 말씀은 바로 그런 사람들을 두고 하신 말씀입니다.

▎내적인 부요함 : 금보다 더 선호해야 할 신실함

8. 사람의 눈, 육체의 눈에나 비위를 맞추는 이런 부를 왜 추구하십니까? 금이 빛난다고는 하지만, 믿음은 더욱 찬란합니다. 그대의 마음속에 가져야 할 것을 더 우선하여 선택하십시오. 내적으로 부요하십시오. 사람은 그것을 보지 못하지만 하느님께서는 그곳에서 그대의 보화를 발견하십니다. 사람의 눈이 미칠 수 없는 것이라 하여 이 내적인 부를 경홀히 여겨서는 안 됩니다. 불경한 자들의 눈에조차 믿음은 금보다 더 빛날 것이라는 것을 확인하고 싶으십니까? 탐욕스런 주인이라도 충성스런 노예를 칭송하지 않겠습니까? 그보다 더 귀한 것은 없다고, 그것은 값을 매길 수 없는 것이라

고 힘주어 말할 것입니다. "나는 값을 매길 수 없는 귀한 종을 두었다."고 그는 말할 것입니다. 그대는 왜 그런지 알고 싶어 할 것입니다. 그가 춤을 잘 추어서이겠습니까, 아니면 그가 훌륭한 요리사여서겠습니까? 아닙니다. 그가 지닌 내적인 가치를 보십시오. 주인은 말합니다. "그보다 더 믿을 만한 사람은 아무도 없다."고 말합니다.

내 친구여, 그대는 충성스런 종을 사랑하면서 어떻게 그대 자신은 하느님께 충성스런 종이 되길 원하지 않는 것입니까? 그대가 종을 가지고 있다면, 주님 또한 그대를 가지고 있다는 것을 아십시오. 그대는 종을 살 수는 있을지언정 그를 창조할 수는 없습니다. 하지만 그대의 주님은 그 말씀으로 그대를 창조하셨고, 그 피로 그대를 다시 사셨습니다. 만약 그대 자신을 과소평가한다면, 반드시 기억하십시오, 그대의 가치가 얼마나 큰 것인지. 만약 그대가 그것을 잊게 된다면, 복음경을 읽으십시오. 그것은 그대의 문서고입니다. 그대는 종에게서 그 충성심을 좋아합니다. 그렇다면 그대의 주님도 그분의 종에게서 충성심을 찾지 않으시겠습니까? 그대가 종에게 요구하는 것을 그분께 돌려드리십시오. 그대의 아랫사람에게서 받고자 하는 것을 그대의 윗분께, 그대의 주님께 행하십시오. 만약 그대의 금을 충실하게 지켜주었기에 그대의 종을 사랑한다면, 자비를 베푸시어 그대의 마음을 지켜주시는 그대의 주님을 홀대하지 마십시오.

충성을 요구할 때는, 모든 사람이 그것에 찬사를 보냅니다. 하지만 충성을 요구받을 땐, 눈을 감고, 그것이 얼마나 아름다운지 보려고도 하지 않습니다. 다른 사람에 대해서는 간직하길 원치 않으면서, 그것을 잃을까 두려워한다면 그보다 어리석은 사람이 어디 있겠습니까? 만약 어떤 사람이 돈을 주는 것을 두려워한다면, 그것은 아마도 주고 나면 그것이 더 이상 자기 것이 아니기 때문일 것입니다. 하지만 믿음은 그렇지 않습니다. 믿음의 빚을 지불할 때, 그 보화 또한 보존합니다. 이 얼마나 놀라운 신비입니까? 만약 지불하지 않는다면, 잃어버립니다.

부는 영혼의 구원을 얻기 위해 자선으로 지출되어야 합니다

9. "사람은 돈으로 자기 영혼을 건집니다." 우리가 어리석은 부자와 같은 행동을 하지 않기 위해서, 방대하고 기름진 토지를 유산으로 물려받았지만 오히려 궁핍했을 때보다 그 모든 것을 소유했을 때 더 많은 근심을 얻게 된 어리석은 부자에게 하느님께서 경멸의 시선을 보내신 것은 정당했습니다. 그는 속으로 생각하여 이렇게 말합니다. "내 수확물을 저장하기 위해 무엇을 해야할까?" 한참을 고통스럽게 번민하다가 마침내 그는 해결책을 찾았다고 확신합니다. 참된 해결책 말입니다! 신중함이 아니라 탐욕으로 찾아낸 해결책이란, "옳지! 좋은 수가 있다. 내 창고를 헐고 더 큰 것을 지어 거기에다 내 모든 곡식과 재산을 넣어두어야지. 그리고 내 영혼에게 말하리라. 영혼아, 많은 재산을 쌓아두었으니 너는 이제 몇 년 동안 걱정할 것 없다. 그러니 실컷 쉬고 먹고 마시며 즐겨라."(루가 12:18) 라는 것이었습니다. 사람들은 그에게 말합니다.

> "어리석은 자야, 너 스스로 꽤나 지혜로운 생각을 했다고 자랑하겠지만, 참으로 어리석도다. 어리석은 자야, 너는 무어라고 말한 것이냐? '내 영혼에게 말하리라. 영혼아, 많은 재산을 쌓아두었으니 너는 이제 몇 년 동안 걱정할 것

아우구스티누스

없다. 그러니 실컷 쉬고 먹고 마시며 즐겨라.'라고 말했단 말이냐? '이 어리석은 자야, 바로 오늘 밤 네 영혼이 너에게서 떠나가리라. 그러니 네가 쌓아둔 것은 누구의 차지가 되겠느냐?'"(루가 12:16~20)

"사람이 온 세상을 얻는다 해도 제 목숨을 잃으면 무슨 소용이 있겠느냐? 사람의 목숨을 무엇과 바꾸겠느냐?" (마태오 16:26)

또한 사람은 "돈으로 자기 영혼을 건집니다." 하지만 이 미련하고 어리석은 자는 이런 종류의 돈을 가지고 있지 않습니다. 왜냐하면 그는 자선을 통해서 그 영혼을 건지지 않았고, 썩어 없어지고 말 과실을 쌓아두기만 했기 때문입니다. 그렇습니다. 그는 썩어 없어지고 말 과실을 쌓아두기만 했고, 종국에는 그 앞에 소환되어야할 주님께 바치지 않음으로써 결국에는 그 자신도 멸망에 이르게 되었습니다. "내가 배고플 때 너는 먹을 것을 주지 않았도다."(마태오 25:42)라는 말씀을 듣게 될 이 심판대 앞에 어떻게 얼굴을 들고 나서겠습니까? 그는 수없이 남아도는 음식으로 그 영혼을 채우려 했을 뿐, 어리석은 교만 속에서 그토록 굶주린 형제들의 필요는 다 외면하고 멸시해 버렸습니다. 이 가난한 사람들을 먹이는 것이야말로, 자신의 부를 창고에 쌓아놓는 것보다 더욱 안전하고 확실하게 보존하는 것임을 그는 알지 못했습니다. 그가 창고에 쌓아둔 것은 도둑들이 다 훔쳐갈 수 있습니다. 하지만 가난한 자들의 품에 맡겨둔 것은 비록 이 땅에서는 사라져 버리는 것 같으나 하늘의 안전한 금고에 넣어두는 것입니다. 이렇게 하여 "사람은 돈으로 자기 영혼을 건집니다."

위협을 견뎌낼 수 없는 내적 가난

10. 이어서 우리는 어떤 말씀을 읽습니까? "가난한 사람은 위협에 저항할 수 없다." 여기서 가난한 사람은, 의로움이 없는 사람, 그 안에 영적인 충만과 치장과 부요함을 소유하지 못한 사람, 한마디로, 눈의 시선이 아니라 영의 시선에 더욱 탁월한 모든 것을 갖지 못한 사람입니다. 이 영적 탁월함을 내면에 간직하지 못한 사람은 위협에 저항할 수 없습니다. 힘 있는 자가 그에게 "내 원수에게 이 말을 하라, 거짓 증언을 하라, 그래서 내가 원하는 대로 그를 짓부수고 지배할 수 있게 하라."고 말하면 그는 아마도 "나는 그렇게 하지 않을 것입니다. 그런 범죄를 짊어지지 않겠습니다."라고 대답하려 할 것입니다. 그는 이렇게 거절하지만 부자가 그에게 위협을 가할 때까지만 그렇습니다. 가난해서 "그는 위협에 저항할 수 없기" 때문입니다. "그는 가난하다."라는 말은 무슨 뜻입니까? 그것은 다시 말해 순교자들이 소유했던 이 내적인 부요함을 그는 소유하고 있지 못하다는 말입니다. 순교자들은 그리스도에 대한 믿음의 진리를 지지하기 위해서 세상의 모든 위협을 무시해 버렸습니다. 이 내적인 부요함을 조금도 잃지 않았으니, 그들이 하늘에서 누리지 못할 것이 무엇이겠습니까?

그러므로 "가난한 사람은 위협에 저항할 수 없습니다." 다른 사람에 대해 거짓 증언을 하라고 압력을 가하는 이 부자에게 그는 "나는 말하지 않겠습니다."라고 대답할 수 없습니다. 그는 내적인 보화의 풍요로움에 기대고 있지 않기 때문입니다. 그는 그것에 저항을 표할 수 없습니다. 이 저항하는 힘의 원천이 그에게는 없기 때문입니다. 그는 "당신의 위협으로 내게 뭘 할 수 있다고 생각하십니까? 당신은 내가 가진 모든 것을 다 빼앗을 수 있겠지만, 그것은 내가 던져 버리려고 했던 것을 가져가는 것일 뿐입니다. 당신이 강제로 빼앗지 않는다 해도 아마도 살아가는 동안 내가 잃어버리게 될 것을 빼앗는 것일 뿐입니다. 하지만 나의 내적인 보화는 조금도 빼앗아 갈 수 없습니다. 아무리 내게서 그것을 빼앗아 가겠다고 협박할지라도, 그것은 그대의 소박한 꿈이 되고 말 것입니다. 당신은 내게서 모든 외적인 부를 빼앗아 소유할 수 있을 것입니다. 만약 나를 협박하여 내게서 믿음을 제거할 수 있다 해도, 당신은 그것을 소유하지는 못할 것입니다. 그러므로 나는 당신이 권하는 것을 조금도 하지 않겠습니다. 당신의 위협을 나는 조금도 두려워하지 않습니다. 당신은 분노하여 나를 내 조국 밖으로 쫓아버릴 수 있을 것입니다. 당신은 나를 하느님이 없는 곳에 내던져 버려서 나를 멸망케 할 수 있을 것입니다. 아마도 당신은 나를 죽일 수도 있을 것입니다. 이 육신의 집이 무너지면 나는 살아서 그곳을 빠져나올 것이고, 온전한 신뢰 안에서 내가 언제나 충성을 다한 분께로 갈 것이기에, 나는 당신을 더 이상 두려워하지 않을 것입니다. 내게서 이 거짓 증언을 얻어내려는 당신의 이 협박들이 결국 어떻게 될 것 같습니까? 당신은 내게 죽음을 협박합니다. 하지만 그것은 육신의 죽음일 뿐 나는 '거짓을 말하는 입은 영혼의 죽음을 가져온다.'(지혜서 1:11)고 말씀하시는 분을 더 두려워합니다." 내적인 부를 풍부하게 소유한 사람은 위협에 이렇게 훌륭하게 대답합니다.

▌하느님께 간청해야 할 참된 부는 무엇입니까

11. 그러므로 부유한 자가 되십시오. 가난한 것을 두려워 하십시오. 참으로 부요하신 분께 우리 마음을 그분의 부요함으로 채워 주시길 간청합시다. 여러분 각자가 자신 안에 들어갔을 때 이와 같은 부를 발견하지 못한다면, 부잣집 문을 두드리십시오. 그 대문 앞에서 신실한 걸인이 되십시오. 그리하여 그와 함께 행복한 부자가 되십시오. 그렇습니다. 내 형제들이여, 우리는 주 우리 하느님 앞에서 우리의 가난, 우리의 궁핍을 고백해야 합니다. 하늘을 향해 눈을 들 수도 없었던 세리가 바로 그렇게 했습니다. 불쌍한 죄인이라 느꼈기에, 그는 감히 하늘을 우러러 볼 수도 없었습니다. 그는 자신의 비참함을 인정했지만, 또한 주님의 고갈되지 않는 부요함을 알고 있었습니다. 그는 샘가에서 극심한 목마름을 경험했습니다. 그의 목마른 입을 보여주었고 그 가슴을 쳤습니다. 그는 땅을 향해 고개를 숙이고, "주님 죄인인 나를 불쌍히 여겨주십시오."라고 말했습니다. 여러분에게 분명히 말하건대, 그가 이렇게 생각하고 기도할 때, 그는 이미 어떤 점에서는 부자였습니다. 만약 그 안에 가난밖에 없었다면, 그가 이렇게 겸손한 고백의 보석을 어디서 꺼내왔겠습니까? 어쨌든 그는 의롭게 되었기에 더욱 부자가 되어 더욱 행복해져 성전을 나왔습니다.

반면 바리사이파 사람은 기도하러 올라갔지만 기도하지 않습니다. 주님께서는 "그들은 기도하러 성전에 올라갔다."고 말씀하십니다. 세리는 기도했고, 또 한 사람 바리사이파 사람은 기도하지 않았습니다. 그는 하느님께 뭐라고 말했습니까? 그는 빈털터리였지만 부자 행세를 했습니다.

> "오, 하느님! 감사합니다. 저는 다른 사람들과는 달리 욕심이 많거나 부정직하거나 음탕하지 않을 뿐더러 세리와 같은 사람이 아닙니다. 저는 일 주일에 두 번이나 단식하고 모든 수입의 십분의 일을 바칩니다."(루가 18:11~12)

그는 자기 자랑만 늘어놓습니다. 그것은 자만이지 풍요가 아닙니다. 그는 자신이 부자라고 믿었지만 아무 것도 가진 것이 없었습니다. 반면 세리는 이미 얼마간의 선을 가졌을 때조차 자신이 가난하다고 믿었습니다. 왜냐하면 그의 겸손한 자백이 이미 그의 내적인 부였기 때문입니다. 두 사람 모두 성전에서 내려왔지만, "하느님께 올바른 사람으로 인정받고 집으로 돌아간 사람은 바리사이파 사람이 아니라 바로 그 세리였습니다. 누구든지 자기를 높이면 낮아지고 자기를 낮추면 높아질 것입니다."(루가 18:14)

가난 속에서도 신실하라[51]
설교 41

> "이웃이 궁핍할 때 그의 신임을 얻어라. 그가 잘될 때 함께 배부르게 되리라. 시련을 당하는 이웃 곁에 머물러 있어라. 그가 유산을 상속받을 때 너도 한몫을 얻으리라."
>
> (집회서 22:23)

▌이웃이 궁핍할 때 신실하게 그 곁에 머물러 있어야 합니다

1. 거룩한 성경에서 지금 다 설명할 수 없는 이 금언을 읽었을 때, 나는 그것이 담고 있는 의미가 방대함에도 이렇게 간결하게 표현된 한 가지 사상을 주목했습니다. 여러분의 간절한 기대에 대해 내가 가진 모든 힘을 다해 대답하기 위해, 여기서 잠깐 멈추고 주님

---

51 Sermo XLI : De eo quod scriptum est in Ecclesiastici XII, 28. PL., 38, 247~252.

의 도우심에 의지 하면서, 여러분과 나의 거룩하고도 풍부한 이 양식 창고에서 유익한 양식을 꺼내올까 합니다. 그 사상이란 바로 이것입니다.

"이웃이 궁핍할 때 그의 신임을 얻어라. 그가 잘될 때 함께 배부르게 되리라."

영이 있는 존재라면 누구나, 심지어 성경의 깊이를 한번도 탐색해보지 않은 사람조차도 쉽게 알아차릴 수 있는 문자적인 의미로 이 금언의 사상을 취해봅시다. "이웃이 궁핍할 때 그의 신임을 얻어라. 그가 잘될 때 함께 배부르게 되리라." 듣기만 하려는 사람은 말합니다. 그것은 참되지 않다고 말입니다. 하지만 한 친구가 가난해졌다 해서, 그에 대한 믿음을 저버려서는 안되고 오히려 그에게 신임을 얻어야 한다는 말입니다. 우정은 재물에 따라 변하지 않아야 하고, 선의는 더욱 확고해져야 하며 신의는 변함없어야 합니다. 부자일 때는 친구였다가 가난해지면 더 이상 그렇지 않다면, 나는 그의 부를 사랑했던 것이지 그의 인격을 사랑한 것은 아닙니다. 반대로 재물이 있고 없음에 상관없이 내가 그 자신을 사랑했다면, 언제나 동일하지 않겠습니까? 그가 여전히 나의 친구가 되지 못할 이유가 무엇입니까? 그가 비록 재산을 다 잃었다 해도, 그 마음까지 다 잃어버린 것은 아닙니다.

만일 내가 말 한 마리를 사서, 그 안장과 마구를 제거했다고 해서, 이것 때문에 말이 가치를 잃어버린단 말입니까? 내 친구가 화려하게 차려입을 때는 그를 사랑하다가, 벌거벗게 된 지금은 그를 혐오하기라도 해야 한단 말입니까? 그러므로 "이웃이 궁핍할 때 신의를 지켜라."라는 성경의 이 금언은 정말 선하고, 구원을 가져다주며, 인간의 요구와 완벽하게 부합하는 것입니다.

▎우리는 이 신의에서 무엇을 바랄 수 있습니까?

2. "그가 잘될 때 함께 배부르게 되리라." 무슨 말입니까? 이 두 번째 부분이 의미하는 바는 무엇입니까? 친구가 가난할 때 그 곁에 머물러 신의를 지켜야 하는 이유나 동기가 그가 잘 될 때 함께 배부르기 위한 것이라는 말을 하겠습니까? 우리는 이렇게 말할 것입니다. "지금 그는 가난합니다. 하지만 앞으로 부자가 될 것입니다. 그러니 만약 지금 그대가 교만에 가득 차 가난한 그를 멸시한다면, 그 또한 부자가 되었을 때 그대에게 조금도 나눠주지 않을 것입니다. 그러므로 그가 다시 성공과 부를 얻게 되었을 때 그 행복을 함께 누리려면, 그와 함께 기뻐하려면, 그가 가난할 때 그에게 신의를 지키십시오." 그의 믿음을 함께 나누십시오. 그는 비록 가난한지만 그 믿음 안에 엄청난 보화를 갖고 있습니다. 그대는 그와 함께 얼마간의 토지를 같이 소유할 준비가 되어 있고 또 그것을 바랍니다. 비록 그대가 그와 함께 소유할 무언가를 가지고 있다 해도, 그와 함께 믿음을 공유하는 것은 더욱 확실한 일 아니겠습니까? 어떤 행악자가 나타나 그에게서 재물을 강탈해 갈 수도 있을 것입니다. 하지만 누가 그에게서 그 믿음을 빼앗아 갈 수 있단 말입니까? 그러므로 "그가 잘될 때 함께 배부르게 되리라."는 말은 무슨 의미이겠습니까? 그것은 분명 가난한 그는 부자가 될 수 있을 것이니, 그의 가난을 멸시하지 않으면 그의 풍요를 나누게 될 것이라는 의미입니다.

▎하지만 그것은 세속적인 행복에 대한 희망을
말하는 것이 아닙니다

3. 이 구절의 첫 번째 부분에 대해 주어진 용이한 설명은 충분해 보입니다. 하지만 두 번째 부분에 대한 해석은 적잖이 충격적으로 들립니다. 만약 실제로 가난 속에 있는 친구에게 신의를 지키는 동기가 그가 앞으로 얻게 될 보화에서 이익을 얻으려는 희망이라면, 그것 또한 그가 사랑하는 것은 사람 그 자체라기보다는 친구가 소유한 무엇입니다. 믿음과 희망은 우정과 결부되어 있지만, 사랑은 그 모든 것을 능가합니다. 사도 바울로는 말합니다.

> "믿음과 희망과 사랑, 이 세 가지는 언제까지나 남아 있을 것입니다. 이 중에서 가장 위대한 것은 사랑입니다. 힘써 남을 사랑하십시오." (I 고린토 13:13, 14:1)

그러므로 나는 자기 친구를 스스로 친구라 여기는 이 친구에게 질문합니다. "내게 말해보십시오. 당신은 친구가 가난할 때 신의를 지킵니까?" 그는 대답합니다. "당연하지요. 나는 이 의무를 성경을 통해 배웠고, 내 마음 속에 다짐했으며, 내 기억 속에 새겨두었습니다. 나는 그것을 늘 기쁘게 상기하고 또 더욱 큰 기쁨으로 그것을 실천합니다. 그렇습니다. 나는 '이웃이 궁핍할 때 신의를 지켜라.'라는 이 거룩한 말씀을 들었습니다." 나는 재차 묻습니다. "그 이유는 무엇입니까? 혹시 '그가 잘될 때 함께 배부르게 되리라.'라는 다음 말 때문입니까? 당신이 원하는 것은 무엇입니까?" 그는 말합니다. "나는 그의 불행을 멸시하지 않았으니 그도 부유하게 되어 온갖 복을 누리게 될 때 나를 그 행복에 끼워주길 원합니다." "조금 더 물어보아도 되겠습니까? 가난 속에 있을 때도 당신이 신의를 저버리지 않았던 그가 영영 부자가 되지 않는다면 어떻겠습니까? 죽을 때까지 가난하다면 어떻겠습니까? 그래서 그대의 희망이 좌절된다면, 그에게 보여주었던 신의를 버리겠습니까? 부자의 돈을 바랄 수도 없게 되었으니, 그가 가난할 때 신의를 지킨 것에 대해 후회라도 하겠습니까?"

나의 대화 상대가 인간적인 감정의 소유자라면, 그 감정에 진실하다면, 그는 내 질문에 동요할 것이고, 내 말이 맞다고 대답할 것입니다. 친구에게 신의를 지키는 것은 좋은 것입니다. 하지만 그가 가난할 때 신의를 지켰던 이유가 그가 얻게 될 재물로 이익을 얻기 위한 것이라거나 그 행복을 함께 공유하기 위한 것이었다면, 만약 그가 원하던 바의 부를 누리지 못하고 비참하게 살다 죽는 것을 볼 때는, 이 신의에 대해 후회하게 될 것이고, 그에게 행했던 것의 모든 열매를 허망하게도 다 잃어버리게 될 것입니다.

그러므로 우리는 이 사상을 좀 더 심화시켜야 하고 누구라도 다 알아듣게 되는 그런 문자적인 의미로만 이 금언을 들어서는 안 될 것임을 알 수 있습니다. 그래서 좀 더 나아가 그것이 우리에게 계시해 주는 신적인 권위에 입각한 의미에서 이 금언을 이해해야 합니다. 그래서 이로부터 어떤 위대한 진리를 찾아내고, 우리에게 실망도 후회도 주지 않을 어떤 행위나 의무를 제시해야 합니다. 그러므로 이 의미를 이해하기 위해서는 다른 방법을 취해야 할 것입니다.

▎**부자와 라자로의 이야기는 이 주장을 암시합니다**
라자로를 멸시한 부자는 거지의 영원한 행복에 조금이라도 참여하는 것을 바랄 수 없습니다

4. 그런 까닭에 우리는 부자의 대문 앞에 누워있던 가난한 라자로의 이야기를 묵상해 보아야 합니다. 라자로는 가난했을 뿐만 아니라 고통스러운 질병을 앓고 있었습니다. 그는 가난한 자의 유일한 재산인 육체적인 건강조차 가지지 못했습니다. 게다가 그는 종기로 뒤덮여 개까지 다가와 그를 핥았습니다. 그런데 이 저택에 살고 있던 부자는 자색 비단 옷을 입었고, 매일 잔치를 벌였으며 그 가난한 거지에게 신의를 보여주지 않았습니다. 하지만 신의를 사랑하셨고 몸소 신의를 보여주셨던 주 예수님께서는 정의롭게도 라자로의 신의를 부자의 재물과 열락보다 더 좋아하셨습니다. 그분은 부자의 교만보다 거지의 이 재산(신의)을 더 기특해 하셨습니다. 그래서 그분은 거지의 이름은 모두에게 알려주셨지만, 악한 부자의 이름은 익명으로 남겨둔 것입니다.

> "예전에 부자 한 사람이 있었는데 그는 화사하고 값진 옷을 입고 날마다 즐겁고 호화로운 생활을 하였다. 그 집 대문간에는 사람들이 들어다 놓은 라자로라는 거지가 종기투성이의 몸으로 앉아 그 부자의 식탁에서 떨어지는 부스러기로 주린 배를 채우려고 했다." (루가 16:19~21)

라자로의 이름은 있지만 부자의 이름은 기록되어 있지 않는 신비로운 책을 주님께서 읽으셨을 것이라고 생각되지는 않습니까? 사실 이 책은 생명을 얻은 자와 의로운 자의 책이지 교만한 자와 불경스

런 자의 책은 아닙니다. 사람들은 이 부자의 이름을 외치고 드러내고 가난한 자의 이름은 부르지도 않지만, 주님께서는 그 반대로 행하십니다. 그분께서는 가난한 자의 이름은 빛나게 하시지만 부자의 이름에는 침묵하십니다. 어쨌든 이 부자는 가난한 거지에게 신의를 보여주려 하지 않았습니다.

두 사람 모두 죽었습니다. "얼마 뒤에 그 거지는 죽어서 천사들의 인도를 받아 아브라함의 품에 안기게 되었고 부자는 죽어서 땅에 묻히게 되었습니다."(루가 16:22) 아마 가난한 거지는 땅에 묻히지도 못했을 것입니다. 어쨌든, "부자가 죽음의 세계에서 고통을 받다가 눈을 들어보니 멀리 떨어진 곳에서 아브라함이 라자로를 품에 안고 있었습니다."(루가 16:23) 그는 옛날 자신의 저택 대문 앞에서 멸시만 당하던 거지였습니다. 부자는 거지 라자로와 똑같은 믿음을 가지려 하지 않았었습니다. 그러므로 이제 그와 똑같은 안식도 누릴 수 없게 된 것입니다. 그는 죽음의 세계에서 부르짖습니다. "아브라함 할아버지, 저를 불쌍히 보시고 라자로를 보내어 그 손가락으로 물을 찍어 제 혀를 축이게 해주십시오. 저는 이 불꽃 속에서 심한 고통을 받고 있습니다." 하지만 아브라함은 그에게 이렇게 대답합니다.

> "얘야, 너는 살아 있을 동안에 온갖 복을 다 누렸지만 라자로는 불행이란 불행을 다 겪지 않았느냐? 그래서 지금 그는 여기에서 위안을 받고 너는 거기에서 고통을 받는 것이다. 또한 너희와 우리 사이에는 큰 구렁텅이가 가로놓여 있어서 여기에서 너희에게 건너가려 해도 가지 못하고 거기에서 우리에게 건너오지도 못한다." (루가 16:25~26)

이 불행한 부자는 아무도 그에게 자비를 베풀려 하지 않음을 깨달았습니다. 그도 이승에서 그 자비심을 보여주지 않았기 때문입니다. 이렇게 그는 "무자비한 사람은 무자비한 심판을 받습니다."(야고보 2:13)라는 선언의 정당함을 깨닫게 됩니다.

그는 필요한 때에 가난한 거지를 불쌍히 여기길 거부했습니다. 그리고 그가 자신의 혈육들을 불쌍히 여기게 되었을 때는 이미 너무 늦어버렸습니다. 그는 다시 한번 애원합니다.

> "그렇다면 할아버지, 제발 소원입니다. 라자로를 제 아버지 집으로 보내주십시오. 저에게는 다섯 형제가 있는데 그를 보내어 그들만이라도 이 고통스러운 곳에 오지 않도록 경고해 주십시오." (루가 16:27~28)

하지만 아브라함은 이렇게 대답합니다.

> "그 고통스러운 곳에 오길 원치 않는다면, 네 형제들에게는 모세와 예언자들이 있으니 그들의 말을 들으면 될 것이다." (루가 16:29)

이 부자는 예언자들을 미치광이 취급을 하곤 했습니다. 물론 그의 형제들도 그와 함께 그렇게 했습니다. 그가 형제들과 함께 예언자들에 대해, 그들의 권면에 대해, 복에 대해, 악에 대한 그들의 경고에 대해, 그들이 선언한 미래의 형벌과 미래의 보상에 대해 말할 때, 그는 언제나 조롱하며 형제들에게 이렇게 말하곤 했습니다. "죽은 다음에 무슨 삶이 또 있단 말인가? 다 썩어 없어진 육체에 무슨 기억이 남아있단 말인가? 먼지가 된 몸이 무슨 감정을 가진단 말인가? 모든 것은 죽게 마련이고 묻히고 말 것인데. 죽었다가 다시 돌아온 사람이 있다는 말을 들어본 적이 있는가?" 하고 말입니다. 그러니 아브라함의 대답이 너무도 적절한 것이었음은 이미 예언자들의 시대가 잘 설명해줍니다. 악한 부자는 아마도 유대인이었을 것입니다. 그래서 그는 아브라함을 "할아버지"라고 불렀던 것입니다. 그러므로 그에게 이렇게 대답해주는 것은 너무도 적절한 것이었습니다.

> "그들이 모세와 예언자들의 말도 듣지 않는다면 어떤 사람이 죽었다가 다시 살아난다 해도 믿지 않을 것이다."
> (루가 16:31)

그것은 유대인들의 역사가 이미 확증해 주고 있습니다. 그들은 모세의 말도 예언자들의 말도 듣지 않았습니다. 그들은 심지어 부활하신 그리스도도 믿지 않았습니다. 이미 구세주께서도 이렇게 예고하지 않으셨습니까!

> "만일 너희가 모세를 믿는다면 나를 믿을 것이다."(요한 5:46)

▎가난한 거지를 멸시한 부자는 다른 세상에서 거지가 됩니다

5. 그러므로 이 부자는 이 지상에서의 온갖 향락적인 삶을 마친 후 저승의 영원한 고통에 처하게 됐을 때, 아무런 도움도 받을 수 없게 되었습니다. 그는 정의를 실천하지 않았고, 그래서 그에 합당한 선고를 듣습니다. "얘야, 기억해 보아라. 너는 살아 있을 동안에 너의 복을 다 누렸지 않느냐!" 그러니 네가 지금 보고 있는 이 복은 너의 것이 아니라는 것입니다. "너는 너의 복을 다 받았으니" 이제 네가 그 먼 곳에서 그토록 갈망하는 이 복락은 너의 것이 아니라는 말입니다. 지상의 번영을 누렸던 사람, 마치 납을 끌어안고 빠

져들어 가듯, 이미 방대한 토지를 한없이 늘려갔던 한 사람을 보면서, 부자들과 아첨꾼들은 무슨 생각을 합니까? 이 부자가 지옥에 떨어진 것은 바로 이 재물의 짐 때문이었습니다. 이 무거운 짐 때문에 그는 지옥 가장 깊은 곳까지 빠져든 것입니다. 그는 이 초대에 귀 기울이지 않았습니다.

> "고생하며 무거운 짐을 지고 허덕이는 사람은 다 나에게로 오너라. … 나는 마음이 온유하고 겸손하니 내 멍에를 메고 나에게 배워라. 그러면 너희의 영혼이 안식을 얻을 것이다." (마태오 11:28~29)

그리스도의 멍에는 날개와 같습니다. 가난한 거지는 이 날개로 아브라함의 품으로 날아갔습니다. 하지만 부자는 그 말씀을 들으려 하지 않았습니다. 그는 아첨꾼들의 감언이설을 더 좋아했습니다. 그 달콤한 말이 그의 귀를 막아버렸고, 예언자들의 가르침을 듣지 못하게 했습니다. 사악한 청중들이 "당신 밖에는 없습니다. 당신만 잘 살면 그만입니다."라고 말할 때 그는 기뻐했습니다.

그러므로 "너는 살아 있을 동안에 너의 복을 다 누렸지 않느냐!" 그는 다른 어떤 것도 상상하거나 바라지 않고, 오직 그것들만 자기 것이면 된다고 생각했기 때문입니다. 그래서 살아있을 동안 그 모든 것을 긁어모았던 것입니다. 또 다른 세상의 삶은 없을 거라고 생각했고, 그래서 더 바랄 것이 없었고, 죽음 이후를 조금도 두려워하지 않았습니다. "애야, 너는 살아 있을 동안에 온갖 복을 다 누렸지만 라자로는 불행이란 불행을 다 겪지 않았느냐?" "그의 불행들"이 아니라 "불행이란 불행들", 다시 말해 사람들이 최악의 불행이라고 생각하고 두려워하고 피했던 그 모든 불행을 겪었다는 말입니다. 라자로는 이 땅에서 불행을 겪었습니다. 그는 복을 받지 못했습니다. 그래서 그는 이제 그 복을 결코 잃어버리지 않습니다. 라자로가 겪어 낸 불행에 대해 말할 때, 아브라함은 "그의" 불행이라고 말하지 않습니다. 또 "그가 살아있을 때"라고도 말하지 않습니다. 그에게는 또 다른 생명이 있었기 때문입니다. 그가 아브라함의 품속에서 누리길 바랐던 그런 삶 말입니다. 땅에서 그는 죽은 목숨이나 마찬가지였습니다. 그는 산 사람이 아니었습니다. 그는 사도 바울로가 말씀하신 바로 그런 의미에서 죽은 자였습니다.

> "여러분이 이 세상에서는 이미 죽었기 때문입니다. 여러분의 참 생명은 그리스도와 함께 하느님 안에 있어서 보이지 않습니다." (골로사이 3:3)

이 거지는 세상의 온갖 고통을 겪었습니다. 하지만 하느님께서는 두고 보셨고, 부자의 행복도 제거하지 않으셨습니다. 그런데 부자여, 어찌하여 당신은 풍요롭게 살 때는 결코 바라지도 않았던 것을 지금 지옥에서 갈망하는 것입니까? 가난한 거지를 멸시하고 모세를 조롱한 것은 당신 아니었습니까? 이웃이 가난할 때는 그에게 신의를 지키려 하지 않았으면서 이제 와서 그의 행복을 나눠 갖겠단 말입니까? "이웃이 궁핍할 때 그의 신임을 얻어라. 그가 잘될 때 함께 배부르게 되리라."는 말을 들었을 때는 그 말에 냉소하더니, 보십시오. 이제 당신은 멀리서 그의 행복을 바라볼 뿐입니다. 그것은 당신을 위한 것이 아닙니다. 그것은 미래의 행복이었고, 그래서 그것을 소유할 수 없어서 멀리서 바라만 보며 후회하고 한탄하지 않으려면 먼저 그것을 보기 전에 믿어야만 했던, 보이지 않는 행복이었습니다.

▎자선을 통해 가난한 자의 우정을 사십시오

"불의한 재물"(루가 16:9)이 의미하는 것은 바로 이것입니다

6. 내 형제들이여, 이제 이 성경의 금언은 충분히 조명된 것으로 여겨집니다. 그리스도인들은 그것을 그리스도교적인 방식으로 이해해야 합니다. 우리 모두 경계합시다. 우리가 궁핍한 이웃에게 신의를 지키는 것이 그로부터 얻게 될 세속적 이익에 대한 희망 때문이어서는 안 됩니다. 우리의 신의가 단지 그에게 부를 나눠주는 것에 그치지 않도록 합시다. 이 모든 것을 정말로 철저하게 경계합시다. 다만 우리 주님의 이 계명을 힘써 실행하기 위해 노력합시다.

> "불의한 재물로라도 친구를 사귀어라. 그러면 재물이 없어질 때에 너희는 영접을 받으며 영원한 집으로 들어갈 것이다." (루가 16:9)

우리 가운데 사는 가난한 이들이 우리를 받아 줄 거처라도 있습니까? "불의한 재물로라도 친구를 사귀어라." 다시 말해 불의하게 이익을 얻은 재물 말입니다. 왜냐하면 정의는 다른 것을 이익이라 부르기 때문입니다. 그 이익은 하느님의 보화 안에 맡겨집니다. 들어가 쉴 만한 곳이 아무 데도 없는 가난한 이들을 멸시하지 마십시오. 하지만 그들은 들어갈 곳이 있습니다. 그들은 영원한 거처를 가집니다. 가난한 이들은, 만약 그들을 여러분의 집에 영접하지 않는다면 이 부자처럼 여러분도 영접받길 원하지만 그 모든 바람이 다 헛될 수밖에 없는 그런 거처들을 가지고 있습니다. 왜냐하면 예수님께서 "예언자를 예언자로 맞아들이는 사람은 예언자가 받을 상을 받을 것이며, 옳은 사람을 옳은 사람으로 맞아들이는 사람은 옳

은 사람이 받을 상을 받을 것이다. 이 보잘것없는 사람 중 하나에게 그가 내 제자라고 하여 냉수 한 그릇이라도 주는 사람은 반드시 그 상을 받을 것이다."(마태오 10:41~42)라고 분명히 말씀하셨기 때문입니다. 그러므로 이웃이 궁핍할 때 신의를 지키는 사람은 그의 번영을 함께 누리게 될 것입니다.

가난하신 그리스도에 대한 신의

7. 하지만 부유하시지만 가난해지신 주님께서 말씀하십니다. 그분께서는 여러분에게 동일한 금언에 대해 더욱 탁월하고 확고한 해석을 주십니다. 여러분의 집에 영접해야 할 거지가 있다고 칩시다. 아마도 여러분은 불안하여 그가 진실된 사람일까 아니면 사기꾼이나 위선자일까 의심할 것입니다. 그리고 여러분은 그 마음을 읽을 수 없기에, 그에게 사랑을 베풀면서도 주저할 것입니다. 하지만 두려워 마십시오. 설사 그가 악한 자라도 그렇게 하십시오. 그것이 그 사람을 선한 사람으로 만드는 방법입니다. 좋은 씨앗이 길가나 가시덤불이나 돌밭에 떨어질까 두려워서 봄에 씨뿌리기를 게을리하는 사람은 여름 동안 배를 곯을 것입니다.

어쨌든 주님께서 여러분에게 하시는 말씀은 이것입니다. 그리고 여러분이 그리스도인이라면 "너를 위해서, 나는 비록 부유하지만 가난하게 되었다."는 그 말씀을 결코 의심하지 않을 것입니다. 사실 그분께서는 "하느님과 본질이 같은 분이셨지만", 그리하여 그 이상 더 부유할 수 없는 분이셨지만, "굳이 하느님과 동등한 존재가 되려 하지 않으시고, 오히려 당신의 것을 다 내어놓고 종의 신분을 취하셨습니다."(필립비 2:6~7) 신성보다 더 부유한 것이 있을 수 없다면, 종의 신분을 취하는 것보다 더 가난한 것이 있을 수 있겠습니까? "오히려 당신의 것을 다 내어놓고 종의 신분을 취하셔서 우리와 똑같은 인간이 되셨습니다. 이렇게 인간의 모습으로 나타나 당신 자신을 낮추셔서 죽기까지, 아니, 십자가에 달려서 죽기까지 순종하셨습니다."(필립비 2:7~8) 십자가 위에서 그분은 목말라 하셨고 연민이 아니라 조롱의 음료를 받아 마셨습니다. 죽음의 순간에 생명의 신적인 원천께서 신포도주를 마시셨습니다. 멸시하지 마십시오. 혐오하지 마십시오. 이렇게 말하지 마십시오. "나의 하느님께서 사람이 되셨고, 십자가에 달려 죽으셨다."고 말입니다. 그렇습니다. 그분께서 십자가에 달리신 것은 의심할 수 없습니다. 이렇게 그분의 가난은 여러분에게 맡겨집니다. 그분은 여러분에게서 멀리 계셨습니다. 하지만 가난을 통해 여러분에게 다가오셨습니다. "이웃이 궁핍할 때 신의를 지키십시오." 여기서 적어도 이 말씀의 의미는 불명료하지도 모호하지도 않습니다. "이웃"이라는 말 대신에 "그리스도"를 대입해 보십시오. 그리고 겸손하게 읽어보십시오. 왜냐하면 겸손한 그리스도께서는 겸손한 영혼을 요청하고 있기 때문입니다. 그분의 높이까지 올라가려면 먼저 낮아져야 합니다. 그러므로 겸손을 지니고 읽어보십시오. 바로 그분이 여러분의 이웃임을 깨달으십시오. 주님께서 "찢긴 마음을 가진 이들"과 가깝지 않다면, 여러분은 이렇게 기도할 수 없습니다. "친구처럼, 동기처럼 빌어주었으며, 굴건제복을 하고 모친상이라도 입은 듯이 슬퍼했사옵니다."(시편 35:14)

그러므로 바꿔야 할 단어는 단 한 가지입니다. 그 언어를 신비의 베일로 덮기 위해 "동기"라는 말에 덧붙여진 "친구"가 바로 그것입니다. 더 큰 갈망을 가지고 찾게 하기 위해, 더욱 큰 기쁨으로 발견하게 하기 위해서는 그렇게 하는 것이 적절합니다. 그러므로 이 문장에서 "친구"라는 말 대신에 그리스도의 이름을 대입해 보십시오. 친구라는 이 말은 예언적으로 그리스도를 예시하는 것입니다. 생각이 명쾌해지듯이, 또 생각이 그대의 목마름을 적셔주기 위해 진리의 원천에서 흘러나오듯이, 숙고해보십시오, "가난하신 그리스도께 신의를 지키십시오. 그러면 그분의 행복을 누릴 것입니다." "그리스도께 신의를 지키라"는 말이 무슨 의미입니까? 그것은 바로 이런 의미입니다. 바로 당신을 위해 그리스도께서 사람이 되셨고, 동정녀에게서 태어나셨고, 모욕과 채찍을 받으셨으며, 십자가에 달려 창에 찔리셨고 묻히셨습니다. 제발, 이 겸손과 낮아지심을 멸시하지 마십시오. 그것을 믿을 수 없는 일처럼 생각하지 마십시오. 그러면 여러분은 이웃에게 신의를 지키게 될 것입니다. 그분의 가난은 바로 여기에 있습니다.

"그분의 행복을 누릴 것이다"라는 말은 또 무슨 의미입니까? 이 약속을 받아들이십시오. 그것은 그분의 의지의 표현입니다. 그 약속을 받으십시오. 그분께서 가난함으로 여러분에게 오신 것이 바로 그것을 실현시키기 위해서였기 때문입니다. 여러분을 위해 가난해지신 분, 그리하여 여러분을 부유케 하신 여러분의 주 하느님의 말씀을 받아들이십시오. 만약 여러분이 가난하신 그분께 신의를 지킨다면 분명 그분의 행복을 누리는 날을 보게 될 것입니다. 그분께서 친히 간구하십니다.

> "아버지, 아버지께서 나에게 맡기신 사람들을 내가 있는 곳에 함께 있게 하여주시고 아버지께서 천지 창조 이전부터 나를 사랑하셔서 나에게 주신 그 영광을 그들도 볼 수 있게 하여주십시오." (요한 17:24)

그리스도의 겸손[52]
설교 123

"이런 일이 있은 지 사흘째 되던 날 갈릴래아 지방 가나에 혼인 잔치가 있었다. 그 자리에는 예수의 어머니도 계셨고 예수도 그의 제자들과 함께 초대를 받고 와 계셨다. … "
(요한 2:1~11)

▍그리스도의 겸손은 우리의 교만을 치료하는 약입니다

1. 형제들이여, 여러분은 잘 알 것입니다. 여러분은 예수 그리스도를 믿기 시작할 때부터 그것을 잘 배웠을 것입니다. 그리고 우리는 우리의 이 사제직을 감당하면서 끊임없이 그것을 여러분에게 상기시켰습니다. "인간의 교만을 치료하는 약은 바로 그리스도의 겸

---

52 Sermo CXXIII : De verbis Evangelii Joannis, PL. 38, 684..

손"이라는 이 진리를 말입니다. 실제로 인간이 교만 때문에 자고(自高)하지만 않았어도 멸망에 이르지는 않았을 것입니다. 성경이 말하고 있듯이, "오만은 죄의 시작"(집회서 10:13)입니다. 모든 죄의 시작에 모든 정의의 시작을 대립시켜야 합니다. 그러므로 모든 죄의 시작이 교만이라고 할 때, 만약 하느님께서 기꺼이 낮아지지 않으셨다면, 자만의 질병을 고치는 것은 어디서 오겠습니까? 하느님의 겸손 앞에서 사람은 자신의 교만을 부끄러워해야 합니다. 사람은 겸손해지라는 계명을 무시했고, 교만은 사람으로 하여금 자신이 공격받으면 그에 상응하는 복수를 감행하게 만듭니다. 사람이, 마치 다른 사람에게 가해진 고통이 자신에게 이익이라도 되는 듯 복수하길 원하는 것은, 바로 자신이 낮아지는 것을 혐오하기 때문입니다. 상처받고 모욕을 당하면 사람은 복수하려 합니다. 다른 사람의 고통에서 치유 받으려 합니다. 하지만 거기서 발견할 수 있는 것은 다만 잔인한 고문일 뿐입니다. 그래서 우리 주 그리스도께서는 모든 것에서 기꺼이 낮아지시고 겸손해지셨던 것입니다. 그분께서는 우리에게 길을 보여주셨고, 우리가 이 길을 가는 데 동의하길 원하십니다.

▎배고파도 돌로 빵을 만들지 않으셨던 그리스도께서 어찌하여 가나의 혼인잔치에서는 물을 포도주로 바꾸신 것입니까?

2. 다른 많은 활동도 있지만, 성부 하느님의 품에서는 혼인 잔치의 주인이신 동정녀의 아드님께서 가나의 혼인잔치에 오셨던 일을 생각해 보십시오. 죄를 들여온 첫 번째 여자(하와)는 여자의 협력

없이 남자(아담)에게서 나왔습니다. 마찬가지로 죄를 멸하셔야 했던 남자(그리스도)는 그 어떤 남자의 협력도 없이 여자(마리아)에게서 태어났습니다. 한 여자를 통해서 우리가 넘어졌고, 다른 한 여자를 통해서 우리는 일어났습니다.

이 혼인잔치에서 그리스도는 무엇을 행하셨습니까? 그분은 물을 포도주로 바꾸셨습니다. 그 권능의 놀라운 증거입니다! 그토록 놀라운 기적을 행하실 수 있는 분께서 가난하게 되는 것을 기꺼이 용납하셨습니다. 물로 포도주를 만드셨던 그분께서는 돌로도 빵을 만드실 수 있으셨을 것입니다. 그는 둘 다 행하실 수 있는 권능을 지니셨습니다. 하지만 그분께서는 그렇게 하지 않으셨습니다. 왜냐하면 그것은 악마가 제안한 것이기 때문입니다. 우리 주 그리스도께서 시험받으셨던 것을 여러분은 아십니다.

그리스도께서는 배가 고프셨고, 분명 빵을 원하셨습니다. 왜냐하면 그것이야말로 그분의 낮아지심의 표징이기 때문입니다. 빵이신 그분께서 배고파하셨습니다. 길이신 그분께서 지치셨습니다. 건강이신 그분께서 상처받으셨습니다. 생명이신 그분께서 죽음을 겪으셨습니다. 그분께서 배고플 때 시험하는 자가 그분께 "당신이 하느님의 아들이거든 이 돌더러 빵이 되라고 해보시오."(마태오 4:3)라고 말했다는 것을 여러분은 아십니다. 그분의 대답은 시험하는 자의 질문에 어떻게 대답해야 하는지를 가르쳐줍니다. 그것은 장군의 전쟁 경험과 전략이 군사들에게 교훈이 되는 것과 같습니다. 그분께서 뭐라고 대답하셨습니까?

"사람은 빵으로만 사는 것이 아니라 하느님의 입에서 나오는 모든 말씀으로 사느니라."(마태오 4:4)

물로 포도주를 만드셨던 것처럼 능히 돌로도 빵을 만드실 수 있는 권능을 지니셨지만, 그분께서는 그렇게 하지 않으셨습니다. 돌로 빵을 마련하는 것은 동일한 권능과 관련되지만, 그분께서는 시험하는 자를 멸시하기 위해 그렇게 하지 않으셨습니다. 사실 시험하는 자, 사탄은 오직 멸시를 통해서만 정복됩니다. 그리스도께서 악마를 이기셨을 때 전사들이 왔고 그분을 시중들었습니다. 그런 권능을 지니신 분께서 어찌하여 여기서는 기적을 거부하시고, 저기서는 기적을 행하셨을까요? 읽어보십시오. 아니 방금 들은 말씀을 상기해보십시오. 그분께서 기적을 행하셨을 때, 즉 물을 포도주로 변화시키셨을 때, 복음 저자가 덧붙인 말은 무엇인지 말입니다. "그리하여 제자들은 예수를 믿게 되었다."(요한 2:11) 그렇다면 악마도 믿게 되었을 것이라고 생각하십니까?

▎겸손하신 그리스도는 본향으로 이끄는 길이십니다

3. 그런 권능을 지니신 분께서 배고팠고, 목마르셨습니다. 그분은 지치셨고, 주무셨고, 나무에 묶이셨고, 채찍질로 찢기셨고, 십자가에 못 박히셨고, 죽으셨습니다. 보십시오, 그분의 발자취를. 영원에 이르기 위해서 이 겸손의 길로 걸어갑시다. 그리스도 하느님은 우리가 가야 할 본향입니다. 우리는 그분을 향해 걸어갑니다. 우리는 그분을 통해서 걸어갑니다. 그런데 어찌하여 길을 잃어버릴까 두려워합니까? 그분께서는 성부 하느님을 떠나지 않으시면서 우리에게로 오셨습니다. 그 모친의 품에 안기신 분이시지만 동시에 온 세상을 떠받치십니다. 구유에 누이셨지만 동시에 천사들을 거느리십니다. 그분은 하느님이시고 또한 사람이십니다. 그 하느님이 사

람이고, 또 그 사람이 하느님이십니다. 그렇지만 그분의 인성은 그분의 신성과 동일한 원리를 갖지 않습니다. 그분은 말씀이시기에 하느님이십니다. 그분은 육신이 된 말씀이시기에 사람입니다. 그분은 인간의 몸을 입으셨을 때도 언제나 하느님이십니다. 본래 그분이 아니었던 어떤 존재가 되실 때도 그분께서는 본래 그분의 존재를 결코 잃지 않으셨습니다. 이런 까닭에 그 지극한 겸손으로 고통받으시고, 죽으시고, 묻히신 후에, 그분께서는 부활하셨고 하늘에 오르셨고, 지금 그분의 아버지 하느님 오른 편에 앉아 계십니다.

그럼에도 불구하고 여기서 그분께서는 그 가난한 사람들의 인격 안에서 비천하십니다. 어제도 나는 여러분에게 그리스도께서 나타나엘에게 말씀하신 것과 관련하여 이것을 상기시켰습니다. 그분께서는 나타나엘에게 말씀하셨습니다.

> "앞으로는 그보다 더 큰 일을 보게 될 것이다. 정말 잘 들어두어라. 너희는 하늘이 열려 있는 것과 하느님의 천사들이 하늘과 사람의 아들 사이를 오르내리는 것을 보게 될 것이다." (요한 1:50~51)

우리는 이 본문을 이해해 보기 위해 아주 오랜 시간 함께 묵상했습니다. 오늘 그것을 또 되풀이할 필요가 있을까요? 어제 참석했던 분들은 기억을 더듬어 보십시오. 그렇지만 나는 이것을 간략하게 요약해 보겠습니다.

▌그리스도께서는 높은 곳과 낮은 곳에 동시에 계십니다.
그리스도께서는 부유하시면서 동시에 가난하십니다

4. 그분께서 높이 계시지 않았다면 "사람의 아들에게로 올라간다."고 말하지 않았을 것입니다. 그분께서 낮은 곳에 계시지 않았다면 "사람의 아들에게로 내려간다."고도 말하지 않았을 것입니다. 그분께서는 높은 곳과 낮은 곳에 동시에 계십니다. 높은 곳에서는 그 위격으로, 낮은 곳에서는 그를 따르는 자들 가운데, 높은 곳에서는 성부 하느님 곁에, 낮은 곳에서는 우리 가운데 계십니다. 그 높은 곳에서 사울에게 말씀하십니다.

"사울아, 사울아, 네가 왜 나를 박해하느냐?" (사도행전 9:4)

만약 그분이 높은 곳에 계시지 않았다면, "사울아, 사울아"라고 말씀하시지 않았을 것입니다. 사울이 하늘에서 그분을 박해할 수는 없었을 것이기 때문에, 만일 그분께서 높은 곳에 계시면서 동시에 낮은 곳에 계시지 않았다면, "네가 왜 나를 박해하느냐?"라고 말씀하시지는 않았을 것입니다.

그러므로 하늘에 계신 그리스도를 두려워하고, 땅에 계신 그분을 알아볼 수 있도록 하십시오. 그리스도께서는 하늘에서 이 땅에 필요한 모든 것을 보시고 다 제공해주십니다. 이 땅에서 그분은 가난하시지만, 하늘에서 그분은 부유하십니다. 그리스도께서 우리에게 "내가 배고프다, 내가 목마르다, 내가 헐벗었다, 내가 나그네이고, 감옥에 갇혔다."라고 말씀하신 것은 이 땅에서는 그리스도께서 가난하시기 때문입니다. 어떤 사람들에게는 "너희는 나를 돌보아 주었다."라고 말씀하시고, 또 다른 사람들에게는 "너희는 나를 돌보아주지 않았다."라고 말씀하십니다.(마태오 25:35~45) 보십시오. 이것이 바로 그리스도께서 가난하시다는 증거입니다. 반면 부유하신 그리스도, 그것을 모르는 사람 누구입니까? 물을 포도주로 바꾼 것은 엄청난 부유함의 한 표징입니다. 포도주를 가진 사람을 부자라고 한다면, 그 포도주를 만들어내는 분은 얼마나 더 부유한 분입니까? 그러므로 그리스도께서는 부유하시면서 동시에 가난하십니다. 하느님으로서는 부유하시고, 사람으로서는 가난하십니다. 그분께서는 지금은 사람으로서도 부유하신데, 그것은 그분께서 그 인성과 함께 하늘에 오르셨고 아버지 하느님 오른편에 앉아계시기 때문입니다. 하지만 그분께서는 이 땅에서는 여전히 배고프고, 목마르고, 헐벗은 가난한 자로 머물러 계십니다.

모든 사람이 가난하고 하느님의 거지입니다

5. 여러분은 어떻습니까? 부유합니까 아니면 가난합니까? 많은 사람들이 "나는 가난합니다."라고 말합니다. 그들의 말은 옳습니다. 나는 몇가지라도 가지고 있는 가난한 사람을 알고 있습니다. 나는 또 완벽한 비참 속에서 살아가는 사람도 알고 있습니다. 또 어떤 사람은 금과 은을 잔뜩 가지고 있습니다. 그런데도 그는 자신이 정말 가난하다고 느낍니다! 아마 주위의 가난한 사람을 보아도 그는 그렇게 느낄 것입니다. 왜 그렇겠습니까? 아무리 부귀영화를 누릴지라도, 부자인 여러분도 하느님께는 한 명의 거지일 뿐입니다. 기도할 것뿐입니다. 내가 여러분에게서 기대하는 것이 바로 이것입니다. 여러분은 간구합니다. 간구한다는 것은 여러분이 가난하다는 것 아닙니까? 또 여러분은 빵을 간구합니다. 사실 "오늘 우리에게

필요한 양식을 주시옵소서."(마태오 6:11)라고 기도하지 않습니까? 오늘의 필요한 양식을 간구하는 여러분은 부자입니까 아니면 가난한 자입니까? 그럼에도 불구하고 그리스도께서는 여러분에게 이렇게 말하는 것을 주저하지 않으십니다. "내가 너희에게 준 것을 내게 다오."라고 말입니다.

"너희가 이 세상에 나면서 가져온 것이 하나라도 있느냐? 너희가 세상에서 얻은 모든 것, 세상에서 누리는 모든 것, 그 모든 것을 창조한 이가 바로 나다. 너희는 아무 것도 가져오지 않았고, 아무 것도 가져가지 못할 것이다. 가난한 사람은 궁핍 속에 살 때 너는 풍족하게 살면서, 어찌하여 너는 내 것을 돌려주지 않는 것이냐? 부유하거나 가난하거나 너희들의 최초 상태를 생각해보아라. 너희 모두가 똑같이 발가벗고 이 세상에 나왔다. 부자인 너 또한 벌거숭이로 태어났다. 그런데 이 땅에서 너는 엄청난 부를 얻었다. 네가 뭔가를 얻게 된 것이 다 우연이라고 생각하느냐? 나는 내가 준 선물을 찾고 있다. 주어라 그러면 내가 갚아주겠다. 너는 나를 든든한 후원자로 갖고 있다. 그러니 이제 너의 빚을 갚아라. 내가 말하는 것은 많은 것이 아니다. 네가 비록 적은 것을 줄지라도, 나는 많은 것으로 돌려주겠다. 너는 이 세상의 재물을 나에게 주겠지만, 나는 하늘의 보화로 너에게 돌려주겠다. 너는 일시적인 부를 나에게 주겠지만, 나는 영원한 부로 너를 든든하게 해줄 것이다. 네가 너 자신을 나에게 준다면, 나 또한 나 자신을 너에게 주겠다."

부와 가난에 대한 거룩한 교부들의 설교
부와 가난

초판1쇄 인쇄　2018년 6월 5일
초판1쇄 발행　2018년 6월 5일

지 은 이　정교회 교부들
옮 긴 이　박노양 그레고리오스
펴 낸 이　조성암 암브로시오스 대주교
펴 낸 곳　정교회출판사
출판등록　제313-2010-5호

주　　소　서울시 마포구 마포대로18길 43(아현동)
전　　화　02)364-7020
팩　　스　02)6354-0092
홈페이지　www.philokalia.co.kr
e-mail　orthodoxeditions@gmail.com

ISBN 978-89-92941-51-8　　04230

© 2018 정교회출판사

이 도서의 국립중앙도서관 출판예정도서목록(CIP)은
서지정보유통지원시스템 홈페이지(http://seoji.nl.go.kr)와
국가자료공동목록시스템(http://www.nl.go.kr/kolisnet)에서 이용하실 수 있습니다.
(CIP제어번호: CIP2018016319)」

* 이 책의 전부 또는 일부를 다시 사용하려면 반드시 정교회출판사의 동의를 받아야 합니다.
* 책값은 표지 뒷면에 표시되어 있습니다.